国家出版基金项目
NATIONAL PUBLICATION FOUNDATION

实践‖反思
教育学文丛
丛书主编 陈向明

教师在行动中的
识知与反思

教师实践性
知识本质探究

李莉春 — 著

Teacher's Knowing
and
Reflection
in
Action

A Study of Teacher's
Practical Knowledge Dynamism

教育科学出版社
·北京·

我们需要什么样的教育学？
——兼论实践-反思教育学

  教育学的学科化，是一段从哲学、心理学不断独立出来的世纪历程。直到 21 世纪的今天，教育学依然朝着这个方向努力。然而，教育学的立场、价值和不可替代性究竟是什么呢？如果说教育学是一门研究教育现象及其规律的科学，那么我们需要认识、理解并解释教育现象；但实质上教育学面对的不只是诸多现象，而是在现象中发挥主体作用的活生生的人。通过教育研究提升人的生命质量，既是回应 21 世纪素养导向的教育变革理念，也是中国传统哲学中"学以为己"的价值追求所在。

  北京大学教育质性研究团队在过去 20 多年时间里，扎根教育现场，希冀通过扎实的实证（empirical）研究探寻出适合我国国情，且能被一线教师接纳，并对改进教育实践起到实质性效果的教育研究之路。为此，我们提出了"实践-反思教育学"作为这一支研究取向的学术标志。这样一种教育学不仅仅回应了西方有关哲学传统，而且根植于我国的本土文化积淀。

  首先，实践-反思教育学是回应西方哲学传统的教育学。根据古希腊哲学家亚里士多德的观点,"实践"(praxis)是一种有目的、有价值导向、致力于问题解决的活动。它在理论与实际操作之间来回修正二者,具有反思性和反身性,要求实践者深思熟虑,在恰当的时机做出适宜的行动。根据西方实用主义哲学家杜威(John Dewey)及其后学舍恩(Donald A. Schön)和阿基里斯(Chris Argyris)等人的观点,"反思"指的是"做"与"受"之间的回话与相互映照,即行动者在思维与行动时,根据情境的反映与对话,重构问题框架,不断调适自己的行动,并进而反思自己的价值观和基本假定。这种调适不仅包含行动主体的思维活动,而且渗透着他们的情感、价值观和信仰。据此,实践-反思教育学立足于教育教学实践,研究者在高度关注教育实践的真实性和复杂性的同时,还要具有反思的意识和能力。研究者不仅需要了解和理解被研究的现象和问题,同时需要不断监控自己和实践者在研究过程中所发生的变化、这些变化发生和发展的机制,以及这些变化对研究过程和研究结果所产生的影响。

其次,实践-反思教育学是具有原创性的中国本土教育学。实践与反思对应着中国哲学的知行观。知与行是中国思想史中一对既相互独立又紧密相关的概念,背后的中国文化对教育研究者的影响不能被忽视。中国古代鸿儒大家追求的知行合一已绵延千年,积淀成为中国人的文化心理结构,形成了中国文化的"实践理性"精神。此外,孔子"自省"以修身养德的方式也极具反思色彩,不仅直接影响到中国教育研究者的学术立场和理论定位,而且指导着他们具体的研究决策和行动。因此,在理论与实践的互动之间,实践-反思教育学研究在追求严谨和真实的同时,更加重视实用和适切。

足以见得,实践-反思教育学尝试融会贯通东西方思想资源,从学术研究的角度为当前中国教育改革提供新的思路。中共中央、国务院关于全面深化新时代教师队伍建设改革的工作部署,对教师队伍建设提出了新要求,也呼吁教育研究者提出新的理论视角和方法论支撑。

为此，实践-反思教育学倡导教育界乃至全社会尊重教师在专业发展中的主体地位，重视对教师反思意识和能力的培养，营造开放灵活的教师专业发展环境，促进教师实践性知识的生成和发展。如此，教师在面临各种两难困境和"顽症"时，不仅会反思自己面对问题时的行动策略，而且会触及行动背后的价值观和因果假定，实现由策略改变到价值观改变的"双环学习"。

北京大学教育质性研究团队在不断探索实践-反思教育学理论的同时，对教师教育领域的相关问题展开了大量实证研究，初步形成了相对稳定的理论视角、研究思路和方法路径。本团队聚焦教师专业素养的养成，结合中国教师本土的专业实践和社会文化特性，做出了一批具有原创性的研究成果。本套丛书选编的六本专著正是我们团队的精选成果，其中既有使用质性研究不同取径开展的研究，也有偏向基本理论层面的探讨，还有侧重于实践改进的行动研究。

李莉春博士的研究旨在通过深入教师的日常教育实践现场，探究教师实践性知识的本质，从而对教师实践性知识进行再定义。基于实践认识论，她的研究发现，教师实践性知识是教师在实现个人教育意象的热情驱动下身心合一的知与行，教师实践性知识的本质是一种行动中识知与行动中反思的动态机制。

同样是对实践性知识进行研究，魏戈博士则站在马克思历史唯物主义的哲学立场，从苏俄文化历史心理学派溯流而下，以"文化-历史活动理论"为抓手，整体呈现了教师实践性知识的生成过程。在此基础上，他引申出有关如何理解教师专业成长的新视角、教师在工作现场学习的价值，以及实践活动对于教师专业发展的意义等三个方面的讨论。

虽然近年来教师实践性知识的实证研究成为热点，但是其"知识"地位一直颇具争议。赵康博士从杜威的实用主义知识论出发，在理论层面为教师实践性知识的合理合法性提供了支持。这种知识论认为，知识源自探究，由认知性经验而获得，是关于行动及其导致的结果之间关系的知识。体现在教师身上的，是有关教育教学行动及其带来的结果之间关系的实践性知识，具有引导未来行动的功能。杜威关于知识的工具性观点，还在一定程度上化解了教师的理论性知识与实践性知识孰高孰低之争，因为二者都来自经验，并最终服务于实践，这也使得教师的"知性主动性"显得尤为重要。

杨帆博士采用话语分析的方法，考察了教师学习和理解一种"变革性课堂教学实践"的过程，最终提炼出了教师学习的三个主题：表征、协商和规训。在丰富的研究结果基础之上，他面向学校提出三点实用性建议：校本教研应注重引进外部和理论话语以改造本土话语；学校共同体的建设不应强制追求"共识"；课例研究需要关注"核心实践"和特定主题。

朱光明博士则从现象学的理论视角出发，对教育情境中的表扬与批评进行了研究。他从具体的教育情境出发，通过多种途径收集资料，对孩子们日常交往中的表扬、批评现象（体验）进行了详细的描述和深入的分析，揭示了表扬、批评对孩子们生存和成长的意义。在此基础之上，他还对表扬、批评现象进行了深入的教育反思。

徐月博士在城乡社会变革和农村中小学布局调整大背景下，观察到中国中西部城镇学校的大班额比重持续上升，大班额现象与办好公平而有质量的教育构成教育事业发展中的一对矛盾。因此，她研究了在大班额教学情境下，教师为达成预期目标所采取的行动及其行动背后的推理。她发现，教师们有意识地承担起在大班额困境下仍旧要促进学生发展的教育责任，这些变化体现出教师深刻的本土实践创造性。

这六本专著虽然涉及不同的研究方法及路径，但是在研究的出发点和价值立场上是一致的，遵循的都是实践-反思教育学范式的基本要求。这些文本都表达了如下基本观点：教师不只是需要不断发展的专业人员，更是能动的反思者、反思的实践者；教育学知识不仅仅是冷静的抽象理论，更是有温度的专业智慧；教育实践不仅仅是理论指导下的行动，更是教师反思性知识的有机组成部分。与此同时，这些研究反映出教育研究者应担负的双重任务：一是对教育现象提供扎实、准确的描述，对教育实践的本质、过程、结构、条件等基本问题做出有力度、有新意的解释；二是对教育实践应当如何做，特别是针对目前的重重困境如何突围，提出适切的价值判断和操作方法。六位青年学者对实践-反思教育学范式孜孜不倦的探索，让我们感受到他们对教育学的热情、审美和个人寄托，也让教育学不断回归"人学"。

当然，我们还有必要讨论实践-反思教育学在未来可能面临的挑战。

实践-反思教育学所带来的实践认识论，不是要从沉思的形而上传统走向另一个极端，它并不主张行动高于或优于知识、实践内在地优越于思想。因此，我们所提出的实践优先性，只是实践转向的初始原则，而非最终结论。实践转向的真正挑战在于，在肯定了行动/实践的基础地位之后，如何理解知识与行动、理论与实践之间的关系。

我们还应该反思人工智能时代对传统学徒制下教育学的冲击。虽然有研究指出，在当前人工智能、大数据、虚拟现实风行的时代，以教师、社工、法律顾问、艺术家等为代表的专业工作者最不可能被机器人所取代，因为他们的实践性知识构成了立身的专业资本；然而，在信息化技术大量介入教育工作者实践的同时，如何在制度上为他们保留一片自主发展的空间，或许是我们在新世纪探讨实践-反思教育学的紧迫性所在。

陈向明
北京大学教育学院

目录

第一部分　教师实践性知识研究缘起

第一章　我的"知行之惑"＿＿ 3

　　一、真诚的困惑＿＿ 3

　　二、困惑的演变与研究者身份的建构＿＿ 8

第二章　研究路径＿＿ 15

　　一、文献综述＿＿ 15

　　二、研究问题聚焦与研究路径＿＿ 30

第二部分　教师实践性知识动态机制——行动中识知

第三章　教师实践性知识的心脏地带——行动中识知＿＿ 45

　　一、研究者的困境：拆分还是整合＿＿ 46

　　二、从实证认识论到实践认识论＿＿ 49

　　三、波兰尼的个人知识论与行动中识知＿＿ 57

第四章　行动中识知的意象分析法＿＿ 69

　　一、行动中识知的呈现——意象法＿＿ 69

二、行动中识知的两大意象——"卖关子"与"无为"___ 80

三、行动中识知的分析框架___ 85

第五章　"卖关子"型教师的故事___ 90

　　一、语文名师孙鹏的学科化生活___ 90

　　二、英语骨干教师李娟——从班长到班妈的激情燃烧___ 107

　　三、典型态与极致态"卖关子"型教师的比较___ 119

第六章　"无为"型教师的故事___ 125

　　一、自认为"杵"的孔慧的"无为"之境___ 125

　　二、英语名师秦云的"水到渠成"___ 145

　　三、典型态与极致态"无为"型教师的比较___ 151

第七章　从"卖关子"型、"无为"型到"融合"型___ 156

　　一、超越学科教学的教育传道者赵兰___ 157

　　二、教师在行动中识知模型的对比分析___ 167

第三部分　教师实践性知识生成机制——行动中反思

第八章　行动中反思的社会建构性___ 173

　　一、实践的理论与行动中反思___ 174

　　二、行动中反思的层次性与对话性___ 181

第九章　教师在行动中反思的层次性与对话性___ 188

　　一、小波的故事——行动中反思过程案例解析___ 188

　　二、教师在行动中反思的层次与能力___ 203

　　三、行动中反思的对话性___ 218

第四部分 讨论、结论与启示

第十章 讨论___ 245

　　一、教师实践性知识再定义___ 245

　　二、教师实践性知识的本质特征___ 247

第十一章 结论与启示___ 253

　　一、结论___ 253

　　二、研究的意义___ 260

　　三、研究的不足与未来的路径___ 265

参考文献___ 269

术语索引___ 276

后记___ 277

第一部分

教师实践性知识研究缘起

第一章　我的『知行之惑』

社会学大家米尔斯（C. W. Mills）在论到为学之道时说："你必须在学术工作中融入个人的生活体验：持续不断地审视它，解释它。"（米尔斯，2001：212）

回顾我的人生经历，其中包括累计 20 年的正式求学经历，还有近 20 年的教学经历，似乎我一直在做的无非是两件事，一是"吸取"知识，二是"传递"知识。知识或者说真理的问题在我看来是教育的根本问题。作为教师，对这个世界、对自己、对他人，我到底知道什么？又如何得知？我到底在传递什么？又在如何传递？有多少是我自以为知道其实却根本不知的？有多少是我自以为在奉行其实却在违背的？那么其他教师的情形又如何？我渴望认识他们，更渴望通过了解他们来认识自己。苏格拉底的"认识你自己"——知"无知"，就是我这一研究之旅的起点和支点，甚或也是终点。

一、真诚的困惑

研究的背景有宏大的也有个人的，在哈佛大学教育学院教授质的研究方法课程达 10 年之久的马克斯威尔（J. A. Maxwell）在论到质的研究设计时指出："研究中区分三种不同的目的是非常有益的：个人的目的、实践的目的及知识或学术的目的。……个人的目的常常同实践的目的与知识（学术）的目的相交叠，但这些实践的目的和知识（学术）的目的也许包含在深层的个人欲望与需求之中，而这些个人的欲望和需求与做这项研究的'正式'理由几乎没有关系。"（马克斯威尔，2007：13）

在我看来，研究的正式理由就像是冰山的一角，个人的目的才是冰山的主体。为了呈现一个更加真实完整的研究背景，也帮助我作为研究者以及您作为可能的读者看清水面下若隐若现的脉络，我将尝试陈明这种个人的目的与实践和学术的目的交织在一起的选题背景。

（一）作为教育者及学习者的困惑

如开篇所说，我的人生都是围绕学习与教学转，知识的获取与传授成为我人生的主题。在踏上这条漫漫无际的博士生之旅时，虽然遭遇了众多的选题诱惑与迷茫，最终当一切尘埃落定，我发现沉淀在底下的仍是"知识""教师的知识""我的知识""专家的知识"等关键词。乍一看，我所教的必然是我所知的，但多年的人生历练与教学生涯也告诉我，"我所知的""我所教的"与"学生所学的"之间往往相去甚远，不仅不能画等号，而且是错综复杂地纠缠在一起的。同时，古今中外关于知行关系的探索也令人着迷，如王阳明的"知是行之始，行是知之成"对知行合一的动态过程的论述（陈来，2013：91），杜威（1990：356）从"做"与"受"的互动维度对知行关系的阐释，孙中山和胡适从难易维度谈知行互动关系以及陶行知从先后维度谈知行互动关系（顾红亮，2000：40），经典文献如《论语》《尼各马可伦理学》对于知行关系中德性与实践理性的一致指向，等等。这些都大大增加了我对这一主题的兴趣。

　　我在硕士论文写作阶段就开始了对知行关系的探索。柏拉图说教育及其研究是永恒的困惑（曹永国，2008）。面对知行合一这一话题，我常常陷入久久的思索：是先知后行还是先行后知？是知难行易还是知易行难？知行能否合一？如果能，如何合一？

　　我的硕士论文比较了四种类型的大学英语学习者，其中有一个成功英语学习者凯罗的个案研究，让我看到了理想的英语教学的一些要素。我提出了英语素质教育模式——"知与行"＋"思与成"＝素质培养。图1-1中"知"与"行"指凯罗"做中学"的学习方式，"思"指凯罗在学习外语中表现出来的对英语文化和母语文化的鉴赏与反思能力，"成"是指凯罗在英语水平和综合素质上的优秀表现与持续发展。

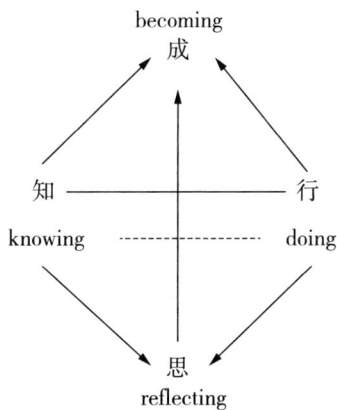

becoming
成

知 ——————— 行
knowing - - - - - - - doing

思
reflecting

图1-1　知行合一的素质教育模式

　　虽然我起初并没有意识到，但如今看来，我最终将博士论文主题定在教师的实践性知识研究上，与我硕士论文对知行合一的探究是一致的，而且我博士论文的关键词如"识知"（knowing）、"反思"（reflecting）以及"成为自己"（becoming）与硕士论文竟然惊人地一致。而对此真诚的困惑正是推进教育实践与研究的内在动力。

（二）新课程的时代背景与个人的交集

2004 年我开始攻读教育学博士学位，与此同时，我作为大学英语教学人员开始参与国家新一轮基础教育课程改革（以下简称新课改）背景下的一套中学英语新课标教材的编写工作。2005 年我还参加了北京大学教育学院承办的全国骨干教师的新课程培训。

当时我所处的时代背景是我国的新课改。新课程在理念上采用的是辩证整合的课程观——学科、个体需要与社会需要的整合，并强调"全人"的教育（张华，2000：66-72）；新的课程标准把学习兴趣、学习习惯、学习策略以及发展自主学习能力和合作精神放在了首位；建构主义的学习理论被认为特别具有针对性，因其强调学习者的自主探究和自主发现，与基于问题解决的合作学习、研究性学习相结合，特别有助于学生创新思维与创新能力的培养（何克抗，2004）。

在我被新课改深深吸引并积极投入的同时，我也跟着导师进入了教师专业发展的研究领域，而且坚信教师的专业发展才是课程改革的根本保证，而关于教师专业发展的研究最主要看教师的专业知识。关于专业知识结构的研究倾向于将专业知识分为三个大的框架：正式知识（formal knowledge）、实践知识（practical knowledge）以及自我调控知识（self-regulative knowledge）（Bereiter, Scardamalia, 1993；Eraut, 1994；Tynjala, 1999）。正式知识属于认知心理学家所谓陈述性知识的范畴，也就是显性的、事实性的知识；实践知识在某种程度上与正式知识相对立，指的是"知道如何"，具有个人化和默会性的特征；自我调控知识指向元认知和反思性能力，是一个人用来监控和评价自我行为的知识。鉴于我一直以来对知与行关系的关注，我认为反思性能力是探索这一关系的钥匙。

"反思"可以说是教师教育和教师专业发展研究领域的通用词语（Griffiths, 2000）。舍恩（D. A. Schön）关于反思性实践者的概念和大量案例研究（Schön，1983；1987；1991）引起教师教育领域的广泛关注。舍恩试图通过对行动中反思（reflection-in-action）的过程的论证打开令人着迷的"默会知识"的暗箱，他提出了与情境的对话、对情境的重构（reframing）等创见。为了打破理念与实践之间的隔阂，舍恩与阿吉里斯（C. Argyris）合作研究了实践中的理论（Argyris，Schön，1974；1978；1996），提出了信奉理论（espoused theory）与使用理论（theory-in-use）的区分，即新课程实施中常常会碰到的*"说的"*（信奉理论）和*"做的"*（使用理论）不一致的困境，区分了控制性的第 I 型使用理论与开放民主的第 II 型使用理论，并提出可以通过双路径学习（double-loop learning）去挑战和改变个人固有的价值观，突破个人、组织和社会生活中的怪圈。阿吉里斯在 1985 年出版的《行动科学》（*Action Science*）一书中明确了行动科学与批判理论的联系，他认为批判理论的进步性在于它明确揭露了当事人已使用但未自觉的认识原则，而且显露出当事人依据这些认识标准所持有的世界观是错误的。这与信奉理论与使用理论的区分是一致的，且与第 I 型与第 II 型使用理论所揭示的价值观差异也是一致的。作为当今社会批判理论的集大成者，哈贝马斯（J. Habermas）关于认知兴趣、实践合理性以及交往合理性的论述对实践中的理论以及教师知识的研究有深刻的影响。根据哈贝马斯对技术性兴趣、实践性兴趣、解放性兴趣的区分，格伦迪（S. Grundy）在课程教学研究中提出了三个反思层次（Grundy，1987）：（1）对技术层面的反思，反思的对象涉及正式知识（学科知识、学科教学法知识等）；（2）对实践层面的反思；（3）对制度和权力的反思，即批判性反思，通过对意识形态、权力、假定、传统等的多视角反思，指向教师和学生的真正解放，指向个人实现与社会共同的善（the common good）之间的和谐统一。这三个反思层次在我看来是对舍恩的反思性实践论述的极佳补充，有助于挖掘和分析专业人士在实践中难以言说的专家知识。

在参加教育部组织的新课标培训和编写新课标教材的过程中我接触到了很多一线的中学教师，并隐约感到：从课标的培训到教材的培训，新课程的理念正逐渐成为各地教师培训者和教师颇为熟悉的信条，但从信奉理论到实际加以运用的使用理论是一个艰难的过程，在正式知识和实践知识之间往往存在着鸿沟，因而自我调控知识尤其是其中的反思性成分应是这一鸿沟之上的重要桥梁（图1-2）。

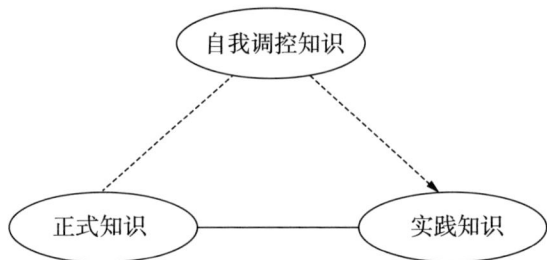

图1-2　专业知识结构

二、困惑的演变与研究者身份的建构

基于以上背景，我确定了博士论文大概的研究领域，即借助实践认识论和行动科学的理论框架，从行动中反思这一核心概念出发，考察教师在新课程背景下的信奉理论与使用理论，从而进一步探究教师知识的本质与内涵。但是从初步提出研究问题到三年后最终聚焦却有了质的变化，这一演变过程实际上也是研究者身份的一个重构过程。

（一）研究问题的演变

下面我将对比三年前与三年后的研究问题，从中可以看到研究者眼光的转变，但更准确地说是三个因素之间的角力与合力促成了这一改变，这三个因素就是在教师日常教育教学实践中的浸染、对相关理论著述的反复阅读与观照、对我个人学习与教学经历的反思。

三年前的研究问题：

——教师在实施教学的过程中是否体现了新课程所倡导的理念？如果没有，原因何在？

——教师是否意识到自己的行为和自己的理念之间的关系？如果意识到行为和理念之间有差距，是否愿意改变？是否能够改变？

——教师如果不能意识到行为和理念之间的差距，谁来帮助他们？谁在帮助他们？效果如何？

三年后的研究问题大致如下：

——教师在日常教育教学中的知与行是什么样的？

——教师为何会呈现种种在行动中的知的样态？教师如何解释他们行动背后的知识和理念？如何理解他们的解释？

——教师的行动中反思呈现什么样的过程？与他们的行动中的知识有何关系？

——如何通过以上问题的探索理解教师知识的本质与内涵？

在最初的研究问题里，我如果不是一个"全知者"，也是一个"权威的知者"。而在进入教师日常实践的田野三年后，我终于一定程度地回归了一个研究者应有的目光——倒空自己的、谦卑的、好奇的"小学生"的眼光。

对研究问题的演变产生直接影响的是我的研究对象，或者说合作研究的教师和他们的课堂。从 2006 年深秋到 2009 年夏，在近三年时间里，我穿梭在北京市某区一所排名前五和一所排名中下游的学校之间。按照一位合作教师的说法，排名前五学校的学生好比脖子，可以轻松引领；排名中下游学校的学生好比厚重的臀部，需要奋力推动。每次进入这所"厚重的"排名中下游的学校时，或是课间时分在熙熙攘攘的学生中穿梭时，或是遇见教师办公室里进进出出的学生时，面对应接不暇的鞠躬和"老师好"，我的心就被扑面而来的一种生气所打动。而当我进入这所排名前五的学校时，每次都是蹑手蹑脚，因为到处安安静静。即使是一大早，教室里的学生也在做题，很少喧闹。但当我坐在课堂里听课的时候，我感到了另一种生气，在安静里，如同平静海面下速度可达每小时几千米的洋流。而教师们精彩纷呈的状态更是让我难以平静。

在和两所学校的近10名教师和他们的学生、同事频繁的接触过程中，当我极力站在所谓的新课程的优势地形上去寻找教师的信奉理论和使用理论的差异时，我一边评判一边内心逐渐挣扎起来。因为有很多东西太复杂，就我目前对我的研究的认识以及对我自己的认识而言，我只能说，知的确是难的。《说文解字》关于"知"的解释是：词也，从口从矢。"口"的具体形象是语言交流活动，抽象意义是表示交流、沟通。"矢"这一具体事物所具有的抽象的一般含义是投掷和方向。合起来看，"知"可以解释为在一定方向上借助交流和沟通实现的"无蔽"。"知"涉及事物之间的认识联系，在认识联系中达到、实现、成就"无蔽""澄明"。（周海春，2007）

在我所面对或深陷其中的研究域中有着错综复杂的知的迷思，在这个领域中有人们预设的关于知识来源的层次——从客观世界到专家学者再到普通教师。所谓知之"无蔽"与"澄明"大约是各方（"专家""教师""我"）都想实现的梦想，我想用图1-3来表示这个梦想。

图1-3中客观世界、主观世界的真理下面是专家、学者，再下面是教师，这是暗指人们通常所认为的知识的来源的关系，而"我"有着行走在三个世界之间的复杂身份——集专家或学者、学生、教师于一身。但同时，我也用箭头指示教师，同样可以越过专家、学者直接从生活世界中获取知识。虽然各方都想达成一定的交流与共识，但虚线意味着无论我们怎么努力也不可能达到完全的"无蔽"或"澄明"。

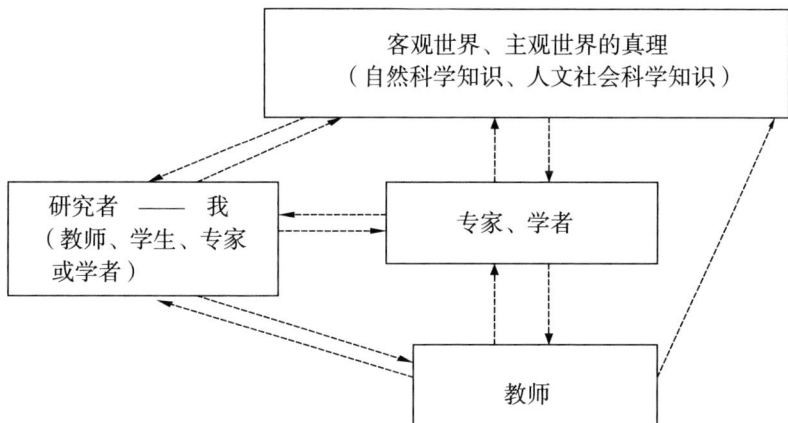

图1-3 研究者身份的建构

（二）研究者身份的重构

由于自己所处的大学教师和教育研究者以及教材编写者等位置，我自认为有了三个身份——教师、研究者、专家。而且不知不觉中我建立了很多假定，好在经过这几年的摸索，我的假定一个个建立，又一个个被打破了。

假定1：建构主义是学习理论研究发展的成果，而且就我个人的经历而言这是要通过学习才能得到的知识。这里的学习可以是与特殊人物的美丽相遇，也可以是系统的理论学习和培训。

在20世纪末到21世纪这一课程领域返魅期，诸多课程理论家提到"建构主义认识论正在取代客观主义认识论而成为教学领域的基本观念"（张华，2000：467），这似乎也与我的个人经历相对应。因此，我开始制订自己的博士论文研究计划时就想看新课程理念与教师实际状况匹配与否，即教师的信奉理论与使用理论之间的关系，这其中蕴含的身份定位就是"我是专家，我能看到；我经历过、反思过，我已经实现了从行为主义到建构主义的转变"。

但在我深入学校两年多并接触了各种教学风格和性格的教师后，

我只能说事实似乎并非如此。有些教师似乎天生就是建构型，他们不一定学习了建构主义理论，但由于个人特殊的成长和生活经历，他们有一种敏感和敬畏心，表现出对学生学习能力和方式的尊重，以及对所处的社会和学校环境的细致观察与灵活应对。他们身上的朴素建构主义修正了我对理论的看法。其实理论流派并非从低到高进化而来，而是这些思想早就存在，理论家的使命不过是对这些业已存在的现象进行命名、建立概念和体系罢了。也许是时代的发展使得这些工作更加系统和显性化了，而且全球化的加速使得以前隐性的或弱势的理论逐渐占据了有利地形。追到根子上，课程专家的知识有一个很重要的来源就是教师和他们的实践，只不过专家把这些教师的个人化的鲜活的东西变成了宏大叙事和抽象话语以后，原本被当作知识消费者的教师却无法吞咽或消化它们了。所以"澄明"的渠道变得似有似无，两大阵营里的人实现沟通的愿望就虚化了。我现在觉得最重要的一点认识是，认同建构主义意味着我们自始至终不能忘记自己的学习者身份，尤其是在面对理论水平看似"低"于我们的普通教师时。

假定2：建构主义学习理论远比行为主义学习理论先进。

在我最初进入教师职业的时候，我发现虽然新课程的理论论证中的确突出了建构主义的学习理论，而且学术刊物和课程培训中也有相关的介绍，但到了教师这里，这些名词几乎都消失了，或者他们即使知道也表现出抗拒甚至厌恶。就连成了新课改培训主力讲师的一位教师也说"天上 what（'是什么'）地下 how（'怎么做'），专家、教师各一套"。至于建构主义是否就优于行为主义，我现在也开始持怀疑态度。不可否定的是这种怀疑也源自我对自己的观察，那就是虽然我如此认同建构主义，我发现自己的教学其实仍然主要是行为主义的控制式的。当然我也进行了很多基于建构主义思想的个人教学改革，但随着接触教学改革和深入思考自己的教学到底是"控制的""技术的"，还是"建构的""解放的"等过程中，我只能说我更清楚地看到了我仍在阿吉里斯和舍恩所描述的控制性的第 I 型使用理论的壕沟里，与公开检验、自主负责的第 II 型使用理论之间仍有难以跨越的沟壑。唯一能安慰自己的就是，我能更清楚地认识自己了。

这几年在理论、教师、自我三者之间的来回穿行与碰壁使我谦卑，现在我更想成为一个小学生，重新用新奇的眼光打量我的研究域和人生难题，试图弄清"我""教师""理论"之间到底发生了什么、发生着什么、会再发生什么。而且，我体验到做研究的最大乐趣就在于——当你正沉醉或津津乐道于自己的某个发现时，你又猛地看到原来还有更多的不晓得。

（三）研究的目的与意义

上述的研究经历正应了马克斯威尔所提出的质的研究设计的互动模式（图 1-4）。

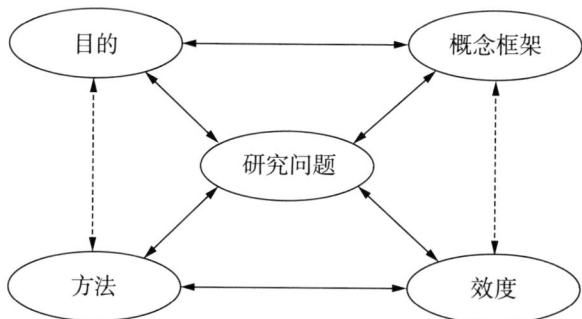

图 1-4　一种互动的研究设计模式

马克斯威尔指出质的研究设计需要在目的、概念框架、研究问题、方法及效度各要素之间不断来回"走动"，既不是从一个预先决定的起点开始，也不是按照一个固定步骤依次进行，而要基于各个设计要素之间的相互联系与相互影响（马克斯威尔，2007：3）。

我的研究问题以及研究姿态的转变对研究的目的和意义也产生了极大的影响。我最初所列的研究意义为：其一，通过揭示教师的使用理论与信奉理论的一致或不一致，看到课程改革的真正难点何在，帮助教师了解自我和突破自我；其二，如果研究者能力和能量足够的话，有可能促进教师的信奉理论与使用理论趋于一致；其三，希望找到促进新课程理念贯彻落实或改进教育状况的二三举措。这些富有抱负的想法当然并非完全不再合适，但随着我的研究姿态不断放低，我对自己的研究目的和意义的认识反而更深远、厚重了，可能这在一定程度上实现了教育研究者应追求的"下降中的升腾"（曹永国，2008）。虽然我的研究对新课程的意义仍然存在，但我更希望通过这一段探究看到教师之知的生动的样态和丰富的层次，看到在更久远更宏大的背景下知与行的关系问题。

正如开篇时所说，研究的目的应该包括个人的、实践的和知识（学术）的，而这些目的又是交叠在一起的。我的个人目的之核心就是认识自我，特别是作为教师的我，识破自己持有的关于教与学各方面的可能带有自欺性质的假定。这一目的已经开始实现，在上文中也已部分涉及。还有一个更重要的目的，就是促进自己的反思意识和能力的发展，使自己身上很多缄默的教学观甚至是人生观浮出水面，这不仅对我的教学和生活大有裨益，而且使我的灵魂得到提升。至于我的尝试性研究对于宏大叙事以及知识或学术可能存在的意义，我将在梳理文献后做更明确和具体的阐述。

第二章 研究路径

本章将首先对近年来关于教师实践性知识的研究进行综述，通过分析和比较现有的文献找到研究的突破口，然后参照相关的理论框架提出研究设计，进一步对研究问题进行聚焦，并提出相应的研究方法，对研究的可行性与可能的困难进行探讨。

一、文献综述

关于教师知识的研究是近年来教师研究领域的焦点，关键词有教师的专业知识基础、教师实践性知识、教师个人知识、教师的反思、教师的精神生活、教师叙事等，国内外出现了众多知名学者精彩纷呈的著述，下面将梳理从 1970 年至今关于教师知识研究的大致走向和重要发现。

（一）教师知识研究的转折点（20 世纪 70 年代）

知识与教育在逻辑上和常识中都是两个具有天然联系的概念，然而当我们对各大辞典和各家著述稍加浏览，却发现迄今为止并没有对知识一词的统一定义。本部分难以涵盖知识论的发展历史，只将教师知识研究的转折时期作为节点来勾勒一个尽量完整的横截面。

尽管很多关于教师知识研究的文献梳理都从 20 世纪 80 年代开始（范良火，2003；姜美玲，2008；姜勇，2004），弗里曼（D. Freeman）在其关于教师知识和学习的文献综述中指出 20 世纪 70 年代是教师研究文献的一个转折点（Freeman，2002）。虽然 20 世纪 80 年代出现了很多重要的教师知识研究成果，但这也是因为 70 年代包括知识观、课程观和学习理论等在内的整个"大气候"的流变在做支撑。在此之前，教师被看作别人观念的执行者，这些观念是关于课程、方法甚至关于学生怎么学习的等。在教育研究领域占据主导地位的是过程—结果模式。过程—结果模式将教与学视为因果关系，相关研究旨在了解教师的行为如何导致了学生的学习。从 20 世纪 70 年代开始，许多人开始质疑教与学的复杂性是否可以只从行为主义的角度来理解，他们开始尝试打开在教学行为中教师的思维和心理活动这个"暗箱"。

1977 年，瓦尔伯格（H. Walberg）造出了"教师的精神生活"（teachers' mental lives）这一词语，他写到了教师的决策过程和对教与学的觉察，打开了这个广大的、当时还鲜有记载的关于教师思维的领域（Walberg，1977）。弗里曼将之称为"隐藏的一面"（the hidden side）（Freeman，2002）。当时关于教师的精神生活的标志性著述有杰克逊（P. Jackson）的《课堂里的生活》（*Life in Classrooms*）（1968）和罗蒂（D. C. Lotie）的《学校教师：一项社会学研究》（*School Teacher: A Sociological Study*）（1975）。他们提出，教师不应再被看作别人观念的执行者，支撑教学行动的根本是教师自身的心理活动与精神世界。他们都主张"决策"（decision-making）这一概念是需要详细阐述的，应将教育研究重新置于教师在课堂内的经历上（转引自 Freeman，2002）。

（二）关注教师日常实践的教师知识研究的兴起（1980 年至今）

20 世纪 70 年代是一个转折期，1980 到 1990 年才是变革和重构的十年，在这十年中来自各方的声音使教师知识的研究开始成为被关注的焦点，而 1983 年似乎就是转折之年。这一年，美国的全国优质教育委员会发表了备受瞩目的报告《国家正处于危机中：教育改革势在必行》（A Nation at Risk：The Imperative for Educational Reform），随之掀起的教育改革浪潮中产生了大量有影响的研究报告，如霍姆斯小组的三部曲之一《明天的教师》（Tomorrow's Teacher），其中就明确指出教师的知识对学生学习的重要性。1996 年的《什么最重要：为美国的未来而教学》（What Matters Most：Teaching for America's Future）报告中更是下结论说："教师知道什么和他们能做什么对学生学习什么有至关重要的作用。"（范良火，2003：1）从中我们可以看到对教师"知道什么"与"能做什么"的区分及其重要性已得到公认。

也是在 1983 年，舍恩出版了《反思性实践者：专业人士如何在行动中思考》（The Reflective Practitioner：How Professionals Think in Action）一书，对教师的反思与专家知能（expertise）的研究影响深远。针对技术理性模式的认识论，舍恩提出了超越理论与实践的二元分离的实践认识论，对于急需为教职正名的教师教育研究者无疑为雪中送炭。各国的教师教育文献争相介绍舍恩的反思性实践，并将之与教学更紧密地联系在一起加以考察（佐藤学，2003；van Manen，1995；卢真金，2001；徐碧美，2003）。

同年，艾尔巴兹（F. Elbaz）发表专著《教师之思：实践性知识研究》（Teacher Thinking：A Study of Practical Knowledge）（Elbaz，1983），将其于 1981 年发表的《教师实践性知识：案例研究报告》（The Teacher's "Practical Knowledge"：Report of a Case Study）中首次提出的教师实践性知识进行了系统的梳理与呈现。她强调要尊重教师的特别能力和个人品质以及教师作为行动者与情境相互塑造的经历。她对教师实践性知识下的初步定义是——教师以独特的方式拥有的一种特别的知识。这突出了教师情境行动和决策取向的属性：以特定的实践环境和社会环境为特征，是高度经验化和个人化的。

对这种关注教师内化架构的教育研究新范式做出经典贡献的还有舒尔曼（L. Shulman）关于"缺失的范式"的研究（Shulman，1986）。他指出过程—结果模式的教学研究中缺乏"3C"——内容（content）、认知（cognition）和情境（context），忽视了教师知识和学科知识。他提出的理论框架区分了三种内容知识：学科知识、学科教学法知识和课程知识，后又加上了一般教学法知识、关于教育目标和意图的知识、关于学习者的知识、本学科之外其他课程的知识。其中的 pedagogic content knowledge（PCK）是一个引起广泛关注和争议的概念，国内对于这一概念的争议从下面这两种不同的翻译中就可见一斑——"学科教学法知识"（姜美玲，2008：112）与"教学法内容知识"（陈向明 等，2011：85）。舒尔曼于 1992 年发起了一个名为"PCK：一个在用途上错误的概念"的讨论会。该讨论会上有人指出，尽管 PCK 帮助人们将教师教育研究重新聚焦在教师在课堂实践中使用的知识类型和技能上，但从认识论角度来说，这一概念是有缺陷的。格罗斯曼（P. Grossman）基于对高中英语教师的一项研究（Grossman，1990：8），对 PCK 的解释更加清晰，即"教师必须从他们的学科知识里挑选合适的题目，并从他们对学生原有知识和概念的了解中构建起合适的、能激发学习兴趣的学科知识呈现方式"，从中可以看出对于教师知识的综合性与行动性的初步阐述。格罗斯曼在参考各种教师知识模式的基础上提出教师专业知识包括一般教学法知识、学科知识、学科教学法知识和情境知识，其中学科教学法知识处于中心地位，课程知识是学科教学法知识的重要组成部分。

经过 20 世纪 80 到 90 年代的研究和讨论，至少已经得到认可的是教学涉及教师复杂的思维过程。与教师作为别人观念的执行者的概念相对照的是，教师大多被看作"知道该做什么的人"。这一概念建立在复杂的心理活动基础上，其核心被冠以各种名称：决策、信念、假定、学科教学法知识或（个人）实践性知识等。本研究将锁定"教师实践性知识"这一关键词。

（三）教师实践性知识研究述评

教师实践性知识研究建立在新的解释主义方法的范式上，目的不是把教师教学的情境简化成几个可以处理的研究变量，而是要搞清楚教师是如何应对复杂性的，于是从人类学和社会学引进了扎根式的、以田野为基础的、解释性的人种志研究，通过意象、暗喻、叙事、生活世界、身份建构等概念去呈现一个更具复杂性和纹理更细致的图景。鉴于从 1980 年至今已经跨越了两个世纪，而且从世纪之交以后研究也呈现出一些新的变化，所以将分两个阶段来评述教师实践性知识的研究。

1. 1980—1995：初具架构的教师实践性知识研究

（1）艾尔巴兹关于教师实践性知识的开创性研究

艾尔巴兹关于教师实践性知识的研究是这一领域的开先河之作，研究的背景是 20 世纪 70 年代的北美。其时，北美的中学开始倡导教师参与课程开发，有 10 年教龄的加拿大中学英语教师萨拉正在开发一门阅读课程，艾尔巴兹就此对萨拉进行了一系列的开放式访谈，并做了两堂课的观察。由于经验型知识常被置于低价值地位，教师通常不被认为拥有专业知识，而艾尔巴兹通过这项研究提出教师以独特的方式拥有一种特别的知识。艾尔巴兹在她的研究报告中将此称为教师的"实践性知识"，初步定义为"以特定的实践环境和社会环境为特征，是高度经验化和个人化的；关于学生、课堂、学校、社会环境、所教学科、儿童成长理论、学习和社会理论所有这些类型的知识，被每位教师整合成为个人价值观和信念，并以他的实际情境为取向"（Elbaz，1981）。她阐述了实践性知识的五种取向——情境取向、个人取向、社会取向、经验取向、理论取向。［取向（orientation）一词是指实践性知识被持有和运用的方式。］

实践性知识的内容和结构等在艾尔巴兹的专著《教师之思：实践性知识研究》（Elbaz，1983）中得到了更全面的阐释。艾尔巴兹认为实践性知识的内容有五类：一是关于自我的知识（knowledge of self），包括作为资源的自我、与他人相关的自我和作为个体的自我；二是关于环境的知识（knowledge of the milieu），即课堂、政治环境和社会环境的营造；三是关于学科的知识；四是课程的知识（knowledge of curriculum），包括课程的开发、组织、评价等；五是授课的知识（instructional knowledge），包括学习、学生和教学、师生关系等。

艾尔巴兹进一步指出教师的知识可以用一个大致的层级结构方式来组织，每一层都有不同的概括程度，用三个词来说明：实践的规则（具体的指示）、实践的原则（概括度居中等）、意象（宽泛的、隐喻式的陈述）。总体来说，教师的知识就是教师的"认知风格"——那些使一个人的行动具有整体风格的统一、连贯的特征。

虽然艾尔巴兹只做了一个案例，但她的研究富有创见，对实践性知识的阐述也初具完整的结构。不足之处是缺乏对实践性知识的产生过程和形成原因的系统探究，也并没有把课堂观察作为呈现实践性知识的实际场景，更多的只是基于访谈资料对实践性知识的内涵、结构和特征的静态描述。尽管如此，她的研究仍产生了广泛而深远的影响，使教师实践性知识成为近三十年来教师知识研究的一个主旋律。

（2）康纳利（F. M. Connelly）和科兰迪宁（D. J. Clandinin）关于教师个人实践性知识的叙事研究

从20世纪80年代中期到90年代中期，康纳利和科兰迪宁发表了一系列关于教师个人实践知识的研究成果，二人不仅探究了教师的实践性知识在课堂中、在学校改革中以及在专业场景中是如何起作用的，更重要的是，他们提出了一种新的探究教师知识的方式——叙事研究。他们从经验哲学出发，认为教学是教师经验的"叙事整体"（narrative unities），教师知识蕴含在对教师生活的记叙之中（Connelly，Clandinin，1990）。因为其源自对个人的记叙，并满足特定情境的需要，所以被称为"个人实践性知识"。

艾尔巴兹也提到实践性知识的个人取向，即将教师看作课堂里最终与孩子们接触的实际权威，以及教师以一种负责的、对个人有意义的方式承担这种权威的努力，包括教师的知识信念、观点、情感、价值观、目的和承担（commitment）。而康纳利和科兰迪宁强调的是叙事作为认知方式，叙事不只是讲故事，也是强大而合法的认识方式——能够增进教师知识。他们强调通过教师经验的"叙事整体"来实现理论与实践的整合："叙事整体是一个人经历的连续体，它透过看到自己的经验的整体性而使生活经验更有意义。"（Connelly，Clandinin，1985：198）"整体"一词指过去的一切经历和传统在某时某地某人身上的联合体，或者说"三维生活空间"，三维指"时间的连续体""个人-社会的连续体"和"地点"，其根据杜威的经验的交互性和施瓦布的实践概念而提出（许世静，康纳利，2008）。他们试图通过叙事整体以重构特定的课堂活动对于教师和学生的意义，具体而言，他们不仅运用情境叙事，也采用隐喻、个人的惯例、信念和意象以及案例研究来描述教师的第一手经验，探究教师如何在他们的教学生活中创造意义。

2. 世纪之交至今：处于多元社会文化情境中的教师实践性知识研究

正如艾尔巴兹总结 20 世纪 80 年代的相关研究时所说，随着教师知识研究的话语系统的演进，90 年代进入了三个大的领域——教师思维、教学文化以及教师的个人实践性知识（Elbaz，1991）。从世纪之交至今，与多变和多元化的社会文化背景相对应，教师实践性知识研究也呈现出更加突出的社会文化情境性。

（1）转向交往性、对话性与身份建构的教师实践性知识研究

从 20 世纪 90 年代中期开始，康纳利和他的学生们转向对专业知识大观（professional knowledge landscape）中教师的个人实践性知识以及教师的专业身份建构的研究（Clandinin，Connelly，1995；1999）。专业知识大观的理念就是承认教师知识中的社会性，在对实践性知识的默会性和个人性更深入的讨论中，他们加进了社会交往，将其作为个人知识的一个关键部分。他们强调叙事研究作为思维方式中三维生活空间的重要性，认为教师研究应从想象的生活空间开始，因为在这个空间中万事万物都不停地在个人和社会维度上、在不同的时空点上以不同的方式相互作用着。在康纳利的学生中有来自中国的许世静，她研究了在多伦多的中国新移民家庭，通过叙事研究呈现了不同文化的认知方式和存在方式之间的相互影响与相互作用。（许世静，康纳利，2008）在这种多元文化和全球化的景观下，他们提出教师发展是在全世界的大熔炉里锻造的，而叙事研究有助于促进和塑造由不同文化贡献而建立的全球价值观。除此之外，他们还指出教师发展研究也是一项教师身份认同研究，因为教师知识的默会性中体现了教师所经历的一切，触及教师怎样经历自我及教学环境的核心问题，所以教师知识和教师身份认同是密切相关的。

与康纳利等人主要基于杜威的经验的二重性的叙事研究不同，以对话性与话语分析为理论基础的教师身份建构研究，虽然同为叙事研究，但在研究的理论基础和具体方法上却又另辟蹊径，能更好地揭示教师生活和工作的复杂性。马什（M. Marsh）认为，进入多元化的 21 世纪后，教师思维不再被看作线性或辩证的过程，而是被看作对话式的，是个人历史、现状、信念、价值观与社会、文化、历史和政治理论之间不间断的对话。对话式的关系发生在人和人之间，是自我和他人交往的空

间（Marsh，2002）。这是教师知识研究借助俄罗斯文艺理论家和哲学家巴赫金（M. M. Bakhtin）的对话理论开辟的一个新的方向。

艾尔巴兹在 2005 年出版的《教师的声音：讲故事与可能性》（*Teachers' Voices：Storytelling and Possibility*）一书中呼吁需要一个基础更坚实的、多重感觉的、多重角度的认识论，而借助巴赫金的对话理论正好可以揭示课堂上的不同声音的现象，并探究存在的社会建构性以及语言在形塑人们的关系中的重要性。艾尔巴兹在这本书中讲了名叫尼娜（Nina）的老师在一个由不同种族的学生组成的班上是如何应对外在和内在的冲突的。她从三个层面对尼娜的叙事进行了话语分析：一是占有（appropriation），即她拥有一些权力话语和公共教育话语；二是社会斗争（social struggle），表现为努力寻找能促进所有学生学习的方法来教学，促进合作学习，促进不同种族学生的相互关心，说服她的同事——学生们尽管有这样那样的问题，但他们有能力并且愿意学习；三是成为（becoming），发展致力于教师成长和变化的内部说服性话语，重构教师接受的知识，选择对目前情况最新最有用的知识，说明教师自己想成为什么样的教师以及未来的梦想。

（2）多元方法论下的教师实践性知识研究

概览最近十几年关于教师知识的研究，所有的概念建构都显示出个人和社会、目前和未来的关系都交织在教师的精神生活里，情境也就不仅是指教室和学校这样的物理空间，而是教师的过去和现在的经验与社会情境、课堂和学校联系及整合的事情，而这样复杂的情境必须用多元的方法论来研究。下面只采撷其中的一些代表性著述来简单呈现一下这种多元的研究态势。

以现象学研究著称的范梅南（Max van Manen）从荷兰来到加拿大定居，也带来了欧洲的哲学传统，他踏上了一条与同在加拿大的康纳利等人不同的路径去探究教师的实践性知识。对于教师实践性知识的现象学研究源自欧洲大陆的现象学传统，现象学的生活世界思想为教育研究打开了一个新的视界——关注教育情境中师生的生活体验（the lived）世界（朱光明，陈向明，2008）。范梅南认为，实践性知识体现在教师和学生的交往活动中，不在于具体的方法和技巧，而在于教育的敏感性、教育价值和教育效果。通过早在 20 世纪 90 年代提出的"机智"（tact）一词，到如今的"接触"（contact）和"认可"（recognition）等概念，范梅南试图寻找一种现象学的认知结构来建立自己的实践认识论（van Manen，1995），即他所谓的"作为行动的教育敏感性和教育机智的实践认识论"：机智既不是某种知识，也不是某种调和理论和实践之间关系的技能，而是一种积极的人类交往活动所具有的意向性觉知；机智是一种实践性知识，它在教学的行动中成为现实，行动自身就已经构成了一种知识。范梅南还将德行加入机智的概念，认为有机智是一种道德的关注，是内化的、情境化的、召唤性的教育实践（范梅南，2008）。

研究教师实践性知识的另一团队是荷兰莱顿大学的贝加德（D. Beijaard）、威鲁普（N. Verloop）和梅耶尔（P. Meijer）等，从 20世纪 90 年代中期开始他们发表了大量关于教师实践性知识的研究成果。从研究方法上看，这一团队主要采用质的研究方法，但也结合一些量的设计来扩大研究的样本。他们的研究设计精致，开发和使用了多种研究工具，如半结构化访谈、概念绘图作业、刺激回忆式访谈的三角检验法，并基于对具体学科的研究提出了教师实践性知识的诸多模式（Meijer，Verloop，Beijaard，1999）。他们往往从学校改革、教师的知识基础、师范生的教育以及学科教学等角度来探究教师的实践性知识，他们将教师实践性知识定义为"构成教师实践行为的所有知识和洞察力"。他们提出教师教育机构应把重点放在"与实践有关的命题知识"上，而实习学校则应把重点放在"命题解释的实践性知识"上，即主张正式知识与教师实践性知识的整合。但他们也指出，教师在实践中明确说出他们的个人知识很困难，更不要说把这些知识转化为正式的理论知识了，这需要形成更加能捕捉教师知识之缄默和直觉特征的方法与技术，而当前这些缄默的、无意识的成分还不能充分地转化到研究成果中来（Verloop，Driel，Meijer，2001）。

　　3. 国内逐渐兴起的关于教师实践性知识的研究

　　国内对教师实践性知识的研究基本上是在进入 21 世纪后，最初的几年主要是在理论上进行探讨，包括 2002 年鲍嵘发表的《教师实践知识初探》和《论教师教学实践知识及其养成——兼谈教师专业发展的基础》，以及后来被广泛引用的陈向明（2003）的《实践性知识：教师专业发展的知识基础》一文。陈向明在文中初步提出了实践性知识的定义——是教师真正信奉的，并在其教育教学实践中实际使用和（或）表现出来的对教育教学的认识。然后她探讨了实践性知识的构成和状态，她认为教师的实践性知识虽然具有默会性，但并非不可反思，正是在"有心"的行动中，实践的反思把经验和理论或哲学的探究结合起来了。除了可反思性外，实践性知识还具有实践感（包括紧迫性、条件制约、模糊性和总体性）和行动性。教师行动时通常用身体化的方式记录和记忆自己的经验，并通过行动唤起那些被储藏在身体里的知识，行动也意味着问题解决。她对教师实践性知识的内涵和状态进行了独到的阐述，但在其形成机制上却只借用建构主义的同化与顺应做了简单的解释。钟启泉（2004、2005）探讨了如何从教师体验上升到对实践性知识的概念界定，他认为实践性知识是教师作为实践者发现和洞察自身的实践和经验之中的意蕴的活动，教师成为反思性教学专家的核心就是对自身实践性知识的认识及其成长。石中英（2001）从默会知识理论出发探讨了知识转型与教育改革的关系，为教师实践性知识的研究提供了有力的理论依据。

　　国内关于教师实践性知识的探究并不停留在理论探讨上，实际上最近几年也出现了基于大量实地调查资料和不同路径的关于实践性知识的质的研究，其中有一批关于教师知识的博士论文研究，如鞠玉翠

（2003）以叙事探究的方法所做的教师个人实践性理论的研究，姜美玲（2008）关于教师实践性知识的质的研究。

鞠玉翠用"教师个人实践理论"一词来指教师个人所持有的教育观念，即教师真正信奉的在实践中体现出来的教育观念，包括教师关于教育、学校、教学、学生、学科和自己的角色与责任等的观点。她的概念定义相对较窄，研究也主要基于教师的教育故事，缺乏对实践、理论、知识和叙事本身的深层探究。

姜美玲的博士论文题目就是"教师实践性知识研究"，她在文献和理论渊源上对相关概念进行了较为详尽的梳理，研究方法是行动研究与叙事探究的结合。姜美玲在对实践性知识的内容呈现上整合了舒尔曼和格罗斯曼等人所提出的教师知识类型（学科内容知识、一般教学法知识、学科教学法知识、课程知识、学习者知识、环境知识和自我知识），在实践性知识的表征形式上借鉴了艾尔巴兹的意象、隐喻、实践规则、实践原则几个层次，并把艾尔巴兹所冠名为"认知风格"的总体层次用更符合中国文化的"个人哲学"来替代。她的创新之处在于对教师实践性知识发展路径的探索，她提出了教师个人生活史分析、反思教学实践经验和构建教师学习共同体这三条路径。可以说姜美玲对教师的实践性知识的研究已经比较全面，但她的主要工作还是对教师的叙事的分析，缺乏对实践性知识的本质特征（如她所说的"实践性"和"个人性"）如何在课堂中实现和呈现的探究。

徐碧美（2003）关于教师专业知识或译作"专家知能"（expertise）的质的研究与教师实践性知识研究有很大的相关性。徐碧美选择的研究载体是二语教学，她锁定的主题是专家型教师的"卓越"的特征。她的主要研究发现是：反思和思考是专家知识与技能的重要特征；实践知识的理论化和理论知识的实践化是专家知识发展中同一问题的两个方面；专家特征是不断探索和试验，质疑看似"没有问题"的问题和积极回应挑战。徐碧美的研究是在教师专业知识研究领域对舍恩所描述的反思性实践的深入具体的诠释。虽然她并没有直接针对实践性知识这一主题开展研究，但她所发现的几个主题词与实践性知识研究却极为贴合，那就是"反思""实践性""问题情境"，即我将在我的理论框架中重点探讨的几个关键词。

对教师的实践性知识进行质性探究的是北京大学陈向明教授带领的研究团队，他们的初步研究成果集中刊登在《北京大学教育评论》2008 年第 1 期上，其中有关于教师的反思性语言形态的研究（杨帆，2008），有基于教师博客的实践性知识研究（王枬，叶莉洁，2008），也有关于教师在行动中反思的能力与层次的研究（李莉春，2008）。

从艾尔巴兹于 1981 年明确提出"教师实践性知识"这一概念至今已经过了 40 年，我们可以从表 2-1 所罗列的一些代表性著述中看到教师实践性知识研究的总体情况。

表 2-1　教师实践性知识代表性研究

研究者	教师实践性知识的定义	教师实践性知识的特征
艾尔巴兹	教师以独特的方式拥有的一种特别的知识，关于学生、课堂、学校、环境、学科、学习和社会理论等所有这些类型的知识，被每位教师整合成为个人价值观和信念，并以其实际情境为取向	情境取向、个人取向、社会取向、经验取向、理论取向
范梅南	机智是一种实践性知识，它在教学的行动中实现，行动自身就已经构成了一种知识	身体化、情境化、关系性
威鲁普等	构成教师实践行为的所有知识和洞察力，隐含在他或她行为背后的知识和信念	个人的、缄默的、反思的、与情境和学科相关
康纳利等	教师通过教学经验所获得的实际东西，教师身份认同表达了从经验中获得的、在工作和生活环境中学到的、在实际情境中展示的个人实践知识	默会的、经验的、个人的、文化的

研究者	教师实践性知识的定义	教师实践性知识的特征
陈向明	教师真正信奉的，并在其教育教学实践中实际使用和（或）表现出来的对教育教学的认识	默会但可反思、实践感（紧迫性、条件制约、模糊性、总体性）、行动性
姜美玲	教师在教育教学实践情境中，通过体验、沉思、感悟等方式来发现和洞察自身的实践经验之中的意蕴，并融合自身的生活经验以及个人所赋予经验的意义，逐渐积累而成的运用于教育教学实践中的知识以及对教育教学的认识	实践性、个人性、情境性、默会性、综合性

综上所述，可以看到关于教师实践性知识研究的一些主要特点，或者说研究的主要成就和不足，这可让我更加准确地定位自己的研究问题。从实践性知识的定义来看，可以说，各方学者没有系统和统一的界定，但他们在实践性知识的特征上有一定的共识，如实践性、情境性和默会性。正是从这些共享的关键词中，我们能看到几个重要的问题。

第一，"实际情境"或"教育教学情境"到底有哪些核心特征？可能由于条件所限，上述研究基本上都基于教师对教学情境的回顾性叙事和访谈，而缺乏对课堂实际情境的观察和呈现。对这种"实际情境"的捕捉成了一个极尴尬的缺失的环节，并没有很好地达成20世纪70年代就提出的"应将教育研究重新置于教师在课堂内的经历上"的愿望。

第二，对实践性知识的界定和表征偏于静态呈现，缺乏对实践性知识生成和发展过程的动态描述。或者说，迄今为止的研究主要集中在教师的实践性知识"是什么（What is it）""是什么样的（What is it like）""是如何表征的（How is it represented）""如何形成的（How is it developed）"方面，如艾尔巴兹和姜美玲所采用的意象、原则、规则和认知风格等表征形式，威鲁普等所发展出的教师关于阅读教学的实践性知识的四种模式，康纳利等从生活史、社会文化情境等角度对实践性知识形成路径的叙事研究，等等。而对于实践性知识的核心特征，或者说与传统的命题知识之间有何本质差别，对于这一知识是"如何在实际情境中实现的（How is it enacted in real situation）""如何在实际情境中生成的（How is it generated in real situation）"以及这一知识的本质性特征的回答是远远不够的。范梅南通过对"机智"这一概念的阐发以及精妙的现象学写作在一定程度上回答了这些问题，但我们也需要从更多的路径去寻找更清晰和多样化的答案。

第三，对默会性与反思的关系探讨不够。虽然各路学者都强调了默会性在教师实践性知识中的重要性，同时也承认反思是教师研究领域的核心所在，但对于二者关系的陈述存在一定的分歧或矛盾。一方面，可以观察到的是教师在达到炉火纯青的境界时所做出的几乎都是一种难以言说的直觉的行动，似乎具有非反思性特征，而且课堂上决策的紧迫性也天然地抗拒着"停下来、想一想"的反思。再则，波兰尼（M. Polanyi）关于个人知识的阐述中相对于明确知识（explicit knowledge）提出了默会知识（tacit knowledge），人们往往据此认为默会知识就是无法表达的，因而也就无法加以批判性反思，所以默会性与反思性之间存在着无法跨越的鸿沟。另一方面，也有一些学者主张默会也就是可意会的、可反思的，这是一种特殊的反思形式，是全身心投入其中的"有心"的行动（陈向明，2003）。范梅南（2008）称这种当时当地的主动反思"可能是教学最困难的方面，因为它是一种在真正行动时刻的反思，是一种令人困惑的现象"。

在我看来，以上三个问题是一串问题，将这些问题串在一起的那条线就是杜威关于"问题情境""反省思维""参与的、有用的知识"

的教育哲学，以及舍恩关于"行动中反思"的实践认识论。此外，我们也需要回到赖尔（G. Ryle）最初做出的"knowing how"与"knowing that"的区分，以及波兰尼所论述的"knowing"（识知）在个人知识乃至人类知识中的定位，重新直面和挖掘教师实践性知识的核心所在。这也正是我在第一部分提出的研究问题（教师实践性知识本质探究）的学术原因和目的，鉴于理论背景的复杂性和丰富性，我将在后面分两个部分专门探讨回答我的研究问题的最合适的理论基础与分析框架。

让我们回到从教师知识研究的文献中所看到的几个问题。第一，对教师知识基础的研究虽然揭示了教师所具有的各个方面的知识，但其背后的知识观仍属于客观主义的，用真理的符合论来解释就是——教师有一个存在于客观世界中的不受我们主观想法影响的知识体，我们所能做的就是不断地揭示这个知识体中的各个组成部分。但如此平面静态的研究结果并不能帮助我们捕捉教师独特的能力，因而难以证明教师具有作为专业人士的特殊知能。第二，研究教师实践性知识的目的正是捕捉这样的核心能力，以便寻找合适的方式加以表征和呈现。教师知识研究应进入暗箱，发觉教师的实践性知识、个人知识和情境知识以及教师生活史与社会文化情境的交互作用。第三，国内的研究更多是循着前人的路做一些验证与扩展，并没有在研究思路上有所突破。

二、研究问题聚焦与研究路径

为了捕捉教师的实践性知识的核心，需要一个核心概念，更需要形成一个分析单位。维果茨基（L. Vygotsky）在论述意识这一难题时抓住的是思维和言语的关系，他提出将"词"作为分析单元，"将词的意义不仅看做思维与语言的统一，而且可以看做概括和交际的统一，交际与思维的统一"（维果茨基，2005：13）。与此类似，在分析"实践性知识"这一具有动态过程性的知识时，我尝试将"行动中识知"（knowing-in-action）与"行动中反思"（reflection-in-action）作为分析单位。

（一）分析单位——行动中识知与行动中反思

从文献述评中我们可以看到，为了揭示教师知识那"隐藏"的一面，研究者提出的核心词有"教师的精神生活（mental lives）"、"教师的认知风格（cognitive style）"、"教师的三维生活空间"、"教师的机智"、实践性知识的"取向"以及"模式（pattern）"等，这些词各有其侧重，除了"机智"一词外其他的都趋于静态描述，难以用来捕捉实践性知识动态的生成过程。

范梅南（2008）认为"教育机智"这个概念对传统的理论与实践的区分不敏感，它是一种积极的人类交往活动所具有的意向性觉知，可以帮助我们直接看到有经验的教学的本质。阅读范梅南所引领的对于教师实践性知识的现象学研究的文献，我有时也深深地感到其中的召唤性，但这样的一种研究范式在操作性上对于研究者具有很高的要求。另外，对于其文本写作的方式是否具有较高的信度和效度仍然有一些争议。一篇成功的现象学描述文本会使读者频频点头，但这样的"现象学点头"更多是一种无法言说的认可，我更倾向于采纳舍恩的分析系统，并加入社会文化情境的背景，来描述和解析实践性知识的生成过程。

分析单位的另外一个可能的选择是弗里曼在对教师知识和学习的文献回顾中提到的"决策"（decision-making）一词（Freeman，2002）。这一提法有其值得借鉴的一面，因为很多在课堂内外瞬间发生的小事件反映的正是教师行动中反思时复杂的抉择和决策能力。但"决策"一词仍然不能捕捉到教师实践性知识的精髓，"行动中识知"

和"行动中反思"却正好能够体现出知与行的结合，这种结合不是机械的结合，而是一种超越性的产生全新认识的结合。

波兰尼的宏篇巨著《个人知识》（*Personal Knowledge*）首先就对"识知"进行了论述：是一种心与身的结合，是身体化与概念化的统一，是一种信仰、一种寄托。波兰尼指出，虽然只有那些被客观化、语言化之后的知识才被接纳为焦点知识，这种身体化的识知或默会知识在科学家和其他所有人的日常生活中却起着关键的引导作用。赖尔也强调"知道怎样做"（knowing how）比起"知道那个事实"（knowing that）具有逻辑上的先在性。他认为有效的实践先于理论，各种方法论都以方法的运用为前提；心灵不是一种场所，相反，各种活动场所都是心灵的场所。（赖尔，1992：24-30）徐碧美对表现卓越的教师进行大量的现场观察与研究后发现，专家知能是以"知道怎样"而不是"知道什么"为特征的，专家所拥有的知识蕴含于专家的行为之中，而不是一系列与行为相分离的命题知识；卓越表现是一种本能，本能与直觉是专家决策的核心内容。

这种知行合一观在中国文化中也有独特的表达，比如在"温故而知新"这一表达中，"知"同时指向过去与未来，而且两者并不矛盾。"知"作为过去与未来之节点，不是重复旧有的东西而是有所选择和加工乃至创新，这与舍恩的"重构"异曲同工。《论语》里面对"知"和"知者"的界定是："'知'可以超越在对立面进行选择时所带来的困惑，同时'知'也就表现出一定的等级系列，这一系列又对应着相应的理想人格。'知者'表现为一种动静合一、知行合一的特征。"（周海春，2007）。

由此看来，行动中识知更接近于教师实践性知识的默会的一面，是以往的行动中反思积淀而成的某种风格或取向；而行动中反思是教师在教育教学的困境中进行探究、情境重构以及问题解决的过程。这两个概念的结合有助于我们捕捉教师实践性知识的生成和生长的过程。

（二）研究问题聚焦与初步的概念框架

通过文献、理论与研究对象和研究者之间的来回论证，我最终聚焦的研究问题如下：

（1）教师的行动中识知是什么样的？——课堂内外究竟发生了什么？面对相似的情境，不同的教师处理方式有何不同？他们在课堂如何处理预设与生成的关系？

（2）教师表现出的种种行动中识知样态之间有何关联？可否提出有代表性的模型？

（3）教师的行动中反思过程如何？教师在行动中反思的方式与层次是什么样的？——教师在实践的"沼泽地"中如何"重新框定"各种情境？教师的个人生活与专业成长经历以及所处的社会文化情境对于他们的行动中反思有何影响？

（4）行动中识知与行动中反思的关系如何？如何描述教师的实践性知识的生成和生长过程？这对于揭示教师实践性知识的本质特征有何意义？

为了回答以上问题，需要一个具有操作性的分析框架。基于以上的文献分析与理论联想，我初步拟定以图2-1来大致说明教师实践性知识的生成过程。为了表达的简便，我用"PK"（practical knowledge）来代表"教师的实践性知识"。

图2-1 教师实践性知识生成（一）

图2-1所呈现的是教师实践性知识的生成与生长的大致过程，左端的PK指的是以默会为核心特征、呈现出一定的认知风格、可用一定形式表征的行动中识知的状态，右端的PK'是在充满不确定性和价

值冲突的实践情境中、经过行动中反思寻求问题解决以后而有所改变的新的实践性知识。这一过程的循环往复或螺旋式上升使得教师的实践性知识不断生发与生长。

关于相关概念，我尝试给出以下的操作性定义，这些定义只是作为研究初期的一个预设，在本研究结束时将根据实际研究资料与分析重新进行更精确的界定。

（1）教师实践性知识：指教师将学生、学习、学科、课程、环境以及自我等所有这些类型的知识整合成为个人价值观和信念，并直觉地运用在实际教育教学实践中。

（2）实践（praxis）：行动和反思所处的一种不断的、富有成效的紧张状态，其中思考与行动、心灵与身体、理智与情感密不可分，以追求共同的善为最高价值。

（3）知识：采用实用主义的知识观，即杜威（1990：353）所说的"知识不能是一个漠不关心的旁观者的无用的观点"，知识是一种参与的方式，这种知识有多大效果，就有多大价值。知识作为一个行动，就是考虑我们自己与我们生活的世界之间的联系，调动我们一部分心理倾向，以解决一个令人困惑的问题。

（4）行动中识知：教师在日常教育教学实践中表现出的具有内在统一性与一贯性的常规行动。这并不是杜威所说的探究，因为行动的情形并非问题情境，顺畅的行动流程也没有被意外打断。这样的识知表现在直觉-本能甚至自动技能之类的身体行为上；在教师的教学和生活世界中的行动中识知为教师长久以来形成的关于教育教学的默会知识和认知风格，可用一定的形式进行表征。

（5）行动中反思：舍恩所描述的由与情境的对话、情境的反驳、对情境的重构组成的"欣赏系统"就是行动中反思。与情境的对话就是从杜威所说的交互性的角度来理解的一种行动中反思。在此，教师在与情境的材料相互作用时遭遇情境的反驳（back-talk），激发出不确定性，教师进一步转化情境，并以一种方式解决不确定性。"对话"一词带有隐喻的意味，它并非字面意义上的对话，而是探究者和眼下的材料所进行的对话般的交互作用。这样的对话不必一定是显性的自我觉知，尽管在回顾性反思的时候它可能会变成显性的。

（三）研究方法的选择

选择研究方法在我看来至少有三个主要的因素：所涉及的研究领域、所确定的研究问题以及研究者本人的倾向性，因而我选择质的研究方法作为主要的研究手段原因也有三个。一是本研究涉及的理论和文献背景都表明，对于教师的实践性知识的研究迄今为止几乎都是采用质的方法，以期理解和解释这一有高度情境性、个人性和缄默性的知识。二是这种方法与我所研究的具体问题相契合。三是我对于质的研究方法不仅钟情而且也曾在以前的几个研究项目中小试身手，具有一定的驾驭能力。很多质的研究方法的专家都指出，个人的兴趣与经验在研究中不仅起着非常重要的作用，而且会使研究更具推广的价值。

目前国内文献中常引的对质的研究的定义是："以研究者本人作为研究工具，在自然情境下采用多种资料收集方法，对社会现象进行整体性探究，主要使用归纳法分析资料和形成理论，通过与研究对象互动对其行为和意义建构获得解释性理解的一种活动。"（转引自马克斯威尔，2007：总序）质的研究缘起于20世纪初在西方兴起的田野式社会调查，从博厄斯（F. Boas）和马林诺夫斯基（B. K. Malinowski）所使用的开创性的实地调查方法，到1967年由格拉泽（B. Glaser）和施特劳斯（A. Strauss）提出的扎根理论方法，再到近年来日益受到重视的社会建构主义方法，质的研究者经历的变化大约是——从强调"客观""中立"，到"体验""移情"，再到在"参与""对话"中理解与解释，共同建构意义。社会建构主义方法主张在特定社会–历史–文化背景中来看人际和群际交往如何建构出真实，采用的策略是对原始资料进行深描，继而对资料中隐含的主题特征及主题之间的模式化规律进行分析和有序的呈现，最后对资料的意义进行解释，达到理解的目的（转引自马克斯威尔，2007：总序）。

我的研究立场是具有社会建构倾向的扎根理论。一方面，我仍秉持解释主义的规范，以尽量不干预的方式对研究对象进行观察，对原始资料进行整理和编码并提出相关主题。在此基础上主要通过沉思和阅读来获得理论建构的灵感与顿悟。我比较认可的是"理论"一词的原初含义——希腊语的 theatai（旁观者），只有旁观者，而不是行动者，能认识和理解本身作为一种演出的东西。"理论性的"这个词表示"沉思"，也就是从外面、从参与演出和完成演出的那些人后面来观察某东西（阿伦特，2006：100）。另一方面，我也意识到在我和研究对象的接触中，通过我的课间询问和正式访谈，我的一些立场和理论背景也和他们形成了对话，对他们的话语和行为方式也有一定的影响。而且由于他们也部分参与了我们的实践性知识课题组研讨活动，在大学人员和几所中学、小学的教师之间也有交流与碰撞，这些具有不同背景的人之间形成了一定的社会建构情境。另外，就我对研究对象本身的考察而言，我试图既将教师看作独特的个体，也将他们放在各自生活的社会文化和现实背景中，从他们与各种人群的互动中看他们的实践性知识是如何生成和生长的。

具体而言本研究采用的研究方法主要有以下几种。

1. 文献分析

对教师实践性知识的研究是近二十年来的热点，梳理国内外学者的相关研究成果是必须做的功课。我尽量在文献梳理中寻找主要的研究思路和理论脉络，不仅注意归纳各方学者的实际研究成果和贡献，也着力关注他们在研究方法上的取向及其利弊，以求自己的研究设计和研究发现能在前人的积累的基础上为相关研究添一块"垫脚砖"。

此外，与实践和知识相关的哲学与教育学代表理论（如实用主义、实践认识论、个人知识理论、行动科学、知识社会学等）对研究教师的实践性知识具有指导性的意义，也是我在文献述评中需要涉及的。

2. 实地观察（课堂、课间、教师备课活动等）

本研究最重要的研究手段是实地观察，尤其是课堂观察。借助于一个教师实践性知识研究的课题，同时也为了丰富研究资料，我在北京市同一个区的一所重点中学与一所普通中学进行了田野调查。其间接触了十几位教师，最终与其中5位教师合作开展研究。我从教师的日常工作入手，考察教师实践性知识在典型教育教学场景中的行为表现，除了课堂以外，我也经常在教师的办公室观察教师和学生以及家长之间的互动情形，还参加了几次教师集体研讨。

鉴于本研究的一个重要目的是了解教师的实践性知识的动态呈现过程，课堂观察是捕捉这种微妙和鲜活的瞬间最合适的地方。在西方，课堂更多地被看作教师的领地，获得准入资格并不容易。可能因为这个原因，在教师实践性知识研究中具有开路先锋意义的艾尔巴兹《教师之思：实践性知识研究》的研究手段主要是访谈，只有两次课堂观察；而荷兰莱顿大学的贝加德、威鲁普和梅耶尔等学者对教师实践性知识所做的系列研究中主要的研究工具是概念图和访谈，鲜有课堂观察。值得感谢的是国内学校的各种公开课、集体备课和师傅带徒弟等教师专业发展的传统，还有我所依托的"教师实践性知识研究"课题组，使得我比较轻松地进入了这块颇具私人性的领地，而且得到了几位主要合作教师的真诚帮助。他们向我敞开他们的课堂，多次接受我的正式和非正式的访谈，并对我的研究的一些进展提出他们的看法。

通过对5位教师近50堂课的观察，我不仅积累了关于每位教师的教学情境的大量第一手资料，更重要的是通过这样的沉浸式听课和访谈等互动，对于教师逐渐清晰地呈现的几种有代表性的认知风格模式，我能通过比较加以辨认和归类，极大地推进了我的研究。

3. 深度访谈

本研究中访谈是与课堂观察具有同等重要地位的研究手段，我主要进行了两类访谈：一是对教师职业生涯的详细深入的了解，了解他们在初入职阶段、关键转变期以及现阶段的教学和与之相关的生活经历；二是在课堂观察之后及时询问他们课堂中决策背后的想法，或从整个备课的过程了解教师的思维及其与各种人群（如教研员、同事、校长、知名教师、自己的孩子等）的互动，从而更深入细致地探究"他们的生活细节、复杂的内心世界以及他们所生存于其中的纷繁变化的文化氛围"（陈向明，2004：43）。访谈多为开放式的，也有少数半结构式的，还有一个焦点团体式的。对于 5 位教师中的 3 位主要的合作伙伴，正式访谈都在 5 次左右，其他课间的非正式访谈也有 5 次。其他两位教师接受的都为正式访谈，平均 2 次。

4. 实物分析（教师叙事、教案、办公桌上的记事贴、学生作业等）

在课堂观察和访谈材料的基础上，对教师叙事、教案等实物资料的分析无疑具有很好的补充和三角验证的作用。特别是教师的叙事往往是教师对于一个问题情境的个人探索，呈现出教师特别的关注点和相对完整的探索过程，或是教师对于自己的教学历程的系统总结。结合这样的叙事对教师进行访谈或者直接对这样的叙事进行分析，再辅以追踪访谈，都是极为有力的研究手段。教师办公桌上的一些物件也生动地呈现出他们在教学管理、师生关系等方面的观念和策略，还有一些相关的学生作业都是很好的分析材料。

5. 研究者本人的教育叙事及分析

由于质的研究以研究者本人为最基本的研究工具，在我看来，对于研究者自身的探究就如了解冰山一角下面的支撑主体。虽然我们常常被要求只呈现宏大叙事下的研究目的和意义，但在质的研究中，区分个人的目的是十分必要的。"研究设计中想要排除个人的目的与关注，既不可能也没有必要。重要的是要意识到这些目的，以及它们可能对你的研究产生什么样的影响，并考虑如何更好地实现你的目的，处理它们的影响。另外，认识到个人与你想要实施的研究之间的关系，可以为研究提供重要的思想、理论和资料来源。"（马克斯威尔，2007：15）

由于我自身近20年的从教经历和穿插其中的求学经历，我形成了很多关于教与学的假定。通过撰写教育叙事我厘清了很多自己平时疏于或难以系统思考的个人实践性知识。我的这篇教育叙事对我理解教师既起了积极的作用，也起了一定的消极作用。积极作用是我将自身的经验应用到了对我所合作的教师的资料的分析中，特别是我在自己的教育叙事中区分出的一些概念和类别对我概括教师资料起了很好的迁移作用。消极的影响是我太过注重自身的经验，在分析其他教师的资料时也难免有削足适履之嫌，但由于研究的过程持续了较长时间，而且其间也有与导师和课题组的多次讨论，在他人视角的触动下和时间的沉淀中我也经历了一个与研究资料对话并进行重构的多次行动中反思过程，从而一定程度上超越了个人的前见，正在形成类似螺旋式推进的研究成果思考和阐述。

（四）研究过程及相关问题

1. 合作研究者的确定

理想的合作研究关系在真实的研究中往往是难以实现的，艾尔巴兹在总结她所研究的萨拉的实践性知识时也不得不感叹："刚开始我唱了很多关于双方共同参与的高调，但后来发现两个人走到一起是极其困难的。"（Elbaz，1983：169）她发现研究者与教师形成共同的视角需要很多时间和共同的经历，要完全采取教师的视角是不大可能的；再则，教师的兴趣和诸多职责并不总能允许他们广泛参与到研究中去。

虽然更多的时候我还是把这些教师看作研究对象，但我也高兴地看到他们的反馈和互动也让我们有了一定的合作研究关系。事实上，这些教师也是我们教师实践性知识课题组的成员。我虽然也去过好几所学校，但最终固定在两所中学：一所是北京市的重点中学，一所是普通中学。这样的选择使我有机会看到专业发展阶段类似的教师在不同的学校文化情境中所表现的实践性知识的差异。在研究过程中我对约 10 位教师进行了课堂观察和访谈，但由于资料的饱和与时间的限制，我最终锁定了 5 位合作教师，他们的大致情况如下（名字为化名）（表 2-2）。

表 2-2　合作研究教师情况

	专家教师 （教龄约为 25 年）	有经验的教师 （教龄约为 10 年）
孙鹏，59 岁，语文学科	√	
赵兰，45 岁，英语学科	√	
秦云，45 岁，英语学科	√	
李娟，33 岁，英语学科		√
孔慧，36 岁，语文学科		√

　　选择语文和英语这两个学科是因为我有相似的教学背景，能更好地理解教学内容。5 位教师中 3 位是专家教师（已获特级教师或北京市骨干教师或学科教学带头人称号），年龄在 45 岁以上；2 位是年富力强的本校骨干教师，年龄为 30 多岁，教龄约为 10 年。其中赵兰和李娟是一对师徒，选择这对师徒作为研究伙伴是借鉴舍恩研究专业实践中的反思时采用的一个主要方法，即专家与新手对比研究。由于他们具有相同的学校和学科背景，在处理学科内容、管理课堂、对待学生时的具体决策更便于我们揭示教师的行动中反思的结构和特征。

　　2. 资料的分析与整理

　　我每次去学校听课都做课堂观察记录，回来再整理成听课备忘录，对一些关键细节进行及时访谈并整理进备忘录，对收集的相关实物和教师个人的叙事进行分析，注意案例写作的方式，结合分析框架来丰富对案例的呈现。

对每次访谈数据我逐句整理，并且进行登录、编码和归档。我会根据访谈所得随时提炼扎根理论，然后，进一步收集数据以检验扎根理论。对资料的深入分析我可能采用类属分析，我也希望采用类属与情境分析相结合的方式。研究过程中我会坚持写备忘录，及时记录访谈时的感想、分析资料的方法和过程。

当然，质的研究中最考验研究者的就是资料的分析与整理。总的来说，资料分析的过程就是一个不断寻找又不断否定自己的螺旋式上升的过程。在第一章、第三章我详细陈明了这一过程的艰辛以及伴随的创造的快乐。更重要的是，在这一过程中，我逐渐回归作为质的研究者的本位——怀着对质的田野自有生命的敬畏心，尽量拓宽自己与合作教师视域融合的界限，本着理解与阐释的态度去挖掘资料中深藏的生命，同时不断大量阅读相关理论来建构自己的理论框架，以便整理和呈现资料的内在结构与脉络，最终希望能建立教师话语与制度、学术的宏大叙事之间一定的对话空间。

3. 效度问题

我的研究对象也都是课题的参与者，虽然由于时间等因素他们各人参与的程度很不同。这对我的研究总的来说是有利的，因为他们加入课题是自愿的，在课题的各种活动中他们能更好地说出自己的想法，方便我及时就一些疑惑向他们求证，而且我们可以有一个共同的话语基础来就一些细节问题进行讨论。不利之处是这些教师个人对课题的期待不一，与我个人的研究目的也不尽吻合，所以我要尽量考虑这些因素，不因为自己个人的研究框架而影响对他们的理解。在第一部分中我也就个人主观判断对研究效度的影响问题进行了反思和阐述。

我采用的几种收集资料的途径能较好地保证我的研究发现的效度，通过课堂观察、访谈以及实物资料分析的三角验证，加上对"我"作为研究工具的不断反思，同时还有与一起去学校的课题组成员之间的很多讨论，我能尽量从不同角度来看同一个资料，力争呈现出最接近教师本真状态的研究发现。

4. 伦理道德问题

质的研究中被研究者通常需要花费很多时间和精力与研究者交谈或参加其他一些活动，为研究者提供需要的信息，甚至涉及个人隐私。因此，与合作研究教师建立信任的关系非常重要，同时还要有一些必要的申明，如对访谈进行录音等之前得到研究对象的同意、保证对他们的资料进行保密且仅作研究发表之用，而且一律采用匿名方式；把从访谈等数据中得到的一些关于研究对象的推论反馈给研究对象，以获得他们的认可。在国外通常是需要得到被研究者的书面认可的，鉴于我们的文化背景，我只是得到了他们口头的知情同意。

同时我也很注意以力所能及的方式给他们一些回报，由于我有英语教学的背景，在我的合作教师碰到一些英语教学中的问题时我尽量进行解答，并帮他们寻找补充材料。在合作教师在学校有公开课等任务时，他们往往会请我出一些点子，我也尽量帮助他们。

在我每次听完课以后，除了就我的研究问题进行讨论，他们其实更想听到一些与他们上课的内容和方式直接相关的评价，我也尽量从朋友的角度与他们进行坦诚的交流，这样的交流使得他们常常盼着我和课题组的其他成员去听课，我们都从中得到了很多愉悦和满足。

第二部分

教师实践性知识动态机制

——行动中识知

第三章
教师实践性知识的心脏地带——行动中识知

在研究教师的日常教育教学实践时，我们常常碰到在课堂内外的教育行动中表现出卓越的创造性与激荡人心的美感的教师，但问他们如何做到的时候，他们自己也说不清楚。这就像波兰尼所说——"我们知道的比我们能说出来的要多"，而专业工作者行动中那种直觉般的流畅与随机应变是难以从唯科学主义中找到答案的。波兰尼从自身作为科学家的多年经验出发来探求知识的本质，他主张认知主体应是心与身结合而成（波兰尼，2004：119），并区分了显性知识与缄默知识，认为那些未被精确化、系统化表述出来的关于行动的知识就是缄默知识。波兰尼认为，不仅在日常生活中存在这种"日用而不知"的知识，就是在人们一直以为是非常理性化的科学研究中也存在这种知识。在波兰尼提出个人知识论（1958 年）的近 20 年后，医学、建筑、心理学、管理学等各种专业领域不断发展，舍恩从大量专业案例中也看到了隐含在案例解决过程中如艺术直觉般的实践认识，并试图将专业实践者的缄默知识显性化。因此，本章将从教师实践性知识的研究困境出发，引入波兰尼个人知识理论与舍恩的实践认识论，为探索教师的识知艺术理出一个基本的概念框架。

一、研究者的困境: 拆分还是整合

迄今为止关于教师知识研究的常见思路都是对教师的知识基础进行拆分，从而提出了众多的教师知识构成要素或内容。从学科知识、学科教学法知识和课程知识的三分到后来一般教学法知识、关于教育目标和意图的知识、关于学习者的知识、本学科之外其他课程的知识的四分（Shulman，1986），再到学科内容知识、学科教学法知识、一般教学法知识、课程知识、教师自我知识、学生知识、教育和社会环境知识以及教育目的和价值知识的八分（姜美玲，2008：144），这些细分如同西医的手术刀把本来是一个整体的知识一层一层剖析出来。这种思路的尴尬之处有二。第一，这主要是研究者所采用的一个加在教师复杂知识之上的框架，为其命名也是研究者行为。第二，虽然拥有了越来越细的框架，但一旦走进教师的生活世界和课堂，我们会发现这些概念界定既非出自教师本人，而且也难以帮助研究者抓住教师在行动中那种独特的韵致。即使做了大量的课堂观察，记下来大量关于教师教学的细节，甚至也能辨别出文献所提到的知识类型，但却不能令人信服地说出教师实践性知识在哪里，似乎这种行动的艺术是无法用一种分门别类的知识体系来框定的。

这样的感觉在前人的研究中也不时流露出来，如本尼特（N. Bennett）所说，那种认为教师知识分散在多个相互独立的知识领域的说法，与其说是客观现实真实的反映，不如说是为了分析的便利（Bennett，1993：1-17）。姜美玲（2008：145）在专门对教师的实践性知识做了长期研究后也指出，对于教师而言，教学实践具有整体性和复杂性，各知识基础在教师的具体行动中并没有也不可能作为一个孤立的成分存在。她认为教师实践性知识的各个领域的融合是教学的心脏地带。那么，这种融合是如何发生的？这个心脏地带又是怎么律动的呢？遗憾的是，研究者们鲜有进一步的阐发。

赖尔认为对于知识有博物馆式的拥有与工作坊式的拥有之分，对知识的博物馆式的拥有强调对知识进行分门别类的梳理，而对知识的工作坊式的拥有是指在实际情境中对知识的运用（姜美玲，2008：67）。这一区分有助于我们看清实践性知识研究方式的不同。现有研究成果中常见的是对教师知识的内容、特征、取向等诸多因素的分析，这样的研究取向比较类似于对知识的博物馆式的拥有；而对知识的工作坊式的拥有类似于我们对教师知识的动力机制和生成机制方面的探究。

可以说这也是我这几年研究经验的最痛苦之处——这是一种游走在两个世界的分裂的痛苦。一方面在已有的教师知识基础理论建树的合理性和系统性面前，我怀疑自己再去添枝加叶并没有太大的意义；另一方面，在收集的成堆的关于教师们的各种资料中，都是些互相矛盾的碎片，我感到自己快被淹没了，难以厘清资料的逻辑和脉络。这样的痛苦在 2010 年的春天达到了我承受的极限。虽然我自认为自己的框架已较前人有所推进，但我的内心深处有一个细小的声音不断在问："你真的要把那些鲜活的教师个体生命削足适履、苍白无声地收纳进你的那些框框里吗？"在经过了无数个煎熬之夜以后，我做了两件事，并由此在研究中经历了格式塔式的顿悟，"看见"了一个具有整体生命的呈现教师知识的结构。

第一件事是我终于决定放弃从已有的研究思路框架入手。而一放下这个分析的"手术刀"，我感到自己"立地成佛"了。我从早上一直到深夜把所有的访谈录音重新听了一遍，虽然这些内容的大部分我已了然于胸，但重听的时候却有全然不同的感受。每一种语气，每一声轻笑，甚至每一个细微的犹豫停顿之处都有了全新的意义。我在厨房边做饭边听，在餐桌上边吃饭边听，在花园里边走边听，在书房听到深夜。我边听边会心微笑甚至开怀大笑，三年多来上百次坐在教师课堂里的情景一幕一幕重现；我边听边流泪，为这些开放自己的课堂供我们这些手拿"理论大刀"的研究者们肆意挥舞的教育勇士们；我边听边肃然生出敬畏之心，这些教师个体生命的鲜活是不容我用自己的框架去强加和收纳的；我边听边发出多年前的那种狂呼——"我找到了"，其实不是我找到了，是教师们已经清清楚楚、明明白白、毫无保留地在访谈中、在课堂上、在课间说出了他之所以是他、她之所以是她这个"独一无二的教师"的内核，那个充满复杂性和动态性的教师知识的心脏地带豁然清晰了。

第二件事就是通过理论的梳理，我发现波兰尼的个人知识论与舍恩的实践认识论具有同样的出发点，即试图揭开行家绝技的行动艺术之谜。波兰尼（2000：95）所说的正好和我所经历的一样："因此要把一个有意义的整体转化为由构成它的部分的词语来表达，就是要把它变成由摈弃任何目的性和意义的词语来表达。经过这样的拆分，留给我们的就是纯净的、相对客观的事实。这些事实曾经构成了伴随发生的个人事实之线索。这是用隐含的、相对客观的知识对个人知识所做的破坏性分析。"

由于舍恩所处的时代是以专业大发展为背景的，他的研究较波兰尼而言有了诸多专业案例作支撑，从而提出了更加明确的专业工作者的实践认识论。我所希望的是通过研究教师在行动中如何识知，来揭示各种教育教学的概念如何被教师身体化，以及所谓的理论知识如何在行动中得以实现（enacted）。这样的研究视角意味着将教师看作自足的个体，从而对教师知识进行有意义的和整体性的阐释，也就不再是将教师知识与教师个人相剥离所做的破坏性的分析了。因此，波兰尼的个人知识论与舍恩的行动中识知与反思的实践认识论，成为我研究教师实践性知识的一个基本理论框架。鉴于两大理论框架的丰富性和系统性以及对于研究教师实践性知识的适切性，在下文专门加以述评。

二、从实证认识论到实践认识论

为了揭示专业实践者在充满不确定性、复杂性和价值观冲突的实务工作中特有的行动艺术，舍恩对实证主义认识论所造成的理论与实践、研究者与实践者相分离的状况提出了反驳，在《反思性实践者：专业人士如何在行动中思考》一书中提出了专业工作者在行动中识知与反思的实践认识论。这一理论框架为揭示教师的缄默知识和实践性知识、探索教师的知行合一等问题提供了有力的支持。以下将对其理论渊源进行梳理，并通过对其在教育界的反响进行评述，探讨舍恩的实践认识论对于教师实践性知识研究的意义。

（一）专业工作者的实践认识论概述

1. 理论提出的背景

舍恩从社会及专业人士自身对专业的信心危机出发，看到实践的实证认识论与实践情境的不相符。实证主义在 19 世纪发展到巅峰，并进入大学体制。20 世纪初，医学与工程学在科学实验方法上获得极大成功，成为工具性实践的典范。到 20 世纪 60 年代，几乎所有发展完备的专业都已进入了大学，技术理性在专业教育中占据了稳固的位置，所付出的代价就是专业要接受实践的实证认识论（Schön，1983：36）。技术理性模式认为，专业活动的特点在于对问题工具性的解决，受到科学理论和技术应用的严格规约。因此，专业的系统知识有四个基本特点：专门的、严格界定的、科学的和标准的。而实践却是以复杂性、不确定性、不稳定性、独特性以及价值冲突性为特征的，是技术理性模式难以涵盖的领域。于是在专业知识的等级中，"普遍原理"地位最高，"具体问题的解决"地位最低，但现实的情况却是，专业工作人员在符合技术理性规范的应用性实践与自己解决实际问题的无力感之间挣扎（Schön，1983：69）。

舍恩看到技术理性模式不足以解释各种各样实践情境中专家解决疑难问题的技艺，而科学家捕捉不确定性和展示探究艺术的过程与专业实践者在具体情境中的问题解决是相似的，因此，他认为需要揭示隐含在艺术的、直觉的过程中的实践认识论。

2. 默会的行动中识知（tacit knowing-in-action）

舍恩发现一些专业工作者能迅速对复杂的现象做出优质的判断，却很难对自己如何做出这样的判断进行精确或完整的描述。他认为，专业工作实际上依赖的是默会的行动中识知。舍恩正是想捕捉这种难以捕捉的艺术，揭示出行动中或实践中识知是怎样发生的，从而显示出实践者自有的严谨性。

舍恩著作中的案例涉及的专业非常广泛，在具体分析时他比较了一个建筑设计与一个心理咨询的案例，其中资深专业人士与初入职的实习生面对疑难情境展开对话，进行具体设计或资料分析。他发现的两个案例的共同点如下（Schön，1983：129-130）。

——都把实际问题当作一个独特的案例：对待这个不规则的建筑地点和分析这个心理挫败的病人时，两个专业人士都没有寻找指向标准解决途径的线索，而是试图发现其具体特征。

——都存在一个寻找问题的问题：学生都陷入困境，实践者将之归咎于学生框定问题的方式，因此对充满不确定性的情境进行重新框定。

——都有很多关于实践性质问题的竞争观点：无论是对于问题的解决方式，还是对于什么问题值得解决以及从业者在其中扮演何种角色等都存在不同的观点。

——实践者都表现出一种行动的艺术：以看似简单、自然的方式，在大量资料面前有选择性地找出一系列的发现并进行推理，同时以不同方式看待事情却不让研究方向分散。

舍恩认为从两个案例入手有可能会发现专业探究的基本认知结构。当实践者重新框定学生的困境时，他建议学生进入情境，成为情境的一部分。在建筑设计的案例中，实践者要求学生将自己的秩序用于选址上。在心理咨询案例中，实践者则要求学生将他和病人的关系看作病人在现实生活中人际关系的缩影。正是通过将不熟悉的情境看成熟悉的情境，并用相似的方式来对待不熟悉的情境，我们才得以将过去的经验用来处理独一无二的案例。实践者通过行动、结果、意义、评估等所有恢复经验的技能来解释或构成他们的经验，舍恩把这些技能称为欣赏系统（appreciative system）。

3. 实践认识论——实践者的探究规范

现在我们可以看到行动中反思的实践认识论与实证认识论的区别。实证认识论建立在三个分离上：手段与目的相分离、研究与实践相分离、知与行相分离。而在行动中识知的实践认识论中，这些二分都是不成立的。

对反思的实践者来说，实践就是一种研究。控制、距离和客观是技术理性的核心价值，在反思性对话中它们具有了新的含义。实践者的假定测试实验与控制性实验的方法相比有两个重要的区别：实践者使他们的假定实现；实践者违背了控制性实验的准绳，即客观和距离。实践者的假定测试实验是和情境的一个较量，他们试图使情境符合自己的假定，但对于不符合的可能性也保持开放的态度。因此，他们的活动既不是自我圆场的预言，也不是中立的假定测试，而是研究者与情境之间的一种相互影响的关系。研究者重塑了情境，但通过与之对话，使得自己的模型和解析又被情境所塑造。因此，实践者的姿态也发生了变化，技术理性模型中的世界是客观可知的世界，不受实践者的价值观和其他观点的影响。为了进行技术性控制，他必须观察世界并与之保持距离，如同培根所谓的，通过顺从自然界而去驾驭它，他可谓旁观者/操纵者（spectator/manipulator）。然而，与情境进行反思性对话的实践者是行动者/实验者（agent/experimenter），通过与情境之间的交易，他塑造了情境，也使自己成为其中的一部分。这就是舍恩所论证的行动中反思的实践认识论——实践者行动的能力取决于某些相对恒定的因素：一个与其专业相关的理论构架，一个欣赏系统，以及一个行动中识知与反思的姿态。对于实践者来说，这就是探究的规范（Schön，1983：276-282）。

（二）实践认识论溯源

舍恩所阐述的专业实践者的实践认识论，在各个专业领域都开始得到重视和运用，被认为具有"规范性"的意义。然而，遗憾的是，舍恩只将其与实证认识论做了对比，没有在理论渊源上做深入的探讨。可能正因为如此，舍恩鼓励学生乔伊纳（B. B. Joiner）在其博士论文中对从古希腊到近现代的行动研究的理论脉络进行了梳理（Joiner，1983：3）。乔伊纳的关注点是舍恩及其研究伙伴阿吉里斯提出的实践理论的另一个维度——合作探究，并没有对行动中探究这一维度的理论渊源进行梳理，而行动中探究或行动中反思正是舍恩的实践认识论的核心观点。在此我将尝试对合作探究式实践的理论渊源进行初步的探索。

1. 古希腊人的合作探究式实践

亚里士多德将实践生命的活动分为理论的、制作的、实践的活动，其中理论的活动的层级最高，因为它是合于我们自身中最好部分（即努斯①）的德性的活动，指向一种沉思的生活，这样的最完美、最自

————————

① 努斯：是亚里士多德关于人的"论题"话语中的一个概念，一般指人的理智所进行的与目的相联系的思考-推理。不同于科学理论的思考-推理，也不同于有关技术的思考-推理，努斯的这种思考-推理总是带着对于人的目的（善）的某种把握或洞察。

足、最持久的幸福只有少数人可以达到。而三种活动中实践的活动是最重要的，也是多数人的合道德的生命活动。

"实践"一词在古希腊指合作的行动，是希腊人对政治的愿景，目标是共同的善与作为城邦公民的个人的自我实现同时得以成就。希腊人认为城邦属于人类自由的王国，自由意味着既不屈从于生计也不受制于他人的命令，而且自己也不支配他人。城邦的自由不是个人单方面地寻求自己的利益，或退隐到私人生活中寻求的自由。在希腊人看来，这只是前政治状态，一种对他人的利用关系模式，受制于个人的需要。而真正的政治行动是实践，一种沟通的、合作的行动。同时，实践也被作为发展公民个人的全部潜能的主要方式，参与政治行动要求公民充分发展他们的个人能力，要求他们在行动中有优秀表现。这种行动化的卓越就是最高的人类实现（Joiner，1983：24）。

实践的另一层含义就是探究的状态。在古希腊哲学家看来，对智慧的热爱（即哲学）是从事真正的政治行动的关键，而只有当人处在闲暇状态时美德才能出现。"闲暇"一词并非现代意义上的娱乐与休闲，而是指为了事情本身去做，并非将其作为实现将来"目的"之"手段"。闲暇是积极的，但并非忙碌和事务缠身，而是指内在的状态。在这种状态下，对功利的忧虑停止了，心灵更加自由地从事和欣赏目前的行动。对目前行动的探究指向智慧，指向人的内在幸福和人生的最高意义（Joiner，1983：26）。

"欣赏"的英文 appreciate 指"对事物的充分意识、领会和察觉"。亚里士多德对"闲暇"的解释就是心灵自由地从事和"欣赏"目前的行动。"欣赏"这个词在杜威那里得到了更充分的解释：就是对一件事物的充分经验，可以说是这件事物打动了人的心，也可以说是一个人对这件事情已经"心领神会"了，心智与事物似乎联成了一体，这就是"欣赏"的状态。当一件事情不仅是在理智上和观念上被掌握，而且与个人的需要和满足的感觉相联系，就是有价值的，而且是被欣赏的（杜威，1991：230）。

杜威反对将人分成一部分是感情的，另一部分是冷静的、理智的。在他看来，人在本性上和常态中是一个整体，只有理智与情感、意义与价值、事实与想象融合在一起，才能形成品性和智慧的整体，这也就是"欣赏"在思维中的地位。而舍恩所提出的行动中反思的结构就是"欣赏—行动—再欣赏"，他的"欣赏"系统也是融实践者的行动、结果、意义、评价等所有的技能为一体的，来解释或构成他们的经验。

总之，在古希腊哲学家看来，在闲暇的状态中对事物充分地欣赏，加深对自我及其与世界的关系的理解，这种探究状态是指导实践的关键。当个人将心智与情感整体地融入事物中，在对事情积极的行动和欣赏中达到物我两忘时就是一种自然的自我实现。再加上"实践"的另一层含义"合作行动"——一种开诚布公的、充分辩论的、沟通的行动，一种人生目的与手段合而为一的行动，实践在价值指向上即是个人全人的发展与社会共同的善之间的和谐统一。

2. 杜威的实用主义认识论——经验

如果说古希腊人对合作探究式实践做了宏观和理想化的阐释，那么杜威就是通过对"经验"一词赋予连续性与交互性的含义，为打破种种二元对立、建立民主社会进行了更加详尽的理论探索。杜威通过对经验思维和科学思维的对照引出了他对"经验"一词的独特定义。

他首先指出纯粹的经验思维的种种缺点，如教条主义的倾向、不适用于新的情境以及引出错误信念的倾向，然后指出科学的方法正好相反，"科学方法是找出一种综合的事实，来代替彼此分离的种种事实的反复结合或联结"（杜威，1991：162）。在杜威看来，科学思维需要将思维者从感官刺激和习惯的束缚中解放出来，这种解放也是进步的必要条件。所以杜威的"经验"不再是传统的经验式思维，而是运用科学方法的实验的思维，不受习惯和常规支配，而是一种反省思维，使我们摆脱感觉、欲望和传统等局限性的影响，吸收和融汇最精确、最透彻的思维所发现的一切（杜威，1991：167）。

杜威指出，经验的连续性原则意味着每种经验既从过去经验中采纳了某些东西，同时又以某种方式改变未来经验的性质。杜威之所以提出教育是在经验中、由于经验和为着经验的一种发展过程，是因为他认为这依据和运用了合乎人性的方法，而且同民主主义有着密切的关系，因而也能在各种不同经验的内在价值之间做出区分。这种教育过程就是生长过程，包括身体、智力和道德的生长，而这种生长又为进一步的生长创造种种条件。杜威正是通过对这种经验的内在连续性原则的大量论述，批判了充满身与心、主观与客观、主动与被动种种二元对立的传统认识论。

杜威的实用主义的认识论除了强调科学的探究方法外，还主张知识不能是一个漠不关心的旁观者的无用的观点。"知识不仅仅是我们现在意识到的东西，而且包含我们在了解现在所发生的事情中有意识地运用的心理倾向。知识作为一个行动，就是考虑我们自己和我们生活的世界之间的联系，调动我们一部分心理倾向，以解决一个令人困惑的问题。"（杜威，1990：360）舍恩的行动中识知并解决实践中的问题的观点可以说和杜威如出一辙。

由于杜威所生活的时代的局限性，他的思想中有一定的唯科学主义倾向，但我们也要看到他为克服二元对立所做的巨大努力。杜威在哲学上的贡献之一是突破了皮尔士、詹姆士的实用主义视野，将之扩展到人生哲学之域和政治哲学之域，用怀特（M. White）的话说：皮尔士实用主义的意义论被詹姆士引向"真"，被杜威引向"善"（顾红亮，2000：167）。杜威关注的是在社会、哲学、教育、道德等领域的种种知与行的割裂，而舍恩的贡献是对专业领域中实践者的实践认识论的描述和理论架构，二者在追求知行合一方面可以说是一脉相承。

这样的认识论视角对于揭示教师实践性知识的本质特征有着重要的意义。

3. 实践认识论对教师专业发展的意义

教育界对舍恩的实践认识论反响强烈，各国的教师教育者不仅争相介绍，而且将之与教学更紧密地联系在一起加以考察。教师教育与研究学者倡导教师进行从"技术熟练者"到"反思性实践家"这一专业形象的转变，指出舍恩关于行动中识知与反思的论述对于揭开教师的重叠交织的"框架的反思"有重大意义（佐藤学，2003：298-301；Day，1999：27-28；徐碧美，2003：50）。

通过舍恩对各种专业中资深实践者与新手相对照的深入分析，及其与科学家理论发现过程的相似性的对比，教师可以看到自己的经验不仅对自己的实践有意义，而且在理论建构方面也有价值和独创性。这可以从根本上扭转教师只作为知识消费者的地位，让他们的自主探究成为自觉自然的行动，也成为与理论研究者平等对话的行动，从而对教师知识的研究及教师专业发展做出应有的贡献。

舍恩尝试揭示了实践者的行动中独特的认识论结构，从而为实践者特有的专业知识进行正名，对于处于学术界和专业界边缘地位的广大一线教师来说无疑是一个福音，也赢得了从事教师发展研究的专业人员的认同。但需要指出的一点是，舍恩的实践认识论毕竟是在宽泛的专业背景下提出的，关于教师的行动中识知的特殊之处，以及教师在充满不确定性和价值冲突的课堂中进行着哪些层次的反思，我们还知之不多。但舍恩的论述为教育实践者探索知行合一提供了一个难能可贵的理论框架，也成为我研究教师实践性知识的一个重要理论来源。

三、波兰尼的个人知识论与行动中识知

波兰尼的个人知识论与舍恩的实践认识论都在探究行动艺术之谜，波兰尼提出的知识的默会性、寄托性与求知热情等概念将带来更清晰的关于知识本质的认识。本部分将通过对舍恩的实践认识论与波兰尼的个人知识论进行比较，进一步探讨教师实践性知识探究的理论框架。

（一）实践认识论与个人知识论

波兰尼从科学领域转入哲学领域并对科学知识的性质进行了革命性的阐发，这就是关于个人知识与默会知识的理论。波兰尼对个人知识的探究是从那种无法详细言传的行家绝技开始的，这与舍恩的研究路径类似。舍恩着迷于诸多专业实践中的行家绝技或者行动艺术，在对建筑设计师、心理医生、音乐大师等的实践所做的探究中，舍恩也采用了"行动中识知"一词，但他进一步提出并阐发了"行动中反思"这一关键词，并建构了他的实践认识论。舍恩指出专业工作实际上依赖的是默会的行动中识知，而实践者处理具体情境中的不确定性、不稳定性、独特性和价值冲突的过程是行动中反思（Schön，1983：36）。然而，问题情境并非专家或实践者日常工作的常态，与旨在突破问题情境的行动中反思不同，行动中识知更多是嵌入日常工作中的一种默会的自动反应。遗憾的是，在得到教师教育界高度推崇的《反思性实践者：专业人士如何在行动中思考》一书中，舍恩的着眼点是专业实践者的行动中反思，却没有具体呈现常态情境下的行动中识知；案例中的资料都是处于专业困境中的实习生与专家之间所展开的对话，以及专家与具体的问题情境所进行的反思性对话，而非对专家日常工作的长期观察和分析。

后来，舍恩在梳理杜威的思想遗产和总结自己的研究发现时，对

"行动中识知"与"行动中反思"做了较为明确的划分（Schön，1992）。舍恩认为，行动中识知是那种嵌入并显露在实践者每天所进行的常规行动中的识知；行动中反思是与情境的对话、情境的反驳和对情境的重构。在识知状态下的行动情形并非问题情境，其关键特征是行动的流畅性、直觉性、自动技能化与身体化；对教师而言，行动中识知就是在教学和生活世界中长久以来形成的关于教育教学的默会知识，或者说认知风格。

艾尔巴兹用"认知风格"一词来指称高中英语教师萨拉使用的实践性知识（practical knowledge in use），即那些使一个人的行动具有整体风格的统一、连贯的特征。她认为用认知风格一词的便利之处在于可以平衡行动与知识、认知与情感，弥合研究者的世界和教师的世界之间的鸿沟；而且风格不是分析式的，而是欣赏式的、是概括性的（Elbaz，1983：147）。由于我的研究所依循的理论基础是关于行动及其效果的实践认识论以及波兰尼的默会知识论，而"认知"一词却主要来自心理学的研究领域，并不能很好地表达出我想探寻的教师知与行的奥秘，所以虽然可以借鉴"认知风格"一词中所蕴含的美学要素，但我仍将采用"行动中识知"一词来界定教师在常态下的实践性知识。

用"识知"一词来描述常态下的实践性知识似乎有在逻辑上进行澄清的必要。首先，"知识"（knowledge）与"识知"是同一词源，"识知"一词所强调的动态过程及其逻辑结构正好与实践性知识行动性的一面相合。从文献综述中我们看到，研究者们尚未对教师实践性知识（practical knowledge）进行统一的界定，但得到普遍认可的是——个体在行动中所实际使用的知识与他所学习的"正式知识"（formal knowledge）之间存在着性质上和形态上的重大差异。此外，值得一提的是，波兰尼（2000）在他的《个人知识：迈向后批判哲学》中也遭遇了同样的难题，但他通过对"识知"一词富有创见的阐发，重新认识了"科学知识的本质及其合理性"。如他在该书的前言中所说："我杜撰了用作本书题目的新词语：个人知识。这两个词①似乎矛盾，因为真正的知识被认为是与个人无关的、普遍公认的、客观的。但是，修改一下识知的观念，这一表面矛盾就迎刃而解了。"

（二）波兰尼的识知理论与教师实践性知识的内核

波兰尼把识知视为对被知事物的能动领会，是个人参与的一种求知寄托，融进了识知者热情洋溢的贡献。波兰尼的《个人知识：迈向后批判哲学》一书由四大部分组成——识知的艺术、默会成分、个人知识辩证、识知与存在。他所阐发的识知理论对认识知识本质产生了深远影响，对认识教师知识的核心特征极为关键。

研究者们普遍认为，教师的知识之所以难以研究是因为教师的行动依赖的是一种默会的行动中识知，但不难看出的是，教师在日常的教学实践中是整体性地投入一个个对他们个体来说有意义的行动，这是一种个人参与在情境中的并奉献出全身心的寄托。正因为如此，教师的知识在几个关键点上与波兰尼对个人知识的阐述极为契合。

1. 教师在行动中识知的焦点觉知与附带觉知

波兰尼在阐述个人知识时最重要的就是区分了两种意识或者说两种觉知。在那个著名的钉钉子的例子中，波兰尼（2000：82-83）做了一个重大的理论阐发："当我们用锤子钉钉子时，我们既留意钉子，又留意锤子，但留意的方法却不一样。……在某种意义上我们肯定对把握着锤子的手掌和手指的感觉很警觉。……我们对钉子的留意程度与对这些感觉的留意程度相同，但留意的方式却不一样。……感觉不像钉子那样是注意力的目标，而是注意力的工具。感觉本身不是被'看着'的；我们看着别的东西，而对感觉保持着高度的觉知。我对手

---

① "个人"和"知识"——笔者注

掌的感觉有着附带觉知，这种觉知融汇于我对钉钉子的焦点觉知之中。"

在此，波兰尼提出了识知艺术中的两个重要概念——焦点觉知与附带觉知。识知建立在焦点觉知和附带觉知的动态关系之上，身体所感知到的各种线索、细节构成了附带或者说支援意识，指向我们所关注的东西，即焦点觉知。

需要注意的是，波兰尼所说的焦点觉知是"钉钉子"而不是钉子。对于教师而言，"钉钉子"的说法有其特别的启示，即"行动性"。教师在课堂及其他教育教学情境中所关注的是一个个具体的教育教学行动，但显而易见，较"钉钉子"而言，教育教学行动具有更强的目的性、整体性和复杂性，教师全身心投入的是他/她之所向往的那个关于教育教学的"意象"。而托起这个意象或者说焦点觉知的就是附带觉知。

附带觉知是"对把握着锤子的手掌和手指的感觉"，这些感觉不是注意的目标，而是注意的工具。对于教师而言，在课堂上所调动的全部官能及其感觉都是教师指向那个焦点的工具。"我们看着别的东西，而对感觉保持着高度的觉知。"同样，教师看着的是他/她期望实现的那个教育教学的"意象"，但他/她对所说的话、所采取的身体姿态、所使用的每一个教学用品以及学生的反应都保持着高度的觉知。如果把这些附带觉知上升到理性层面加以条分缕析的话，那么对应的就是教师知识基础中的所有框框，包括学科、学生、课程、教学、环境、自我等。然而，必须强调的是，在具体的教育教学情境中，这些附带觉知并非各自独立，而是融汇于教师的那个关于教育教学的焦点觉知之中。

波兰尼（2000：83）在说明焦点觉知与附带觉知时还举了一个盲人和他的拐杖的例子："盲人探路时把传到他拿着拐杖的手和肌肉上的震动转化为他对拐杖尖所触到的东西的觉知。在此，我们就有了一个从'识知何样'到'识知何物'的转化过程，并可以看到这两者结构的高度相似性。"

如同盲人借助拐杖探路，教师上课也总是将各种教具纳入他/她的附带觉知框架之中，如图片、小卡片、小夹子、多媒体以及实验等都能极有力地帮助教师传达各种意图并探知学生的反应。

2. 不可言述性（默会性）

从前面的文献综述中我们可以看到，研究者们普遍指出了教师实践性知识的"默会性"特征，认为教师的知识之所以难以研究，正是因为教师的行动依赖的主要就是一种默会的行动中识知。但人们往往也会简单地据此认为默会知识就是无法表达的，也是无法反思的。波兰尼论证个人知识的关键之处就是阐明了明确知识的默会根源。为了澄清这一默会根源，我们有必要回到波兰尼的几个重要论据。

首先，波兰尼用行家绝技的传授方式论证了知识的默会性。他指出技艺往往只能通过师傅教徒弟这样的示范方式流传下去，而不能通过规定流传下去，因为这样的规定并不存在。徒弟通常是在师傅的示范下通过观察和模仿在不知不觉中学会了那种技艺的规则，包括那些连师傅本人也不外显地知道的规则。"即使在现代工业的种种行业中，难以确切表达的知识依然是技术的基本组成部分。"（波兰尼，2000：78）在大学里我们也能看到，言述的内容可以成功地授受，而科学研究中不可言传的技艺却难以渗透到很多大学中。所以，教师认为在学校所接受的正式知识的学习对他们工作的帮助往往是最小的（范良火，2003：210-214）。这说明我们的智力缺乏精确的表达形式，我们的行为和观察都是按照不可言传的知识进行的。如赖尔（1992：50）所说，知道怎样做是一种素质，而不是先在理论上承认而后付诸实践的前后相继的两个活动。

其次，也是最重要的一个环节——波兰尼所说的默会性或不可言述性是从焦点觉知与附带觉知这一区分引申出来的："附带性或工具性知识其本身是不可知的，只是以某种在焦点上可知的东西为条件时才

是可知的，而且其可知性也只能达到其作出贡献的程度。正是在这种意义上它是不可言传的。"（波兰尼，2000：131）

波兰尼指出，虽然各行各业的专家可以指出自己的线索，系统阐述自己的准则，但他们知道的东西比他们能说出来的要多得多。他们只在实践中知道那些东西，并不像知道物体那样外显地知道那些东西。就像与我合作研究的几名特级教师一样，他们往往也能说出自己的很多原则，甚至比较系统地总结自己的经验和发展历程，但对于他们的徒弟来说，大多不能直接借鉴和模仿这些经验与原则。而在他们的课堂里，你可以强烈地感到他们的一举一动、一颦一笑所传递的信息以及他们营造出的那种学习场，但其中的奥妙也并不能像经验总结那样一一道明。我自己作为教师近 20 年的经历也告诉我，由于与教师互动的因素中不仅有教材和多媒体等，还有充满各种可能性的学生，所以上课之前我永远也不确切知道自己会说什么、会产生何种互动效果，只有站在讲台上或者走到学生身边才知道。

波兰尼还强调了一点——焦点觉知和附带觉知互相排斥的性质，这种排斥是指二者在个体识知中所处的位置是不可颠倒的。如果个体把焦点注意力转移到原先只在附带地位中被觉知的细节上，通常就会发生混乱，使行动变得笨拙甚至停滞。"在此，一项技能的细节似乎又是不可言传的了，但这一次却不是对这些细节一无所知，因为在这个例子中，我们可以相当清楚地确定我们的行为的细节，而它的不可言传性则在于这样一个事实：如果我们把注意力聚集在这些细节上，我们的行为就会崩溃。我们可以把这样的行为描述为逻辑上不可言传的，因为我们可以证明，在某种意义上对这些细节作详细说明会在逻辑上被有关的行为或场境中所暗示的东西否定。"（波兰尼，2000：84）

从上面的论述中可以看到，所谓"默会性"并非指对细节一无所知，而是一种逻辑上的不可言说。因为我们的注意力一次只能保持在一个焦点上，在把注意力集中在一个整体上时，我们也附带地觉知它的部分，但这两种觉知的深度却没有区别。所以我们需要做的是"把自己的心灵引向前进，使它清晰地把握着我们的主要兴趣所在的整个活动，那么，动作就可恢复流畅了"（波兰尼，2000：84）。同样，教师之所以在日常教学实践中表现出一种直觉的、自动反应的艺术，就是因为他们对于焦点觉知的那种身心整体性的投入。他们在课堂上的每一个教学步骤、他们的举手投足和音容笑貌并不是他们直接和主要的关注点，却支撑起了被他们作为焦点关注的关于教育教学的意象。

由此可见，现实中我们研究者常常感到无法捕捉教师的神韵，这正是因为我们常常把注意力放在教师的附带觉知之中，比如他/她如何对待某个知识环节、在学生观上的某个比喻、课堂管理的某个规则，以及零零散散的某些教育信念；而我们往往缺乏一个将这些零散信息整合为一个教师之所以是"他"或"她"的整体性视角。当我聚焦于教师识知的附带觉知时，即教师在学科、教学法、学生知识、情境知识等所谓教师知识构成要素的"框框"上时，我曾经历了长时间的茫然停滞、令人窒息的研究状态。而波兰尼（2000：193-194）下面这段论述就是我这一研究过程的最佳写照。"我们如何能把注意力集中在某种我们自己也不知道的东西上？……'盯着那未知的东西！'……这似乎是一个悖论，……毕竟我们从来没有见过那个答案，我们却有一个这样的观念，就像我们心中有着一个忘记了名字的观念一样。我们把注意力集中在一个焦点上；在这一焦点中，我们附带地觉知到使我们联想起那个忘记了的名字的所有细节，于是，我们就形成了这个名字的观念。……我们应该持之以恒地摸索着通向理解之路，要弄通这些已知的细节是如何互相联系在一起、与未知的东西联系在一起的。"

因此，对于研究者而言，对教师的识知需要采取一个整体性的视角，努力理解并摸索出个体教师特有的识知意象，同时尝试厘清教师的焦点觉知与附带觉知之间的逻辑关系，以及个体教师独特的识知图式中焦点觉知与附带觉知之间的动力机制。

3. 个人寄托与知识的普遍性

波兰尼通过知识的寓居这一个人知识理论框架，将人们的视线引向显性知识的基础——隐性或默会知识，被称作知识论领域的哥白尼式革命。这一范式转换也可以帮助我们扭转看待教师知识的探究视角，尝试走出受客观知识论长久困扰的教师知识研究的困境。

波兰尼认为追踪个人知识在我们体内的附带觉知的根源，不仅揭示了个人知识的逻辑结构，而且揭示了它的动力源泉。

"就像工具一样，记号或符号仅仅是在依赖他们取得或象征某种东西的人眼中才被视为记号或符号。这种依赖是一种个人寄托，它被包含在一切智力行为之中。通过智力行为，我们把某些事物附带地整合到我们的焦点关注中心之中。在附带觉知了一件事物以后，我们把它吸收下来并使它变成我们自己的一种延伸。每一项这样的个人吸收行为都是我们自己的一种寄托，是我们处置自己的一种方式。"（波兰尼，2000：92）

这段话说明了所谓"客观知识"的那些符号和体系与个人的关系，我们以智力去吸收和依赖这些工具或符号的行为就是一种个人寄托，我们将这些工具和符号附带地整合进自己的附带觉知框架，把它们变成自己的延伸，从而使我们够着那个令我们着迷的关注焦点。

波兰尼认为，识知的艺术就是把我们个人延伸至对构成一个整体的细节的附带觉知之中。个人识知这一基本行为的内在结构使我们既必然参与它本身的造就，又怀着普遍性意图承认它的结果。这就是求知寄托的原型。"正是结构丰满的寄托行为把个人知识从单纯的主观性中拯救了出来。求知寄托是一种负责任的决定，它服从于我问心无愧地认为是真实的东西的迫切要求。它是一种希望行为，它竭力在我不负责任的并因此而决定了我的召唤的个人情景中履行一个义务。这一希望和这一义务在个人知识的普遍性意图里得到了表达。"（波兰尼，2000：98）

在此有三点值得注意。第一，波兰尼的个人知识其实讲的是知识的普遍本质，而非个体不同的知识，正如他在书一开篇所指出的："作为人，我们不可避免地从居于我们自身内部的中心往外看待宇宙，……任何企图严格地把我们的人类视角从我们关于世界的画图中抹除的尝试必然导致荒谬。"（波兰尼，2000：4）波兰尼并没有否认人的主观性，但他努力把个人知识从单纯的主观性中拯救出来。第二，他的论证中有几个关键词——"负责任的决定""问心无愧地认为是真实""希望行为"，这与舍恩所提出的在反思性实践者身上常见的第 Ⅱ 型使用理论（Schön，1983：300-302）类似，他正是通过这些关键词论证了个人知识的真实性和普遍性。第三，他并没有把个人知识的主观性和客观性相对立，而是强调了个人知识的普遍性和真实性。他认为识知者对一切理解行为的个人参与，并不使我们的理解变成主观的。领会（understanding）既不是一项任意的行为，也不是一种被动的经验，它是一项负责任的、声称具有普遍效力的行为。波兰尼指出识知既然与某一隐藏的现实有联系，那么从这种意义上来说，识知确实是客观的，因而把个人性和客观性这两者融合描述成个人知识还是有道理的。

主张二元分立的客观知识论认为认识过程是人对客观事物的镜式反映，片面强调知识的客观性、普适性和价值中立性，使人遭遇身与心、情感与理智、知与行以及研究与实践之间的割裂，并陷入纷繁复杂的实践困境之中。舍恩在描述实践者处理错综复杂的专业问题时也提出了类似的立场：实践者并不像技术理性模型那样将世界视为客观可知的、不受实践者的价值观和观点的影响。为了突破专业中的困境，实践者非但不能像技术性控制一样观察世界并与之保持距离，反而，他参与到情境之中，使自己成为情境的一部分，并与情境展开反思性对话（Schön，1983：120-130）。这与波兰尼（2000：217-218）对科学家的观察和评价类似：我们把他们（科学家）的工作称为创造性工作是因为他们的工作加深了我们对世界的了解，并把世界变成我们现在所见到的样子。或者说，我们对世界的认识是一种相互影响和形塑的活动，识知的行为都包含着某种鉴定，而使一切真实知识得以形成的这一个人系数在进行鉴定的过程中弥合了主观性与客观性之间的裂缝。它意味着人类在热情、努力完成自己对种种普遍标准承担的个人义务时是可以超越自己的主观性的（波兰尼，2000：25）。

因此，当我们采取所谓纯净的、客观的知识立场时，我们不可避免地将对个人知识做破坏性的分析。而当我们采取目的性、意义性以及整体性的视角时，通过揭示教师个人带着不受个人左右的真实的希望所做的负责任的决定，我们将有望揭开教师在行动中识知的自有逻辑与教师个人知识的普遍意义。

4. 求知热情

关注焦点觉知与附带觉知之间的逻辑关系并不足以使我们理解知识的个体性，更不能有力地说明教师实践性知识的心脏地带的动力来源。波兰尼对科学家的求知热情的论述可以帮助我们完整地呈现教师的识知艺术。

波兰尼指出科学不能被视为是客观地建立的，他认为必须明确的是："种种科学热情绝不仅仅是心理上的副产品，它们是具有逻辑功能的，它们给科学贡献了一个不可缺少的因素。"波兰尼（2000：205）进一步说明了科学热情在求知中所发挥的几种至关重要的作用，首先是评赏："科学热情也在评估什么具有较高的意义什么具有较低的意义、在科学上什么是伟大的什么是相对渺小的时候被用作向导。我想证明这种评赏极度依赖于一种求知的美感。它是一种感情反应，是绝不能脱离感情而给予定义的，就像我们不能脱离感情而确定一件艺术作品的美和一个崇高的行动的杰出性一样。"

波兰尼进一步论述了科学热情所具有的启发性功能。他认为求知热情不仅预示着尚未发现的事物的存在，还能唤起具体发现的前兆，并能使人持之以恒、年复一年地对它们进行辛勤的追踪求索。对科学价值的评赏能力与发现科学价值的能力融合在一起，甚至就像艺术家的敏锐的观察力与创造力融汇起来一样。这就是科学热情的启发性功能，它使我们创造性地跨越问题和发现之间的鸿沟，加深了我们对世界的了解并把世界变成我们现在所见到的样子。

虽然教师所具有的并非完全是求知热情，但教师知识中的情感维度是显而易见却又经常被忽略的。目前关于教育感情的研究有诸多不足，如经验描述甚多，对其实质和机制的探索较少，没有形成必要的概念和理论（熊川武，2009）。

我们可以说教师的教育热情某种程度上类似于求知热情，事实上，杜威提出反省思维的起点就是人的困惑，如他在《我们怎样思维·经验与教育》中所说，反省思维中真正重要的是态度，即虚心、全心全意和责任心，因为人天生需要将身与心、理智与情感整合在一起（杜威，1991：27-28）。同样，无论是教师面对教育教学中的困境时所受到的情感困扰，还是他们追求卓越时的激情，都具有强大的能量。这样的能量释放的过程是教师求知、求真、求美、求善的过程，也是教师个人知识的动力源泉。

（三）教师实践性知识探究的整体性视角

综合上述分析，我们可以说教师实践性知识的心脏地带就是教师的焦点觉知与附带觉知间的动态关系。教师的教育教学行动具有内在的目的性与整体性，教师对教学任务、教材、教具甚至自身的姿态以及学生的反应所保持的高度觉知，是处在附带性觉知的位置，但指向的是位于焦点觉知的一个个有整体性意义的教育行动。

整体性的另一层含义就是指教师实践性知识的身心一体化。对教师而言，这种知识的身体化尤其明显和重要。同时，在教师的日常实践中，教育热情或激情并非可有可无，在波兰尼和舍恩看来反而是具有极为本质的意义的。舍恩将理智与情感、意义与价值、事实与想象融合在一起，提出了欣赏系统的概念，他认为实践者通过行动、结果、意义、评估等来解释或构成他们的经验，这些技能就是欣赏系统。

　　总之，当我带着整体性视角重新走入教师的日常教育情境、重新审视通过长期观察与深度交谈而得到的研究资料时，我开始理解教师作为一个自足的个体那独特的识知逻辑，以下我将尝试通过合适的方式来呈现教师的识知艺术。

由于教师个体生命的鲜活性以及教师在日常教育实践中那种行动的直觉性与艺术性，我们需要寻找表征教师实践性知识最合适的方式，这也是困扰我很长时间的一个难题。因为前人研究中所提出的诸多教师实践性知识模式虽然有其清晰化与条理化的一面，但也从本质上违背了教师实践性知识的行动性与身体化等特质。本章中我将通过文献研究、个人教育叙事研究以及深入教师实践现场的方式，来说明为何我最终采用意象法来捕捉教师在实践中所使用的知识的整体性与鲜活性。

一、行动中识知的呈现——意象法

本研究的一个难点就是如何呈现教师在常态下的行动中识知样态，经过文献研究、个人教育叙事研究以及几年来对十几位教师的课堂观察和访谈，我认为采取意象法相对而言更能捕捉教师在实践中所使用的知识的神韵，也更适合用以刻画教师的行动中识知的主要特征。

（一）认知风格与意象

在现有相关文献中，研究者都力图寻找合适的方式对教师实践性知识进行表征，在代表性的研究成果中可以找到的表征形式有意象、叙事、周期、节奏、隐喻、实践规则、实践原则、信念、个人哲学以及案例等（Elbaz，1983；Connelly，Clandinin，1990；姜美玲，2008）。虽然这些表征形式都能撷取并描写实践性知识的一些特征，但不足之处是各种表征形式往往是平行罗列的，既没有外延的界定，也缺乏对各表征形式之间关系的探讨，难以建立关于教师实践性知识的总体逻辑架构。

这些表征形式中最具概括性的是意象或比喻。诸多教师知识的研究者都选择用意象或比喻来理解和呈现教师特有的知识，其中富有开创性的研究是艾尔巴兹刻画萨拉的认知风格时所阐述的意象法（Elbaz，1983）。艾尔巴兹认为认知风格能体现出教师实际使用中的实践性知识的总体特征，而风格和意象之间有着美学意义上的联系——风格是从行为到方式的概括，意象是从实践规则和原则到行动的暗喻式导引的概括。科兰迪宁关于教师课堂实践的意象的著作——《课堂实践：行动中的教师意象》（*Classroom Practice：Teacher Images in Action*）也经常被引用，其中提到的教师斯蒂芬妮（Stephanie）关于"课堂就是家"的意象有力地概括并生动地呈现了这位教师对课堂以及教学的看法（Clandinin，1986）。约翰斯顿（S. Johnston）发现实习教师关于教学像什么和应该是什么有着正面或负面的各种意象，他认为意象是教师组织他们知识的方式（Johnston，1992）。姜美玲（2008）采用意象作为教师实践性知识的表征方式之一，其案例研究将一位教师的教学意象概括为"教师激情"——课堂应该是教师充满激情去投入和创造的地方。王红艳（2008）通过"小苗苗"与"大白菜"这两个意象生动地描述并对比了两位教师心目中的学生观。

意象是中国古代的一个美学范畴。意，指心意；象，指物象。意象即对象的感性形象和自己的心意状态融合而成的蕴于胸中的具体形象（王红艳，2008）。意象在诗歌中是极为重要的创作手法，也是中外文论中的一个重要术语。文艺创作过程中，意象亦称审美意象，是想象力对实际生活所提供的经验材料进行加工生发，而在作者头脑中形成了形象显现，简单地说，意象就是寓"意"之"象"。在教师实践性知识的研究语境中，意象触及教师过去的各种经验，在经历相关情境时，通过综合处理现有情境又创造出新的意义联系，从而有目的地指向未来。与比喻这种表征形式相比，意象是更具总领性和概括性的，更具有风格的意味，也更能体现个体的认知旨趣及一贯的行动特征，而比喻往往是对某一方面的具体描画和象征。

具体而言，我所谓的意象法有以下两层含义。其一，我的意象法服务于我的研究目的。教师的行动中识知类型是深藏在他们的日常教育教学生活的各种活动和决策中的，主要是缄默的和难以捕捉、理解、呈现的，而意象法有助于我以最生动形象的概括方式来撷取教师在行动中识知的样态。其二，行动中识知的意象与教师关于课程、学生、环境等的诸多意象或比喻的关系需要澄清。通过和教师的大量接触，从课堂观察和访谈中我都能看到和听到教师对于教学、学生以及教育的各种比喻，但我所采用的行动中识知意象是更具总领性和概括性的，更具有风格的意味，也更能体现个体的认知旨趣及一贯的行动特征，可以通过比较下位的各种教师比喻或隐喻来丰富和说明。

总体说来，我选择用意象来表征教师的行动中识知的总体性特征有以下几个原因。一是艾尔巴兹在最初采用实践的规则、实践的原则和意象这三个层次时就发现，遵从实践的规则需要教师有条理地、直接地完成目标，实践的原则却主要是用于反思性的行动，而意象被教师直觉性地用来帮助实现目的（Elbaz，1983：134）。我们可以从前文看到，教师的行动中识知主要是一种嵌入在日常惯例行为中的默会，虽然我们可以分析出这种默会后面的一些原则和规则，但处于焦点觉知位置的却是一种直觉性的意象。二是我对自己的从教和受教经历进行了较为长期和系统的观察与反思，下文将会通过我的教育叙事及其相关分析加以说明。三是我在经过一段时间的课堂观察和资料分析后专门设计了一种研究课（研究课是指通过对教师在两个班教授同一节课的比较来分析教师行动背后的思维），详情见下文。

（二）我的教育叙事

质的研究以研究者本人作为研究工具，作为"研究工具"的我，在整个研究过程中需要不断对自我进行反思。由于我本人有多年的语言教学经历，近年来也有中学教师新课程培训的类似经验，我的个人教育叙事成为我走进和理解教师的教育世界的一个通道，因为它帮助我看到了自己所经历的学习与教学、受教与施教及其与人生境遇交织在一起的复杂性，也在一定程度上厘清了个人的知识和识知变化的脉络。

通过个人的教育叙事的写作，我对于所观察到的教师群体和个体有了切身的感知；然后在课题组同人的提问和提示中，我对自己的教育叙事进行了分析，从而帮助我厘清了我所收集到的教师资料的诸多头绪，产生了领悟。在这一点上，质的研究的资料分析和呈现方式与诗歌创作有类似之处，即也是一个观察、感受、酝酿、表达的过程。也是在这样的一个过程中，我从自己的教育叙事中提炼出来两个意象，它们很好地帮助我呈现了教师日常教学的两个典型样态，即"卖关子"的教师与"无为"的教师。

从"卖关子"到"无为"

——我的教育叙事

进入课题一年了，对"实践性知识"这个主题感兴趣也有好几年了。通过阅读舍恩的《反思性实践者：专业人士如何在行动中思考》，以及去年进入课堂观察和一次次开会吸收大家的精华，对于什么是教师的实践性知识，胸中虽无成竹，但自觉也有了一些枝枝叶叶，也越来越喜欢琢磨这个课题。但是一直有一个禁区被我有意无意地绕开了，那就是有18年教龄的"我"到底有什么样的实践性知识呢？我不敢研究自己，而且也不知该从何研究起，既然要写一篇教育叙事，就以此为契机去探索一下自己的内心吧。

但，从哪儿开始呢？我就像身在峰峦叠嶂、云遮雾绕的庐山中，看不清庐山的"真面目"，而且也不知道叙事要从哪儿开始。回顾过去的从教和学习生涯，真是思绪万千，难以下笔。

……

琢磨了几天后，我觉得自己的教学实际上经历过一个重要的转折，我想用两个意象来说明这两个阶段。

一个"卖关子"的教师

"我是怎么学的，我就试图教别人用这种方法学。"

——新手教师上路记

虽然教了18年的书了，我也没弄清自己到底是怎么"学会教书的"，肯定不是从书上学来的，因为我上大学时读的是英语专业，并没有学过什么教学法之类的课。毕业后我去大学试讲，试讲的准备时间很短，我也是第一次走上讲台，我甚至记得当时我穿了一条黑白花的连衣裙，很瘦小的样子。听课的有教师、主任和人事处的，但我一点也不慌张。让我讲的那篇文章我就看了看，也没有参考资料，但我厘清了思路，就是对文章先做语篇分析，再精讲词句，类似于先泛读后精读。后来才知道听课的主任很欣赏我的讲法，所以从人事处特意多要了一个名额把我留下了（当时还有一个必须要进的人）。经历了这个"胜利"后，这种讲课方法后来就成为我当教师的重要秘诀。我觉得可以用"卖关子的人"或者"抖包袱的人"来描述作为"教书匠"的我。也就是说我要讲一堂课，首先需要找到一个可以令我自己兴奋的点，抓住这个主线我就不慌了。那这个"兴奋点"到底是什么呢？大多数情况下还是自己对所教的内容的理解，而这个理解主要来自大学时所学到的学科知识。近几年来，这个"点"又在发生变化，从与学科知识相关转变到更多地与人文知识或人本身相关。

应该说我这个"卖关子"或者说自以为有知识可以"兜售"的教师还是比较成功的。尤其是在应试教育方面。在以前任教的大学，我第一次尝试教大学英语，当时大学英语四级考试是每个大学的工作重点，我教的三个班通过率均名列第一，有一个班甚至达到了80%，这在当时的一所普通高校就算是奇迹了，所以我得了一个校级优秀青年教师奖，还在全校大会上发言。说实话我并不觉得自己付出了超常的努力，而且第一次教这样的课，也没什么经验，所以觉得是上天给了我当教师的恩赐。在那几年间，有一些我爱人的同事、朋友的孩子找我辅导。他们都是读高中的，辅导效果都很不错，他们都很崇拜我，其中一个的英语成绩比上一年提高很多。读研究生期间，我也一直在英语系代课，有时也在外面的一些英语考试培训班任课。有一次一个成人高考的培训班因为原来的教师被学生赶走了，临时找我代课，班上有一百多人，我去上课前其实也没特仔细地备课，因为是上语法课，学生又是成人，我就按照自己的思路把语法理了一条线，比较适合成人的逻辑和理解方式，所以一下子就把他们镇住了。有很多这类的培训班请我上课，都是几百人的大课，我自己编写和整理教材，基本都游刃有余。所以我对自己的教学工作一方面暗暗地自鸣得意，另一方面又深深地感到有枯竭感，像被抽空了似的，直到遇到几个关键性的心灵导师（mentor）和接触到教育学。

一个信奉"无为"的教师

第一个给我带来震撼的老师是我在北京大学读研究生第一个学期时从美国来的一个女教师安（Ann）。当时是我们系特邀她来的，她开的这门课叫西方思想的两重性（Duality in Western Thinking）。她要求这门课只要12人，文学方向的研究生可以随便选，语言学方向的必须有空额才能选。我是学语言学的，当时有3个语言学的学生想选，但只剩2个名额了。我记得很清楚，我们3个人在楼道里抽签决定谁上，结果我上了。

她的课实际上是研讨课（seminar）形式，她设置了4个两重性的专题，每个专题均涉及西方哲学文献，让我们自己研读。12个人分成4组，每组选一个专题，每个组讲一次，其他时间也以讨论为主。首先我被这些文献深深地刺中了，很多主题是我以前从未认真思考过的；然后我被同学们丰富的思想和侃侃而谈的态度镇住了；最重要的，我被这个看不出年龄、自始至终（从第一堂课到最后一堂课）都穿着紫色的开衫毛衣套装的女老师吸引了。她让我见识了什么叫低调（low profile），她好像始终是课堂的一个背景，但这个背景激发所有人使尽浑身解数去发挥自己。她好像始终不发表任何自己的观点，但她的博学和包容又让人甘愿顺服。她的沉静和温婉很像东方人，后来我才知道她真的是嫁了一个中国男人。总之，这门课对我的影响是很深远的。她的那种教学模式和风范是我至今都想而且正努力模仿的。

第二个给我带来震撼的老师是我的硕士生导师，她对待教学一丝不苟的职业风范和做学问的那种低姿态（她的论文甚至征求我们班同学——当然是比较有见解的同学——的意见）与高要求，而且绝对追求诚实和公正，让我至今对她仍有敬畏心。

第三个就是我的博士生导师了，我是在读硕士的最后一年上的她的质的研究的方法课，后来又跟着导师上了课程教学论和反思性教师的读书课。她上课的姿态可以说非常像安。她可能是将教学的建构主义最直观生动地演绎在我面前的人。虽然建构主义本身有那么多分支，可能连导师本人也不认为自己是那么建构主义的，但在我看来她的课仍是对传统的讲授式教学模式的颠覆，将学习者真正地推到了前面的位置，教师成为真正的协助者（helper）和发起人（initiator），同时还建构了学习共同体。教师是那个营造学习"场"的核心人物，又让学生进入了自己探索的一个核心。可能导师和安的最大不同是导师还是把自己的观点告诉我们的，尤其是在后面的一些课上，当然这跟课的性质可能也有关系。尤其是在读书课上，因为自己往往没有好好地读一些书，就非常想借用导师做"拐棍"。也不排除是因为导师的确站在更高更远的地方，她的分享会很有价值，也很难得。所以对"为"与"无为"之间界限的灵活把握体现了行动中反思的能力。

经历了这些导师再加上我读了很多建构主义、反思性实践、团体动力学等方面的文献，我发现自己的教学姿态也在不知不觉中发生了变化。在写这篇教育叙事以前我也没想过自己到底想成为什么样的老师，在开始写以后我想到了这个词——"无为"。我觉得教师的最高境界就是像老子所说的"无为"，按我的理解就是：不干涉学生的发展，但又营造出让他们愿意发展并努力发展的心理场，而且是尽量接近他们身上埋藏的那个天赋种子所定的模样，是一种"有所为、有所不为"的"无为"。

在我开始有意识地朝着这个方向努力的时候，我才对信奉理论与使用理论之别有了深刻的感受。记得有一次我讲一篇名家的杂文，是美国的一个移民后代女作家写的关于美国移民文化对美国的贡献。她的风格非常细腻、尖锐，文章涉及很多美国历史和文化，语言也有相当的难度。刚好这篇文章的教师用书是我编写的，我也是首先自己尝试去理解，并自以为有了一个比较全面和深刻的理解。课上我尝试用比较开放的方式让学生自己去理解一些关键之处，但我总是按捺不住在他们发表完意见以后给一个"标准答案"的冲动。但课下再回想起来，我觉得其实学生的讲法也有他们的道理，所以当我再次读皮亚杰关于建构的文献以及其他关于知识的建构性的文献时，我对自己这种"好为人师"的心理突然感到害臊了，甚至想蒙住自己这张教师的面孔，我发现我"使用"建构主义还远没有到火候。

从那时到现在又过去快三年了，我在讲泛读课的时候越来越能设计出让学生去建构的方式了，而且有意识地克制自己发表"高论"的冲动，但有时这又会让一些学生感到不满，觉得老师太"不作为"了，所以我有时候又忍不住要跳出来"显摆"一下。

去年我开始教一门新课——高级阶段的英语听说专题课。我比较高兴的是这次几乎完全由我自己设计课程，包括教材的选择、上课的模式、评价的方式等。一年下来，我觉得自己是把社会建构主义或者我所谓的"合作探究"教学模式摸索了一遍。尤其是通过在中学听课，感到自己打磨每一堂课的努力还是远远不够的。但有时我也在疑惑：中学的课（尤其是公开课）的密度和强度固然大，但大学的课肯定应该和它们有所区别，这个区别到底在哪儿？是亚里士多德所谓的"闲暇"吗？

还有一个我想碰一碰的题目是我自己的行动中反思。说实话，我觉得课上的我和课下的我有很大的不同，似乎是只要一上课我就进入了另一个我，不能说是戴上了另一副面具，而是自然而然地进入了另一个我。这时，生活中的一切不快、烦恼隐去，我沉浸在一个美好的世界中。每次在教室里，看着那么多张完全不同却又同样宝贵的年轻生动的脸庞，他们或沉默或积极，或时髦或普通，或自卑闪躲或跃跃欲试，我觉得自己所处的位置真是富有特权的（privileged），因为他们都是极聪颖、极敏感又渴求知识的北大学生。无论他们怎样，这时的我都能包容，所以大多数学生说我 kind（善良），当然我更喜欢一个学生用的 wonderfully warm（温暖而有意思）这个词，也有一个学生用

wisdom（智慧）描述我，这都让我很受鼓舞。只是大多数时候我会很敏感于个别显得有点厌倦（bored）的学生，而把注意力放在了他们身上。或者说是他们"挑战"了我的"权威"或"自我效能感"。这时我会平静下来，因为我实在是既不想当权威又怕失去自己的权威。比如我的课上有很多小组报告，非常精彩，这时我就坐在教室的角落里，学生完全成了课堂的主人，我心里竟会有一丝不安和失落。而且我班上时常有在美国或澳大利亚长大的以英语为母语的华人学生，我也会因自己的口语可能不如他们而微微感到不安，这样的一些小刺激让我敏感和在行动中出现一些微妙的变化。这让我猜想当我们坐在教师的课堂里做课堂观察的时候，他们不可能意识不到我们的存在。尤其是我一个星期上四个重复班的课，虽然教学设计和进度大致相同，但每个班上的课又会那么不同。如果比较一下这些不同是怎样发生的，应该会有有益的发现。

（三）研究课——预设与生成

基于从个人叙事上得到的启发，我和与我合作研究的中学教师一起设计了一种研究课，就是找到几篇较完整的课文作为案例，利用几位教师都教授两个平行班的特点，对两个班的同一节课进行观察和录音，然后马上进行访谈，以期更好地捕捉教师课堂行动背后的思维。这一想法的提出也是针对教师通常都有的"第一节课"的迷思（myth）——很多教师都有这样的经历，第一节课中总是会发现学生的反应有超出教案预设的地方，会在第二节课做相应调整。

此外，预设与生成在教师的校本教研以及新课改中都是一个热门话题。预设是指教师的课前准备，也就是通常所谓的备课和备学生。生成是指教师在课堂上临时所做的诸多调整。虽然每个教师都会有课堂的临场发挥，但其主导思想和行为取向显然是有差异的。

下面几段访谈可以反映出教师对预设与生成的日常思考。

（1）

在 1 班的时候，好多同学都关注那图片了，而忽略了那文字。当时我还想把他们拉回来，可是更多的是由我来去说说那文字。后来第二节课在 2 班我就做了改动了，因为我知道他们肯定被图片吸引，我就说，好，先看看图片，然后再来看看书，观察它们有哪些共同点。这里面利用几幅图先锻炼了（学生的）语言概括能力，后来又分析了一下是怎么写的，就把语言赏析给带出来了。我就觉得同样一节课，效果也好，落实也好，讲授的清晰程度也好，2 班就比 1 班要好得多。

（这种情况）就是经常发生，就是预设生成嘛。可能开始还是没有想到那么细，还有跟那个班不一样（也有关系），当时那情境，就发生了，包括跟你的思维、想的也有关系。

（2）

我觉得教授这篇文章本来要训练的是概括事件，就像昨天教研员的话，她觉得这是特别容易的一件事情。但是实际上从现在来看呢，是估计不足。实际上，对他们（学生）来说，把那个事件"倒"出来也挺不容易的，用准确的（语言）概括更难。所以第一节课的时候，就因为估计不足，整个一节课就是做概括事件的事，过于平淡。第二节课呢，我干脆就不整体把握了，我就让他（学生）一个一个概括，第二节课里面我能加进去一些东西，就是说至少比我备课的时候应该还要多了一些东西。一个一个去强化，而且他（学生）也知道为什么是这几个事件。相对来说，学生有收获的话应该是第二节课收获更大一些，应该是第二节课会更有效一些。

　　一堂课怎么上，要三四次才能把握好。思考的过程，刚开始是集中在课文上，包括上课推进速度的快和慢。很多内容，第一次上课的时候带着很多的未知，不知如何去推进。上了三四次课后你对整个流程和过程就很熟悉了，你会更加留意细微的变化。尤其是学生，毕竟每个班都不一样，接受能力也不一样，他回答问题的时候，你的注意力就集中在这方面。一节课怎么上，要三四次后可能你思考得更全面，这时候才有余力去想更深的东西、更细节的东西。因为公开课是带着压力的，要做得更细致一点。平时的课（我）跟学生交流是非常随意的，没有任何外来干扰的情况下的课我个人认为是最好的。相反公开课总是有缺陷的。平常虽然是教两个班，但是每天都在做这件事，每天都在想这件事，就变成了一种生活的常态。

　　通过对合作教师中的5位进行平行班同一节课的观察和访谈，我积累了很多课堂和访谈资料。以上片段只是一个简单的说明，具体的分析我将放在后面的案例中。通过研究课和我个人的教育叙事，我试图对教师行为背后的知识观和学生观进行追问与分析，从中可以发现两种有代表性的对待预设与生成的态度和实践，简单地说就是"预设为主"与"生成为主"。而这与我个人在教育叙事中所探讨的两个意象——"卖关子"与"无为"也在一定程度上契合了。

二、行动中识知的两大意象——"卖关子"与"无为"

　　较之通常的研究者所采用的单个意象，艾尔巴兹（Elbaz, 1983：134）在采用意象法来刻画萨拉的实践性知识时，提出了一个大致的层级结构方式来组织萨拉的实践性知识，每一层都有不同的概括程度。她用三个词来说明三个层次——"实践的规则"（具体的指示）、"实践的原则"（概括度中等）和"意象"（宽泛的、隐喻式的陈述）。
实践的规则是对在实践中经常碰到的特殊情境中做什么和如何做的
简明、清晰的陈述，是教师行动所依据和依靠的指针，许多时候这
些方针的目的是消除思想障碍，使行动能够顺畅。实践的原则是一
个更具包容性的、不太能清楚表达的陈述，其中隐含着教师关于教
学和学生的各种假定与价值观。在艾尔巴兹看来，与实践的规则相
反的是，意象是教师回应而不是依据的东西；如果说规则是推着我
们前行去满足它，意象就是在无形中牵引着我们走向它，给我们灵
感而不是要求我们顺服。她认为意象是三个层次中最不明晰也最有
包容性的，教师的意象中包含着教师在具体情境中所调动的经验以
及理论知识、学校与社会环境的知识、学生知识等，是教师的情感、
价值观、需要和信念的结合。

　　虽然我将借鉴艾尔巴兹的意象及其层级结构，但我所采用的意象
法与艾尔巴兹也有所不同。艾尔巴兹只研究了萨拉一个人，而且研究
的资料来源主要是访谈，缺乏课堂观察。尽管她建立了一整套理论框
架来描述萨拉的实践性知识，但她缺乏对教师实践性知识丰富样态的
对比和鉴别。相比之下，荷兰莱顿大学的贝加德、威鲁普和梅耶尔等
学者的研究设计比较全面和精致，涉及的也是多人的教师群体。比如，
有人研究语言教师在教授阅读理解课程时的实践性知识，通过访谈形
成了 13 位教师的概念地图，提出了教师实践性知识的六个范畴——学
科知识、学生知识、学生学习与理解的知识、目的知识、课程知识、
教学策略知识。通过对这些范畴的内容和相互关系进行研究，他们提
出了三组模式：（1）将学科知识和学生知识整合成关于学生学习和理
解的知识（描述了教师的学科知识、学生知识和他们关于学生的学习
和理解的知识之间的关系）；（2）教师的课程，选择文章的原因（将
教师的学科知识、学生知识和关于学生学习和理解的知识与教师在课
堂上使用的课文相联系）；（3）潜在相关的背景因素的模式（显示一

个教师如何处理他/她的经验、训练和与同事间的协商)。由此他们发展出三类关于 16—18 岁学生的阅读理解教学的教师实践性知识的类型体系：(1) 聚焦在学科知识上的实践性知识；(2) 聚焦在学生知识上的实践性知识；(3) 聚焦在关于学生学习和理解的知识上的实践性知识。

可以说荷兰学者所采取的是描述法而非意象法，这样的描述比较精确，但分类太细、范畴太复杂，反而难以令读者抓住其中的要义。此外，这样的分类仍然落进了学科、学生、课程三分法的窠臼，并不能反映教师之知的复杂性与个体性。相比之下意象法却有一种生动形象的概括作用。虽然我将借鉴艾尔巴兹的意象及其层级结构，但同时也尝试结合荷兰学者所提出的实践性知识模式，根据我所接触的近 10 位语言教师（汉语和英语）提炼出具有内在结构的实践性知识类型。

本部分我将首先简述教师在行动中识知的两大意象的含义，然后再试图总结和分析两类教师的总体特征、信奉原则（principle）和行动规则（rule）。

（一）"卖关子"型教师的特征

"卖关子"通常是指在告诉人一个有价值的信息时那种故意吊人胃口的样子，在这里我用"卖关子"来概括一种教师的教学风格。

这类教师通常对学科知识有着较高的把握程度，并且认为他们拥有最合适的方式让学生来学习学科知识，仿佛怀揣着关于学科知识的绝招，并用极大的热情和自信来实施一整套精心设计的教学方案，营造出一种让所有在场的人（包括学生和观课者）被深深吸引而欲罢不能的氛围。

通过对这类教师的多次观察和访谈，也通过对我个人教育叙事的分析，我将"卖关子"型教师的总体特征、信奉原则和行动规则简单总结如下，以便对"卖关子"型教师的形象有一个初步的描画。

1. 总体特征

有较高的自我形象：胸有成竹，对所教学科的知识以及相关的人文知识有比较全面的把握；有一种与学科知识融为一体的自信。

有知识可"卖"：类似演员，位于学习舞台的前面，好为人师，甚至有点喜欢显摆。

有"包袱"可抖：这个"包袱"可以是一个教学经验库或保留节目，就像是一个卖点，其很有底气，认为自己对知识的提炼和把握能抓住学生。

有"台"缘、有激情：常用"演员"这个词来自喻，极有"台缘"，"同样的话我说出来就好听"；忘我投入，"上课就来神，下课就丢魂"，"一上课就像把自己点着了"。

能找到"兴奋点"与学生互动：用各种方式尽全力抓住每个学生的注意力，即使无法完全做到，也能通过眼神与一些学生交流而得到鼓舞。

2. 信奉原则

教师必须有丰富的知识和娴熟的技能，首先学科知识要较全面和精深，然后要有相关的人文知识和基本技能等；必须有丰富的学科知识图式、学科教学绝招（或称保留节目，或称经验库）；对所教内容的逻辑结构有自己的理解，有自己的思路。如教语文的教师能吟诗作赋；教外语的教师应该不仅具有语言实际运用能力，还要有相关的文化历史背景以及文学等方面的知识。

教师应该找到每堂课的兴奋点或能抖的"包袱"。如教语文的教师可以通过精心准备的作文讲评让每个学生得到裨益；教英语的教师应该将知识点用最抢眼最清楚的课件呈现出来，让所有学生实现最有效的学习。

需要教师给予学生知识，学生应该能被教师的"包袱"所吸引并被带领到一个原不具备的高度。

要追求教学的最佳设计和最高效率。课程和教学是有结构的，需要教师控制时间和节奏。

3. 行动规则

对规则比较关注，在教育教学与课堂管理方面有一些具体的要求。

对自我有要求，学生必须表现出兴趣，上课应该大部分时间跟着教师的节奏和要求走。

如有学生在交头接耳应该是有什么地方没讲清楚，应停下来询问并加以解决。

学生不能在课堂上做其他无关的事，除非有特殊的生理需要。

（二）"无为"型教师的特征

"无为"型教师是指那种在教育教学的观念和行动中体现出老子无为而治思想的教师。老子是在"是以圣人处无为之事、行不言之教"这句话中首提"无为"一词，从"处"和"行"这两个动词可知，"无为"并非不为，不是消极的、无奈的，而是从更高思想智慧水平出发的依道而为。我所观察到的"无为"型教师的总体样态大致如下。

"无为"型教师倾向于将教学与学生的发展看作自然的生长，相信知识是一种共同的探究，相信学生身上蕴藏的发展潜质，通常采取低调的教育姿态，处于"无为"和"有为"之间的张力之中，更具有观察与反思的倾向。

结合对我个人教育叙事的分析以及对约 10 位教师的多次观察和访谈，我大致辨别出"无为"型教师的一些总体特征、信奉原则和行动规则，简单总结如下，以便勾勒出这种识知类型的教师大致的形象。

1. 总体特征

有专家知识，而且博学。

包容、低调、沉静，是舞台的背景、学生的协助者。

对学生充分信任和尊重，将学生推到前台，营造课内和课外的"学习场"，帮助学生建立多个学习共同体。

既不想当权威，又怕失去权威，但总的来说在逐步超越学生对自己自尊的干扰。

2. 信奉原则

教师应该对人类发展轮廓有大致了解，应具有对本学科及其相关学科知识的高屋建瓴的理解。

教师应该相信学生身上埋藏着独特的天赋种子或才能。

教师应该能设计出具有建构性和生成性的课程。

教师应该对自我有充分的了解和宽容，把自己能做的和不能做的都加以权衡并达到自我谅解，从而对自我的权威和学生与课程的关系进行合宜的调整。

3. 行动规则

规则不重要，重要的是真正的学习在发生。

上课前不做特别仔细的课程计划，只做总体设计。

可以在上课的过程中对目标做调整，如果出现新的兴奋点，又不在自己的设计范围内，也要加以考虑并允许现场探究。

上课时应有全班高度的投入，但气氛应轻松活泼甚至有点乱。

就我所观察的近10位教师来看，"卖关子"型教师与"无为"型教师都是学校的骨干和优秀教师，都具有良好的专业素养和很高的教学热情。他们的区别主要表现在知识观、学生观和课程观上。要真正了解他们各自特有的识知风格，我们必须进入每位教师的故事。以下我将具体呈现一些案例，这将有助于我们把握两种识知风格的典型特征，然后我们才能在此基础上对教师的各种识知类型尝试做一个总体的描画。

三、行动中识知的分析框架

在进入丰富但也千头万绪的资料分析之前，我们有必要对于呈现这些资料的框架进行一个整理，以便研究者不至于被精彩纷呈的教师故事淹没，恨不得借助电影的立体影像来摆脱无力感；同时，通过下面这个框架读者可能也更容易把握故事的脉络与层次。

下面我将结合舍恩的实践认识论与波兰尼的识知理论框架以及意象分析法，提炼出分析教师实践性知识动态机制的几个要点。

（一）焦点觉知、附带觉知与教师实践性知识的整体性

综合前面的章节，我们了解到教师实践性知识的关键特征是行动性与缄默性，其核心在于行动中识知的动态机制。这一心脏地带的运行正是由于一些基本构成要素的交融与协作，指向的是教师一个个有意义的教育教学行为。图 4-1 呈现的就是这一整体性的分析视角与框架。教师对学科、学生、环境、教学方法、自我形象，乃至教材、教具以及自身的姿态和学生的反应等所保持的高度觉知，处在附带觉知的位置，但指向的是位于焦点觉知的一个个有整体性意义的教育教学行动。

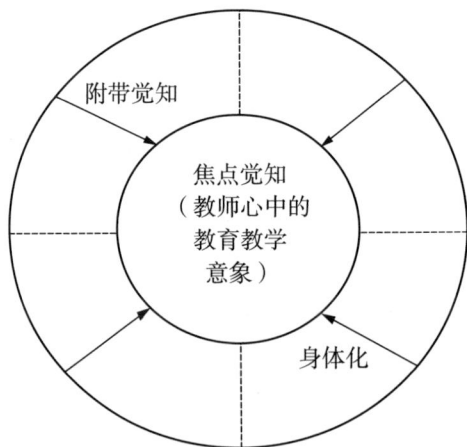

图 4-1　行动中识知——焦点觉知与附带觉知的动态关系

我们可以笼统地说教师的焦点觉知就是教师的教育教学观，但这样的表达又违背了教师实践性知识的行动性、默会性与整体性。通过

富有鲜活生命力的教师故事我们将看到，这样的教育教学观并非他们的头脑之知，而是他/她全身心投入的那个关于教育教学的"意象"。因为对于教师而言，教学或者教育既是他们关注的，但也是他们最难以看清楚的，更不用说清楚地界定。因而某种程度上来说，教师面对每天的工作时既成竹在胸，又仍然怀有一种对未知事物的忐忑，所以他们常常是带着一种对教育教学的总体感觉或者说意象走进日常实践中的。同时，为了实现他们的教育教学意象，教师附带地觉知到课堂内外所有与之相关的因素，如学科、学生、课程、环境、自我等，这一焦点觉知与附带觉知之间的动态关系就是教师在实践中的识知常态。

如果进一步将这一意象具体化，则它主要有两个构成部分：一部分是关于"知识"的；另一个部分是关于自我的，即"我知道什么以及如何知道""我是谁""我能做到什么样的程度"。这里的"知识"并非抽象的知识观，而是波兰尼所说的个人奉献极大热情寄托其中的知识，是杜威所说的理智与情感、身与心交融其中的知识。换句话说，这两个构成部分只在分析时可以截然分开，而对于教师个人而言，这是自我与知识的一种高度融合，是一种"我所认同与所能做出来的"教学观的整合体。

（二）默会性与教师知识身体化

个人知识的默会根源很大程度上与我们的身体在识知中所扮演的角色有关。个人知识所呈现出的直觉的、自动反应的艺术，正是源自个人对于焦点觉知的那种身心整体性的投入。因此，教师实践性知识的一个关键特征就是教师实践性知识的身体化。

当你走进一个教师的课堂，你会马上感到他/她的一举一动、一言一笑都在传达着丰富的信息，诚如姜美玲（2008：102）所说：从知识的表现形态而言，教师实践性知识存在于身体化的行动之中，具有显著的身体化特征。她将教师身体化活动进一步定义为身体语言：言语行为之外的眼神、表情、手势及身体各个部位的姿态动作，包括非语词性的身体信号，包括目光、面部表情与头部运动、整体姿态、手势与触摸、身体之间的空间距离等（姜美玲，2008：102）。在这里我想提出一点异议，通过我对教师的观察，我认为教师知识的身体化是不能将语言排除在外的；相反，语言是教师知识身体化一个极为核心的部分。我在这里所说的"语言"不仅指内容，更是指教师说话的风格，包括语音特征、语气特征（或柔和或犀利、或幽默或严肃、或褒扬或揶揄）以及方言特征等。

如波兰尼所言，知识的身体化反过来说就是个人处置自己的那些符号框架，所以知识的寓居包括所有个人将自己寄托于其中的工具，或者说这些工具成了个人的延伸。对于教师而言，这也包括所有的教学用品，如教材、教具、多媒体课件等。

（三）教育热情与欣赏力

波兰尼认为真正驱动科学家创造性行动的是求知热情，科学热情是科学发现中具有逻辑性功能的、不可缺少的因素。求知热情是科学家评估科学研究意义的向导，其中蕴含着求知的美感。科学热情所具有的启发性功能不仅预示着尚未发现的事物的存在，还能唤起具体发现的前兆，它使我们创造性地跨越问题和发现之间的鸿沟；同时它也能使人持之以恒、年复一年地辛勤追踪求索，从而加深我们对世界的了解并把世界变成我们现在所见到的样子。

与此类似，真正维系焦点觉知与附带觉知之间动态关系的是教育热情，这就是教师实践性知识心脏地带的动力来源。无论是教师面对教育教学中的困境时所受到的情感困扰，还是教师追求卓越时的激情，都具有强大的能量，这样的能量释放的过程是教师求知、求真、求美、求善的过程，也是教师实践性知识的动力源泉。舍恩将理智与情感、意义与价值、事实与想象融合在一起，提出了欣赏系统的概念。这样的论述显然极其适合从事教育实践的教师，与其说教师具有这样一个欣赏体系，不如说他们体现出一种欣赏力。教师的欣赏力就是教师的情感与理智、身与心同教学内容和教学对象之间进行融合的能力。

　　必须强调的是，上述三个要点之间具有内在统一性，每一位教师所呈现的鲜活的生命状态正是在教育热情的驱动下、身心融于其中的、富有整体性意义的教育行动。下面我将通过五位教师的案例来阐释行动中识知的模型。

第五章 『卖关子』型教师的故事

"卖关子"型教师这一称谓来自我自己的教育叙事，只是因其能代表一种典型的知识观和教学观而加以采用。而真正进入一个个教师的故事，我们会发现教师个体的鲜活与独特。虽然仍然可以按照教师行为背后的教育教学观对其加以归类，但我们更应该将个体教师的生命状态加以整体呈现，并力图撷取其识知艺术的核心之处，探寻他/她作为一个自足的个体的行动与发展脉络。下面两个案例都来自"卖关子"型教师，他们既有相似也有不同，通过这两位教师的故事我们可以更清晰地了解"卖关子"型教师的识知艺术。

一、语文名师孙鹏的学科化生活

孙鹏是北京市一所重点中学的高中语文教师，说他是名师，不仅因为他有特级教师职称，而且因为他在语文届的影响力。他获得过全国优秀教师等各种国家级奖励，其教学经验曾被《人民教育》《中学语文教学》《语文教学通讯》等多家刊物介绍推广。近年来，他应邀在全国各地报告三百余场，还出版了关于唐诗宋词鉴赏以及语文素质教育探索的专著数本。

这些成绩固然令人瞩目，但更加令人着迷的是他的生命状态，是他在课堂上的那种感染力。这不是一般的感染力，如学生所说甚至连身体都会被带动起来，"像上体育课一样"。虽然他已年近60，但他有一个学生衷心承认："老师，我一直不怀疑您比我们还年轻。"可以说孙鹏的识知艺术就是这样一种生命与语文教学的有机融合。

（一）孙鹏的焦点觉知——"我天生来就是为了教语文的"

对孙鹏而言，他的识知焦点可以用他自己的一句话铿锵有力地表达出来——"我天生来就是为了教语文的"。这句话里浓缩的是孙鹏从事语文教学几十年而形成的自我形象，也是他在课堂内外无时无刻不从每个行动举措之中传递出来的个人神韵。

1. 孙鹏所认同的语文教学观

一位教师"所认同的语文教学观"在这里不仅指口头的宣称，更是指他/她践行的教学观。不仅如此，这种信念与行为的统一也是其在教学生涯中长期以来反复试验并强化的。

（1）传承经典的绿色语文

孙鹏的语文理想是"用'沉浸浓郁、含英咀华'滋养学子一生"。他笃信文本中固有的真知识，也笃信语文教学就是对经典的传承。孙鹏经常说，这一代人中心浮气躁、急功近利、得过且过者不是少数，所以他认同的语文教师的使命就是"将5000年精华滴入他们的血管"。他相信经典，相信语文教育最主要的就是传承经典，用他独具特色的语言表达如下。

不继承传统还要教育干吗？教育很大程度是继承传统，还有一部分是开拓创新。谁都是爸妈生的，再（能）创新的人他（也）得有继承，对吧？

出于对母语经典中固有知识的笃信，他在教学中总是直截了当、毫不留情地指出学生的错误，而且对现在的一些教学设计提出鲜明的不同意见。

最近流行只鼓励学生，不纠正学生。去听课都是满堂彩啊，满堂都表扬啊：你真棒！我是极力反对这个（的）。我们学美国的（培养学生的）问题意识，但不要把纠正（学生的）错误抛弃了。要不你学啥呢？毕竟有知识在这儿呢，继承真理、掌握真理才能开创真理吧！那观念我就接受不了。我昨天看一个杂志，讲《孔雀东南飞》，最后设计一个环节让大家讨论——"假如刘兰芝和焦仲卿不死"，整得热热闹闹。我看了以后我就知道我和他们不同了。（因为）这样设计就脱离那个主题了。今天这个时代可以劝她不死，但那个时代（她）就必死无疑，死是爱的表现，我们要欣赏她的真爱，你还劝她别死，你这不是离题了吗？

孙鹏充满感情地宣称要做"母语的忠诚卫士、痴情恋人和虔诚牧师"，他对经典的这种衷心拥笃来自他个人的受教与从教经历。

"文化大革命"期间，我就看《红楼梦》，它里面的诗词歌赋有二百多首，我当时都可以呱呱地背。这就培养了我对古典诗词的热爱。然后《古文观止》《唐诗鉴赏辞典》《说文解字》《辞海》把我的语言的底、人文的底、基本功都练出来了。真正教学的本事都在这儿呢。你当老师没有传统知识（还怎么教）。

孙鹏的语文教学观是一种甚至是带有霸气的"大语文"的概念，将育人纳入学科之中，将经典的文本和学生自己的习作作为育人的本源与素材。诗化育人，他认为高中阶段教育不是塑造，而是整形，整形的手术刀就是唐诗宋词。

我做班主任工作，教绿色语文，育大写之人。例子用的都是学生作文，能引起笑声、掌声、争论就行了。

(2)"我的语文教学观来自我的实践与反思"

孙鹏的语文教学观的形成有时代的背景，但在他看来，更重要的是他个人的实践与反思的习惯成就了他。从20世纪90年代起课程改革开始在中国兴起，语文界也兴起了所谓的"语文大批判"。针对当时语文教学只注重"双基训练"（基础知识和基本能力）的不足，新课程提出"语文素养"这一教育理念，强调不仅要对学生进行思维训练、能力训练，还要重视学生的人文素养和情感需求。孙鹏在文章中讲到自己的发展阶段，说以前自己是教学机器，"后来全新的教学理念仿佛当头棒喝"。

90年代初国家提素质教育，……我自己有过一段实践，有实践经验，正面反面的都有，主要是反面的。现在一（经）点化，明白！改革是我自己要改的，不是上面来了……课题，参加，整论文，之后结题，这玩意儿形式（化）的东西太多。我对我自己有反思，再加上理论文章一点化……

我觉得我这个人优点就是总爱思考，不管怎么忙我总在写，写一首诗，写一段话，写一篇论文，是这个东西成就了我。不然我这个人是只笨鸟，是笨猪。现在虽然丑小鸭没变白天鹅，但反正是原来的状态改变了，就靠自己这种自省的功夫。我是受毛泽东影响成长起来的。实践是理论的源泉，比理论重要。我看重实践。

实际上，孙鹏在访谈中绝大多数时候说的改革就是自己的改革，而不是国家的课程改革。对孙鹏来说，自己的改革不仅是在观念上的转变，最重要的是得在学生身上体现出效果。他认为自己的课堂之所以能有那样一个充满感染力的"场"，一个主要支撑点就是自己有"真知灼见"，而且这些真知灼见是经过多年验证的，这种验证就是应试教育与素质教育的双赢。孙鹏一再强调自己虽然搞改革、开新课、自选教材，但所教学生的高考成绩从未因此而比不改革的时候低，所以即使有些学生不适应，自己还是要坚持，不违背"教学的良心"。

我讲的多数学生能接受，也有的学生很痛苦，发现自己的不足，这是对的。因为以前被温室效应惯出来的，那是毛病。他想反抗，但我是对的，我得坚持。用（新方法）就对他好啊，改了以后就换人心呢。所以我得有知识，知识才能让他服啊！

非常值得注意的是，在我跟近 10 位教师这么多次的访谈中，几乎从来没有听他们提起过新课改的一些关键词。孙鹏提到了"建构主义"这个词，但是却带有一种情绪：

老师应该把握基本概念，按规律走。新课改（的）很多（内容）是从外国嫁接来的，不和本土结合。我对这些新名词，什么建构主义，非常讨厌。弄清了做了就行了，别整那些新名词。

很有意思的是，当我们课题组的一个成员用"最近发展区"这个概念来评价孙鹏的作文讲评时，他却笑了。这一段对话摘录如下：

研究者：孙老师，这 20 堂作文课听下来，我总结一下啊，您是通过诊断性的评价、解释说明性的反馈，还有自己的示范帮助学生进入最近发展区。最近发展区是一个概念啊，意思就是"成人或者同辈来帮助学习者达到他能达到的那个高度"。您觉得呢？

孙鹏：这个挺好！（笑了）还是旁观者清。（评作文）基本上（有）三个层面，语言的层面，章法的层面，精神层面。具体指导的时候有啥玩意儿说啥。（要我）系统讲怎么写作文，我根本上讨厌这个。出个题目，然后说出思路，那绝对不行。就是你有什么（作品）拿出来，我针对你的问题来说，其实这就是什么、什么"最近……发展区"？这是最解渴的。你讲那个空洞理论，没有意义的，那没有意义。

然而，当问到孙鹏看过很多语文大师的课和理论后有什么心得时，他说最喜欢钱梦龙的三主——学生为主体、老师为主导、训练为主线，他认为说得太好了。

从这里我们可以看到孙鹏实际上认可并实践着的教学观与建构主义并不冲突，但对一个在中国文化背景下成长起来的教师来说，本土化的话语显然更贴近他的生活和内心，"最解渴的"可以说是对"最近发展区"一个极为生动的说明。我们也可以看到，无论是什么样的课程理论，如果不被教师在实践中体认就不会成为他们真正使用的理论。

2."我"所能做出来的语文教学

一位教师"所能做出来的教学"是指他/她对自己能力与自己所想实现的教育意象之间的考量，在这里，"能力"包括个人兴趣、天赋与教职的贴合，更包括个人发展的潜力与方向。

（1）"我就适合教语文、我就喜欢教语文"

一个人对"我是谁"的认知往往与"我能做什么"不可分割。孙鹏的"我是谁"是与教语文完全交融在一起的，在表达自己这种对语文的强烈认同时，他甚至无意中用了一句广为流传的广告语——"我就喜欢"（I'm loving it）。

我就愿意，就喜欢，无论讲课还是学习和自己生活，这成了我（的）一种生活方式，她已经把我整个人生都改变了。所以我说绿色语文，绿色人生。

孙鹏的状态是学科化的，他沉浸于那种找到最适合自己也最喜欢做的事的欣喜若狂。

我这人太适合当老师了，从心理上说吧，心太软。心太硬当不了老师，或者是不管学生，或者是折磨学生。现在学生"五味杂陈"哪，什么样的学生都有，（老师）心太软就什么都能接受，其实也就是爱学生吧！其次是表达能力，我这嘴好（得意地笑），一样的话我说出来就好听。我父亲也是当老师的，他没有具体传给我怎么当老师，但我父亲讲过，过去旧社会管这老师叫"吃开口饭"，跟那些说相声（演）小品的一样，你得会说话呀！三是爱读书，能读书，读书就可以一天坐着不动。再说我教的是语文，数理化我根本没戏。理科不行，顶多还能教外语。

对孙鹏而言，教语文不仅最适合自己，更重要的是这也成了他最大的乐趣。在一般的人看来高中教师的生活是那么忙碌和疲倦，但他丝毫没有流露出这方面的情绪，真可谓"乐此不疲"。这样的乐趣是他在教学之余能写出上百万字的教学反思笔记的根本动力。他在访谈中美滋滋地谈道：

这玩意儿就有一个"乐"的事儿，就是敬业和乐业。我一开始的时候是敬业，后来当我发现我自己这么适合当老师，而且教语文本身不但对学生好，对我也是这样的好，把我自己也滋养了，我就觉得哪条道都没有这条道对我好。所以这个时候，那成为我的快乐、我的人生追求了。

我退休了都得教，我就想天马行空地教。这是我一生的乐趣了。

那个"乐"（和一般的乐业）大概也不一样吧，能像我这样吗？教语文就是我生活的一部分，我的日常生活绝大部分也是被这个占据着。而且这个东西也主导着我的整个的生活层次、精神状态。

需要特别指出的是，孙鹏的职业认同不仅是情感上的，而且是不断通过思考和总结而反复强化的自我认可。当问到他反思的内容时，他说：

一个是具体教学，再一个就反思自己教学改革走过的路。然后在这个改革过程中吧，（反思）个人特别（是）个人认识上的变化。

由此可见，孙鹏不是仅凭自己的天性而从事语文教学，而是对自己特质有着充分的认识，并有意识地加以反思，然后将这些吸收进自己的教学特色之中。对此孙鹏有一段特别精彩的表述：

（教学激情）跟个人天性（连着）啊，我其实还是一个很感性的人，现在被生活磨砺（得）也比较理性了，但是呢，根儿还是感性的。有一种说法是"男人是泥做的，女人是水做的"，我认为泥做的这个说法太好了，是土就干巴了，土加水叫泥，我认为我就是泥做的，标准的泥做的。你先天有这个东西，然后又加上了自己的使命感也好，人生观也好，就定位在这儿。这就是我人生价值的体现，对吧？

还有非常重要的一点——社会认可。孙鹏的自我认可与社会承认也达到了高度合一。他总说自己虽然属于被"文化大革命"耽误的一代，没有受过正规的大学教育，底气不足，起步甚晚，但他的"自省、自善、自强、自信"使他"脱颖而出"，同时晋升高级教师和获得特级教师称号。在不断感叹自己的幸运时，他说：

> 我为社会做贡献在这课堂上，我自己的所有的本事也在这课堂上。我的（激情）是到骨子里的。

（2）"我也能当特级教师！"

孙鹏关于自我的焦点觉知中有两个鲜明的认识，一是"我太适合当（语文）老师了"，即高度认可自己天生的素质与语文教学的匹配；二是"我也能当特级教师"，这是对自己力所能及的信心。对孙鹏而言还有一点很重要，"我"要做的是一种独具个人特色的特级教师。

虽然很多教师都会达到乐业的境界，但很少有教师能将自己的目标定位在特级教师上。孙鹏曾给一位特级教师当徒弟，他说学的主要是敬业态度和教学修养，但这对他的职业生涯的真正影响是帮他找到了职业的定位——做特级教师。

> 我看了他以后真的给我激励的是，我将来也能当特级教师。而我学习他就不能模仿他、跟着他走，（我）就想起齐白石的那句话，"学我者生，似我者死"。他那种温文尔雅、那个风格我是学不了，我就发扬我自己的特色。我跟他学了回来后就写了首诗《登泰山》，其实就是我将来要争当特级教师，10年以后实现理想。

孙鹏对自己职业的这种定位也是他的动力源头之一。孙鹏认为，理想不是梦话，你真得瞄着那个目标努力。

> 我是一定得达到那个目标。我平时教学怎么办，我怎么写论文，（都朝着那个目标）。我走的路是改革。刚开始改革的时候我也不知道啥时候能评（上特级教师），改革……是因为我觉得再也不能（像以

前）那样活，那样教太累，所以才要改革。后来（我）改革成（功）了以后，才评（上特级教师）的。

孙鹏对自己职业定位的另外一个关键词是"特立独行"，这个"特"和"独"首先是指搞绿色语文，另辟蹊径，自成一派。

我的风格，第一不是学来的，是自己的特点。第二是根据学生情况，从来没有空对空、理论对理论，大学老师好这个，烦死人。我都是地对地，抓住学生，吃透教材。"绿色"出来了。"绿色"的概念是纯天然、可持续发展、工具性和人文性的统一。绿色语文的功底在文以载道，血管里流出来的是血，喷泉里喷出来的是水，什么人写什么文。

孙鹏的识知艺术的焦点觉知指向的是他对自己所认可的以及自己所能做出来的语文教学的定位。就"自己所认可的"语文教学而言，孙鹏对自己从实践中摸索出的认识有着高度的自信，即"我"的真知——从实践中摸索得来——经过实践检验有效——通过理论点化得到提升——最终形成我独特的教学风格——达到了素质教育与应试教育双赢的效果，具体而言就是孙鹏称之为"绿色语文、诗意人生"的语文教学实践观。而另一方面，"自己所能做出来的"的语文教学对孙鹏而言，是个人天生的特质与能力在语文教学中被极大地调动与发挥，既自得其乐，又得到高度认可，如他所说的"我就适合、我就喜欢"以及"我也能当特级教师"。

（二）孙鹏的身体化语文——骨子里的激情

教师在课堂上的举手投足、声音与神态属于教师的附带觉知，但其中所蕴含的丰富而又传神的信息却直接营造出课堂的气氛，并指向教师心目中关于教育教学的意象，这就是教师实践性知识的身体化。

孙鹏身体化的语文，其核心是激情，具体表现在他的板书之快、眼神之专、话音之利以及他具有东北方言特征的揶揄讽刺式教学语言之中。这些极具他个人特色的表达方式富有极强的感染力，让人一进他的课堂就像被攫住一般，不由自主进入了他的语文世界。

1. "把生命注入板书"

说到板书，与我们通常见到的优秀语文老师那一笔一画、端正优雅的方块字不同，孙鹏的字体并不那么漂亮，而且他似乎也并不在乎。他所关注的就是用最快的速度把他心中活蹦乱跳的字转移到黑板上。有一次我特地数了一下——他在黑板上写下 9 个大字只用了 10 秒钟的时间。或者说吸引我的不是速度，而是他写字的力度和投入，似乎拼尽全力，要把生命注入那几个字或者黑板里，加上粉笔在黑板上摩擦出的"擦擦擦"的声音，令人不由得陡然一振，不禁放下一切杂念要跟着他进入一个语文的新天地。

令我印象深刻的是一次他在讲一首杜甫的诗时，先让学生自行朗读，然后在这几分钟的过程中，他把杜甫的诗和自己的鉴赏诗刷刷地写在了黑板的两侧。虽然他的诗放在大师的诗旁边，在对仗、用词方面有一定的落差，但这种勇气和投入让人不由得肃然起敬。除了板书之外，他在讲评作文的时候主要用事先做好的课件，他的课件把学生的文字、他的评论、有问题之处、精彩之处都用不同颜色和字体凸显出来，那种效果也是极抢眼又极"惊心"的。

2. "吼课"

孙鹏一上课就进入一种忘我投入的状态，声音往往比不上课时高八度，就像他自己在访谈中所说，必须不断暗自提醒自己控制激情，否则声音会高到上不去的地步。

就像那演员似的，演员一演戏他就来神儿啊，我是一上课就来神儿。我整个一天里就上课的时候状态最好。即使中午没睡觉，下午要上课，只要开讲，（精神）就来了，最后就形成一种职业习惯了。懂吗？只要上课（声音）就高八度，我必须控制自己，"别来啊，再高八度一会儿就上不去了。下来点儿！"不然简直就像吼课似的。

所以学生说"像上体育课一样"——连身体都会被带动起来，这是一种骨子里的激情。

得有激情，不是虚张声势，不是咋呼，而是真正发自内心深处的激情。人嘛，只有情能动情，只有心能动心，你没有感情你怎么能调动起来（别人的感情）呢？因为你是人他也是人，（才）能共鸣。

孙鹏在自己的文集中写道：

语文教师，必须是一个永葆激情的人。这种源于热爱生活的激情，应当是丰富的、热烈的、持久的，平时如岩浆蓄积于心底，用时便喷涌而出：口能点火，笔能生花。

3. "入木三分骂亦精"

孙鹏的说话也是极有特色的，这从前面引用的他在访谈中说的话就可见一斑。在具体的课堂用语中，无论是他那味道十足的东北方言，还是他对学生所使用的揶揄讽刺式评论，可以说在语言形式、语音语调和话语内容几方面配合得妙趣横生，常常让听者忍俊不禁，很自然地化解了他那挖苦式评论中的辛辣，所以虽然迥异于常见的教师对学生以夸奖为主的评语，但学生总的来说还是很买账的，举例如下。

（1）一次上课孙鹏出了一个对子，上句是"翠柏银杏植绿地"，学生对的是"疏梅残竹挂西风"。孙鹏认为这个学生对的词性和结构都没问题，但是内容和意境却不好。在课堂上，根据别人写的不同句子，孙鹏时时打趣这个"挂西风"，孙鹏说："我就是揪住不放，让他记住。"

（2）孙鹏夸奖××学生赏析写得好，但是却没有仔细检查，文中有不少不通的话。孙鹏说："××是大作家，人家写东西都不检查，杜甫写诗还是改了又改呢，××是大作家中的大作家。"

（3）在引导学生用词语形容某个事物的时候，发现学生没词了，他说："我们经常理没屈，词穷了！"

（4）一次在孙鹏说要讲评一言心得的时候，第一排一个学生开始翻书，孙鹏立即喝止："你有毛病？你翻书干什么？我说你不是一次了。"

课间我们随意问学生有没有觉得孙鹏厉害，学生回答："这老师还算厉害？他不厉害！他是对你好！不是所有的人都能当'特'（特级教师）的。"那位被训斥的女生说可以理解老师，老师是为了她好。当然，她会觉得很没有面子，因为当着那么多人，如果老师可以委婉一些会更好的。不过孙鹏这么狠地训她，她以后肯定再也不敢犯了。她是这个学期才开始上孙鹏的课，开始觉得孙鹏有些"事儿"，一点小事情就当众批评，还要引到别人那里，指出错误，让大家引以为戒。现在她也习惯了，毕竟老师是为了他们好。这位女生还提到喜欢孙鹏上课的那种感染力，给人以鼓舞，有时可以发人深思。

的确，孙鹏经常说的几句话是"隔靴搔痒赞无益、入木三分骂亦精""不怕丢面子，不怕被分析或批评。那点小小的虚荣实在应该抛弃，换来我们真实的进步"。虽然学生也会有不适应的时候，但总的来说也会因为老师的激情和投入而受到感染，逐渐放下那个小自我而投身到那片语文的天空中。

4. 方言

独特的个性是成就名师的一大诀窍，孙鹏的个性最突出的表现在他的激情和东北方言里，就像他的同事评价的："孙老师东北话的那种丰富性，一般人没法学。"

通常语文教师会极力纠正自己的方言中不符合普通话标准的地方，但孙鹏却充分发挥了东北方言的表现力。在访谈中我们也充分地领略了他那东北口音的普通话的直白与幽默，在课堂上这个特色更是得到了充分的展示。例如，有一次孙鹏讲杜甫律诗的起承转合时说：

> 现在我们同学们写作太放肆。拿到个题目，就觉得这回可是有磕唠了，呼呼啦啦写一大片，什么结构也没有。

方言其实也是身体化（或知识内居）的一种体现，而母语和个体的成长成熟是连在一起的，已成为个体无法分割的一部分，因此当孙鹏用自己真正的母语——东北话时，仿佛浑身的细胞都舒坦了，如他所说"口能点火"，充满着那种地方语言的幽默机智与直白泼辣。

如姜美玲（2008：103）所说，对于名师或专家教授而言，实践性知识的身体化包含着成为精神与身体的一个有机组成部分之意，当这些身体化知识经过教师的实践与反思而积淀下来，并被教师有意识地吸纳为自己的教育教学特色时，它就转化成为一种"身体化"的文化资本。这样的身体化文化资本在孙鹏身上是极为明显的。正如他自己不无得意地说的：

> 学生也喜欢有个性的老师，所以我的个性我也得坚持啊！

（三）孙鹏的典型课堂——贯通力+感染力

杜威强调对事情的把握不仅是在理智上和观念上的，还必须融入个人的需要与满足的感觉，这才是有价值的，而且是被欣赏的。舍恩所描述的行动中反思的结构是欣赏—行动—再欣赏，实践者融经验、行动、结果、意义、评鉴等为一体的技能就构成了一个欣赏系统。波兰尼强调了求知热情的评赏与启发性功能，突出了其中的美感与情感，并由此说明了个人之所以能持之以恒地辛勤探索的情感动力。这样的论述显然极其适合从事教育实践的教师，与其说教师具有这样一个欣赏体系，不如说他们体现出一种欣赏力。教师的欣赏力就是教师的情感与理智、身与心同教学内容和教学对象之间进行融合的能力，达到极致状态时教师将表现出对学科知识和内容的融会贯通，以及对学生状态的充分察觉与恰切回应。

孙鹏的欣赏力突出地表现在两个方面，一是对学科教学的贯通能力，二是对学生而言难以抗拒的感染力。在教学层面看，贯通力是教师对知识点之间逻辑关系的把握能力，是对知识整体结构、前后关系的自我解释与建构能力，以及与学科外部相关事物的链接能力（刘慧霞，2009）。

孙鹏具有将语文教学各层面融会贯通的能力。无论是讲解课文还是讲评作文，孙鹏基本都围绕三个层面——语言的层面、章法的层面和精神的层面。他说自己思考教学时有三个过程：开始是抠字面意思；深一层是思考文字在文章语境中的意思；再就是联系现实社会和学生，将知识与人和社会贯通，达到语文教学工具性与人文性的统一。

还要特别指出的是，孙鹏的贯通力是一种以思贯通的知行合一。"思"对孙鹏来说已经不是停留在头脑中的，而是从不停歇的一种行动。如他自己所说："我不学，则无力研究；我不思，则无法研究；我不新，则研究无故；我不行，则研究无用。"他将学、思、行贯穿到一种求新的创造性工作中，因而得到了身心的愉悦与不懈的动力。我们经常刚听完课，晚上就收到他的反思笔记——他已对白天课堂上的一些问题进行反思并整理成了文字。对学生提出的任何疑义他都不放过，一定要在课后查找资料加以解决，然后在课上正式澄清，也包括承认自己的不足。所以他能写出百万字的笔记，并出版多本教育教学专著。

孙鹏的知行合一还表现在他的示范式教学上。我看到过的有他创作的鉴赏古诗文的诗作、关于学生家访的长诗、六十寿辰自贺诗。讲评作文时他更是下功夫，有时为了改好一篇文章就要花费几个小时，但也有很多针对性和区别性的改作文方法：

我改（作文）嘛，有的改有的不改。有的不能改，你强加给他，他也逆反。有的几句话化腐朽为神奇了。我认真给他阅读，而且我得反复推敲他那些遣词造句，这样他才能看出，这语言一变会有什么样的作用。一般改过的（作文），有时候学生在课堂上一听就"哇——"（表示赞叹），这玩意儿本身对老师也是提高。

语言类教学的一个关键难点在于，语言更多是一种技能，不能靠教给学生语法规则而使他们学会使用语言。就如同行家绝技只能通过示范而不能通过技术规则来交流（波兰尼，2000：81）。所以孙鹏的作文讲评方式就是一种很高妙的方法，因为他将自己投身于学生的实践中。他作为教师的实践性知识的精髓就在于几乎完全的委身，他不是阅读关于作文的知识，而是亲自识知写作的种种状况。我曾经听过一位英语教师上高一的写作课，这位年轻女教师准备了一张张漂亮的幻灯片，涉及写作类型、写作技巧以及范文，最后让学生当场写一个段落。我坐在最后一排的学生旁边听课，我周围的几个学生几乎连一个完整的句子也没写出来。当时我的那种沮丧的心情至今仍然挥之不去。

对照之下，我明白了孙鹏教写作的方式为什么能走遍全国，走到哪里学生都要留他签名照相。正如他自己所说，无论在哪儿上公开课，时间再紧也要让学生写点东西来看，否则就成了空对空地发导弹，就像天上的烟花一样，再绚丽也很快就消失了。教师要让学生拿出自己的作品来，予以针对性的讲评、改正和示范，而学生真实地经历了这种学习的过程，自然也就认可教师的努力与能力了。

孙鹏的感染力绝不仅仅是学养方面的，更重要的是在于他身心的完全投入，是他骨子里的激情。这种身体化的语文通过他飞快的板书、犀利的眼神以及揶揄讽刺式的东北方言，让学生感觉如同上体育课一般身体都被带动起来。如他所说是"以情动情、以心动心"，先将自己投入经典的语文世界中，使自己的情感得到激发，并坚信学生也能得到这样的激发。如他设计的苏东坡诗文及研究单元，让学生自己潜心阅读苏轼的四首词、一首诗、一篇赋以及余秋雨、周国平先生的专论，结果是学生仿佛打开了灵感之门，文采焕发，个性纷呈，写出了许多他们自己也始料不及的佳作。因此，孙鹏超越了语文的技能层面，学生在他的感染下追求内在的人文积淀，学会感悟，语文鉴赏和写作的思想与思路自然也就逐渐生发出来。

对于这种感染力，我和其他的一些听课者也是深有感触。如我的一位博士生同学写道：

为什么每次从孙鹏那儿听课回来我都会如此激动？是什么感动了我、震撼了我？

——因为每次听课回来，我都好像找回了一些错过或尘封的美好，引起我心中对善、美的向往，对责任的共鸣。感动我的既有诗本身蕴含的美感及其背后诗人的故事，也有对孙鹏能给予我这种感动和体验的钦佩、羡慕和向往。

（四）孙鹏的识知艺术——一种学科化的生活

如上文所述，教师在行动中识知的焦点觉知指向的是他对自己所认可的以及自己所能做出来的语文教学的定位。对孙鹏而言，"我就适合、我就喜欢"以及"我也能当特级教师"是对自己禀赋与人生选择高度契合的极乐，也是经过数百万言的反思、提炼与实践的反复强化而达到高度觉知的一种认识，是他身心完全投入的一种识知的艺术。

然而，为了更加贴切地描绘出一位教师的识知艺术，我将进一步采用"识知意象"一词，因为"识知意象"更能抓住个体教师的识知艺术的生动性与整体性。孙鹏的识知意象就是一种"学科化的生活"。孙鹏的语文教学观不是"学科中心"教学所能涵盖的，而是一种学科化的生活——"生活"化在"学科"中，如凡事都和语文联系在一起，编织一张无所不在的语文的网；学科"化"于"生活"中，用诗歌和诗意表达人生的一切感受，如他津津乐道的诗意的栖居，如那首描写 50 多次家访的直白率真的长诗，如六十寿辰时由自己创作、再由夫人朗诵的人生回顾诗。

孙鹏的识知艺术也是一种生命与学科的完全交融，是他个人对自己的天性、特质、兴趣以及能力与语文教学的完全认同。通常我们看到的优秀教师是让语文与"我"的人生结合，"我"的人生因语文而精彩，是一种互相形塑的关系，因而也还是各自独立存在的，而孙鹏却是把"我"完全舍弃或献上，心甘情愿让自己化进那个"大语文"的境界中。这是否和儒家士大夫的精神一致呢？

通过孙鹏的案例我们可以看到，教师在行动中识知是一种融知识、审美与情感于一体的风格化特征，尽管在分析时我采用了焦点觉知与附带觉知（身体化）的框架，但我进一步将教师的行动中识知提炼为教师的"识知艺术"，因为这更能呈现教师行动的整体性、意义性与风格化的特征。

孙鹏作为特级教师的确是有普通教师不及的独特与高超之处，下面我们将通过一个普通教师的案例来揭示典型的"卖关子"型教师的识知艺术。

二、英语骨干教师李娟——从班长到班妈的激情燃烧

李娟是北京一所普通中学的英语教师，重点师范大学科班出身，

约 10 年教龄，性格爽朗热情、爱说爱笑。作为各方面条件都比较出色的青年骨干教师，她先是跟着学校的北京市骨干教师赵兰当徒弟，教高中英语，后调到初中担任学校特招的英语实验班的班主任。我追踪她断断续续三年半，既观察了她做赵兰徒弟教高中英语的近一年过程，也观察了她担任两个初一实验班英语教师的两年多的课堂，并做了两次深度访谈和多次课下及时跟踪访谈，也收集了她的一些教案和一篇个人教育叙事。

正是基于对李娟的长期观察和访谈，而且基于她和她的师傅赵兰及其合作教师孔慧的密切关系，我得到了很多对我的研究非常有价值的资料，对这些资料的分析我将在后面的章节中逐一展开，本部分只是对李娟的识知特征做一个基本的刻画。鉴于前文已经对"卖关子"型教师的基本特征进行了较为详尽的描述，下文将主要聚焦在孙鹏和李娟的对比上，以便在最后对"卖关子"型教师的专业发展的差异进行分析。

（一）李娟的焦点觉知——"孩子们跟我走"

根据孙鹏案例以及意象法，一个教师的焦点觉知可以从两种角度来描述。对教师个人来说，意象是一种心灵的认知方式，难以用语言说清楚，所以是一种个人的默会知识，它引领我们朝着它前行，但这种难以用语言描述清楚的焦点觉知其实可以简单地概括为教师所认同并能实践的教育教学观。

李娟的识知艺术可以说是"从班长到班妈的激情燃烧"。"班长"是指她从个人受教育经历中所得到的那种当教师的召唤，她以引领者姿态来从事课堂教学正是这一自我形象的延续。"班妈"主要是指李娟的教育姿态，是她在一所普通中学遇到各种"问题"学生时的一种教育管理者的形象。而她的焦点觉知也可以简单总结为——我喜欢并能做一个优秀的教师，所以孩子们跟着我走就行。

李娟对教师这个职业的认同与孙鹏类似，那就是喜欢，在各种场合的交谈中她都反复说到"我喜欢当老师"。这种喜欢源自长期以来对自己能力的自信。

> 我挺喜欢当老师，原来特别喜欢，热情来了能烧了自己，……上学的时候我一直当班干部，在家就管我弟弟，我喜欢自己的这种管理能力。

李娟的这种对自己当教师的素质的自我认知也得到周围人的肯定。师傅赵兰说是自己把她拉到身边来当徒弟的，赵兰对李娟的评价是"山清水秀"。

> 她素质高，年轻，很直，很正的，学生党员，比我强。她年轻人的激情、一闪而过的亮点都是我学不来的。（她是）性格特奔放、特真实的人，心里没有一点拐弯的。（她是）O型血，我叫奥迪型，4个O。学生都叫她"班妈"，她也就刚过30岁，还跟我撒娇，学生也都看着，特好。
>
> 她条件比我好，30岁就"山清水秀"的，现在32岁，35岁就能闪光。

李娟特别执着于追求课堂的高效率，每次课她都会准备内容丰富的教案和精美的多媒体课件。

> 我觉得我们这种课有一些视觉冲击，他们会记得很清楚，不光是当时。而且他们很快就能抓住主要的东西。

正是基于这种对教师职业的强烈认同和对自己胜任教职的自信，李娟对课堂效率有着极高的要求。她认为在课堂上学生应该跟着教师的思路走，应该由"我领着"他们按照计划的充实教案往下走。

　　我总觉得我的东西讲不完，有好多东西要他们（学生）做。比如说这个课文我最终要讲到这儿，最终他要能写出一段文字来，那我必须……到这儿来。如果我领着（他们）到限定时间了没有过来，我一定要反过来想，到底哪儿耽误时间了。

　　正因为对于教师知识的正确性的坚守，以及对于课堂效率的执着追求，她在课堂上表现出极大的时间焦虑。

　　我课上可能就老有这个感觉，我会经常看表，我觉得跟有强迫症一样。我也搞不明白。……我有时候会点到我们班×××，你占我1分钟的时间了。比如说"×××，××，你们俩的对话占我1分钟，耽误我，没讲完"。我会让学生有一种我没讲完这个是出于你的原因，你耽误了我的工作，这学期特别特别明显，老有这个感觉。

　　她认为自己的焦虑部分原因是从高中调到初中后还没有把握好初中的课程，还处在学习的过程中。

　　原来我好像会模糊几分钟，但现在，我也不知道，我就很怀疑，我也很好奇，可能我觉得有学习（方面）的问题。比如说我参加区里的进修，比如说我听某些课的老师的点评，就是专家的点评，很容易引起我的共鸣，或者说引起我的关注，我就自己去看。我觉得确实挺奇怪，原来这个书我老觉得把握不到位，我找不着（着力点），但现在一节课起码我想达到的效果我都达到了。

　　的确，李娟对教学以及课堂管理有着极强的自信与热情，但也时而流露出迷惑与激情燃烧后的倦怠，我们将通过下面的一堂课例生动直观地认识李娟的识知特征，从而进一步加以分析。

（二）李娟的典型课堂——预设的主导中闪着生成的火花

下面将通过一堂研究课的具体情况来展示李娟在两个初中班的教学场景。这实际上是在两个平行班（1 班和 2 班）讲两节相同内容的课，为了节省篇幅，我将两节课的情况通过表 5-1 加以呈现。

表 5-1 李娟的典型课堂情况

<table>
<tr><th colspan="2">课堂流程</th><th>1 班</th><th>2 班</th><th>两班对比及说明</th></tr>
<tr><td rowspan="2">导入</td><td>问题</td><td>1. When do you usually get up/go to school? …
2. What are you doing now? I am studying…/we are having…</td><td>1. When do you usually get up/go to school? …
2. What are you doing now?
3. What is Cao Rui doing now?</td><td>在 1 班引入了问题之后，李娟直接提示了学习目标，即 be doing，但是在 2 班让学生相互观察，学生很活跃，并提了大大多于 1 班"What are… doing?"的问题</td></tr>
<tr><td>提出学习目标</td><td>动词进行时：
be doing…</td><td>动词进行时：
be doing…</td><td></td></tr>
<tr><td rowspan="6">课文讲解</td><td>看图配短语</td><td>看图配短语</td><td></td></tr>
<tr><td>听力搭配练习</td><td>听力搭配练习</td><td></td></tr>
<tr><td>看图填空</td><td>看图填空</td><td></td></tr>
<tr><td>总结结构 be doing</td><td>总结结构 be doing</td><td></td></tr>
<tr><td>游戏：一个学生做动作，另一个学生猜，用 be doing 说出来</td><td>游戏取消</td><td>李娟觉得这个游戏对于 2 班学生太简单，准备留到下节课做热身练习</td></tr>
<tr><td>讲解 doing 的变形规则：barking/dancing/swimming</td><td>增加了以辅音 y 为结尾的动词的变形规则</td><td>1 班没有学生提到以 y 结尾的动词，李娟就忽略了这个规则的讲解。2 班有学生提，所以李娟就讲解了</td></tr>
</table>

看《白雪公主》片段，让学生配音 ｜ 看《白雪公主》片段，让学生配音

注：课文题目为" What are you doing now?"。第一节课——1 班，第二节课——2 班（本班）。

两节课的主要差异表现在讲解顺序和程度的不同，如动词变形的规则、课堂配音练习。李娟在课后访谈中具体做了如下的解释。

A. 关于活动设计

"我"：1 班学生在导入部分做了 1 分钟小游戏，即前排的人做一个动作让后排的人猜 "What am I doing?"，为什么在 2 班取消了这个活动？

李娟：时间不太够了。在 1 班我把整个句型都列在黑板上了，我是想看看学生是不是都会了。

在 2 班我就没做那活动，我觉得他们都掌握得非常好了，所以就没有必要浪费这个时间了。这个活动就可以留到下节课做一个 warm up（热身练习），我觉得这个活动比较简单。不是因为我在第一个班发现学生都掌握了才取消这个活动，而是 2 班学生本身还是比 1 班学生要好，你看 1 班连……这样的句型都没（总结）出来。

B. 关于讲解语法的方式差异

"我"：动词加 ing，1 班先讲规则，2 班是在课后再总结 ing 的规则。

李娟：这个安排纯粹凭感觉。就他们一边说我一边写。1 班学生是要慢一点，2 班就是总结，就在后边复习一下就完了。2 班还有一小孩提到了 y 的问题。1 班学生没问，就过去了，2 班恰恰有孩子注意到了，（我就）直接加了讲解。1 班学生没说，我也就忽略掉了，设计的时候是有的。

C. 李娟对两个班氛围不同的分析

提问的时候 1 班显得要沉闷一点，他们很规矩地答，不好玩儿。2 班其实纪律不是很好，有学生回答不真实的时候，你看大家嘲笑的那个劲儿，就沉不住。1 班就显得很沉稳，不这样。我们班（2 班）就好像恨不得把谁的小秘密、所有疮疤都揭了才过瘾呢！……这跟老师的影响（关系）挺大的，我们班的学生像我。我每次都想那个什么一点儿，可是一讲起课就完完全全又那样儿了。比如学生说一个特别好的句子，或者他说得特别好，我会非常非常高兴。他要老答得特别正经，我也就特正经。我很容易受人感染，也很容易感染别人。

（三）李娟的识知艺术——从班长到班妈的激情燃烧

以下将结合李娟的典型课堂场景对她的识知特征进行分析。之所以用"班长"和"班妈"这两个词，是因为在访谈中她常常提到这两个身份。李娟上学时就老当班长，在家也是弟弟的"班长"，这些经历带给了她管理和引导学生的自信。"班妈"是她在带高中班时学生对她亲昵的称呼，她从一个二十多岁的年轻教师到"母亲"的身份变化不仅是家庭也是学校环境历练出来的。

1. "班长"——积极的、控制型的课堂

在听课过程中，可以看到李娟课堂的气氛比较活跃。在学生自己做练习的过程中，李娟会不断在学生中间走动，给以指点和表扬；在提问学生时，她也不会集中在某一区域，而是尽量照顾到全班。正如她的师傅赵兰所说，她有年轻人的那种冲劲和突如其来的灵感。在讲课的过程中她很注意联系生活实际，比如要求学生带自己家庭成员的合照来练习句型等。李娟的教学内容总是设计得很充实，而且她也利用闲暇搜集各种教学补充材料。在访谈中她说自己是一名"追求优秀"的教师。重点师范大学毕业以及很快成为学校优秀青年教师，这样的成功体验让李娟认为学生跟着教师走才是最有效率的学习，如她在访谈中所说：

比如说像刚才那个学生的那个钻牛角尖的东西，作为我来讲，我不愿意听，我觉得这个对我来讲，就是浪费大家的时间。哎，我已经知道了，我已经听了，他理解的是偏的，我认为就是偏的，他（的理解）跟老师的不一样。有时候很简单，老师说的是这样的，那学生顺着老师的思维这样考虑，那学生也是对的。那么那个同学站起来说他的想法，我觉得从我的评判标准来讲，这不对，这个时间对我来讲我可以干别的，我就不再思考了，这个时间我觉得对他来讲确实被浪费了，那样的情况可能会出现很多。

这种控制的、以教师的预设和讲授为主的课堂在一个尽心尽力的教师带领下的确能够实现教学目标，并达到较好的教学效果。但这样的课堂也会出现一些需要长期观察和一定的反思才能察觉的问题。

（1）缺乏针对不同学生的差别化教学

由于急于传授所预设的知识点和执行内容丰富的教学计划，李娟在课堂上的时间焦虑很明显，一个直接的后果就是她在教学活动中追求整齐划一，难以体察不同学生的反应和需要，组织全班活动时不太注意到学生活动的实际情况和质量。例如：有小组三人讨论时全是用中文在随意闲聊；而让学生默读时虽然很安静，但读完了后提问时却少有人反应，只好由李娟自问自答。虽然班上的总体氛围较活跃，但我通常坐在教室的角落，看到这些角落里的学生被关注度低，这些学生在参与上存在不积极、跟不上和开小差等情况。

（2）缺乏对最近发展区的挑战

维果茨基（2005：244-248）在论述最近发展区时提出，儿童通过模仿从合作中获得发展，儿童在合作中所能做的事比独立工作时多，换句话说，儿童今天在合作中所能做的东西，他明天便能独立地做。只有走在发展前面的教学才是好的，它能激发处于最近发展区中成熟阶段的一系列功能。在孙鹏的案例中曾提到"最近发展区"的概念，虽然孙鹏不喜欢这样的术语，但他能把握学生认为最解渴的东西，使不同学生的潜能得到最合适的挑战，从而拔高全班的整体水平。但李娟在课堂中对不同的声音没留太多的余地，通常的现象是，当学生给出的答案不同于课本和考试大纲的要求但又能反映出英语表达的多样性时，李娟往往会把学生拉回到"正轨"上。而且对于较高水平的学生缺乏肯定和较少提供让其展示自己的机会，因而失去了让水平参差不齐的学生借着全班的学习场达到理想的最近发展区的机会。

例如，一堂课的主题是失物招领，教学任务是让学生学写寻物启事。可以看出李娟的备课还是很用心的，除了课本上的内容，她还自己找了三则寻物启事和一个相关阅读材料。只是她对这些材料的使用还不够充分，既没有问学生阅读时有没有困难，也没有指出这三则寻物启事鲜明的文体特征。这堂课的一个重要设计是让四名学生到黑板上写启事。其中三个都写得很简单，而且雷同，似有互相抄袭之嫌。只有一个描述很丰富，虽然出了点语法错误，但总体语言能力显然在另三个之上。但李娟只勾出了每则启事中符合本次课的教学目标之处，并没有对这个学生的突出表现进行任何点评。其实，这时如果能就此给出评价，可以给全班学生很好的引导，而且也可以点出写寻物启事的要领——要形象具体地描述该物，从而使更多学生在班级学习场中达到跳一跳可以够得着的最佳发展。

（3）缺乏有层次的学习支架（scaffolding）

由于对学生的个别差异缺乏关注，李娟的教学设计时常会从自己的学科知识出发，对学生的难点缺乏针对性教学，也难以搭建起有层次的学习支架。例如，在一次学习关于农业的课文时，李娟给出的讨论题目是"传统农业、现代农业和高科技农业的优劣"。学生讨论时感到有困难，因为找不到讨论的入手点，在总结发言时，参与度不高。课堂讨论本来是3分钟，但实际上至少用了6分钟。当她问哪个小组起来汇报时，问了几次无人响应，只好点了一个女孩起来。她这个活动设计明显太难。我们后来问她，她也说好多东西书上并没有，都是学生自己说的。李娟在给出题目时如果能够把这一个题目拆分成三个，并给每个题目一些供讨论的提示点，就可以大大降低讨论难度。而对比之下，她的师傅赵兰往往会将任务分解，比如在讲将来时 be going to 的时候，让学生用这个结构先造简单陈述句，然后改编成一般疑问句，最后放入从句，难度逐步上升，适应学生接受新知识的心智结构。

2. "班妈"——率真、悲壮的教育热情

"班妈"的称号来自李娟在 20 多岁时带高中班期间。

那几年学生给我的特别多。有一个学生家长不理孩子。孩子可浑了，从来没说过谢谢，不来（上课）也不请假。家长居然说："您遇到我们家孩子，给您增添多少经验啊！"我那时候就以泪洗面。但是不行，怎么能让学生给我弄得没招儿呢？

师傅赵兰也说到当时的一个事例：

她特不容易，孩子小，带三个差班。有一天下午上课，家长找麻烦，她特别难受。我还有事必须要走。进班以前，她就一手扶着我的肩膀，一手握着拳头，很认真地说："我是下蛋公鸡，公鸡中的战斗鸡（机）。"真的跟上战场前宣誓一样。

为此李娟想了很多方法，后来还写了一篇小文记录这一段她命名为"猫捉老鼠"的经历。但更重要的是她最终用"家"的意象改变了这些学生。

那年底我做了一个大蛋糕，一个房子（形状的），写着 My Sweet Home，每个学生来跟我拥抱一下。我跟他们说"有梦想，一家人"，我记得我当时还特别爱抱抱他们，我想别让孩子觉得只有异性才能拥抱，我也是想给他们点力量。

那个孩子用手机都给拍下来了，我都没想到。对了，还有一次运动会他没吃早饭，我给他买了个煎饼。后来他家长也挺配合的，也挺不好意思的，说要是没有您，我们孩子就不知道会怎么样。他高考考得比平时好很多，现在在学电脑，想回来看我但（他认为）时候不到。

李娟认为自己跟学生的亲密度很高，这一方面是因为自己的性格和年龄，另一方面是因为她的教育热情。她说，只要自己对学生的好心他们能很准确地回馈回来，自己就很幸福了。

3. 自我同一性危机

李娟的识知意象中"激情燃烧"一词，既用来指她那容易被点着的教育热情和跳跃的教学灵感，也暗指她容易在燃烧中耗尽自己，因而时常感到状态的瞬间转变或难以持续，这也正是李娟目前经历的一种自我同一性（self identity）危机的写照。简单地说，自我同一性是指个体的自身和角色意象的整合，但事实上，自我认同和自我完整性是一个处于复杂的、不断需求的、终身自我发现的过程的敏感领域（埃里克森，1998：202）。李娟对教师角色的认同在她从教的前 10 年还是相当强烈和稳定的。但三十而立之后，她说自己开始冷下来，下面一段话里面有反复出现的"现在"和"原来"的对比，显现出她进入了一个不稳定的、摇摆的自我同一性阶段。

我挺喜欢当老师，原来特别喜欢，热情来了能烧了自己，现在有时有点冷下来，现在不如以前自信。上学的时候我一直当班干部，在家就管我弟弟，我喜欢自己的这种管理能力，现在就没有那种感觉了。原来是敢于挑战，也不怕，特别愿意尝试，现在特别有惰性，也不知是（因为）年龄还是氛围，现在可能就犯懒，可能现实也让我不满意，结果就这样了。（以前在）高中的群体大家（关系）很近，积极合作，事摆在那儿，大家不分（计较）谁多做谁少做。但现在（初中）这个群体……。我是一个特别容易点燃的人，但现在这个群体里别人一盆冷水就（把我的热情浇灭了），活动时（有些人）特爱抱怨，我不喜欢，觉得挺浪费时间的，这些事儿特影响我情绪。

李娟总是说自己特别容易受到环境的影响，如她自己在对两个班不同氛围的分析中提道："我很容易受人感染，也很容易感染别人。""他（学生）有那东西我就会有那样的想法，学生要是不想我也就抑制住了。"所以，当她跟赵兰一起教高中时她就受到赵兰积极的影响，当她在整体氛围比较消极的初中组时也会受到影响，甚至有被"一盆冷水"浇灭的感觉。敏锐的赵兰在谈到李娟的发展前景时说："现在就是怕她要是遇到像我当年那样的逆境挺不住。"

根据我对李娟几年的观察和分析，李娟在职业认同上出现的危机跟她一直以来发展的顺境有关，但也跟她缺乏自省的反思意识有关。在多次的课堂观察和访谈中我注意到李娟的信奉理论与使用理论常有不一致之处。李娟的主观愿望和她的实际行动之间存在不一致，甚至有时候自己表述前后不一致。例如，她一方面说自己特别喜欢学生能说出和自己不一样的想法，另一方面又认为学生按照老师的思路走就是最佳学习途径，而且在课堂上我经常观察到学生超出教案预设的答案被她搁置或淡化。

像王××和郭××说出那样的句子我就是特高兴，觉得："哟，这孩子真会想。"有时小孩的想法跟大人就是不一样，我从心里感叹但还不能玩命夸他们。……我们班数学老师就受不了这样，她在讲课时，下边儿的学生就不能说，就得跟着她走。可是我是喜欢老师在那儿讲，学生有不同意见，这样就什么想法都有了嘛，大家都受益的事儿。但是有些老师就会受不了这样。

虽然李娟在一次访谈中明确说自己是不喜欢像数学老师那样压制学生不同意见的，但她在另一次课后访谈中针对课堂上学生出现不同声音时却反复强调："他理解的是偏的，我认为就是偏的，他（的理解）跟老师的不一样。有时候很简单，老师说的是这样的，那学生顺着老师的思维这样考虑，那学生也是对的。"但"无为"型的教师在这种情况下的反应却通常是理解、倾听和等待。

孙鹏的案例与李娟的案例都呈现出"卖关子"型教师的一些典型特征，但在个人的专业发展与自我同一性方面也有鲜明的差异。

三、典型态与极致态"卖关子"型教师的比较

孙鹏和李娟的总体识知风格虽然都与"卖关子"型相符，但他们的确在各自专业发展的状态上、在课堂教学的实际把握与效果上以及在成长与工作的环境上呈现出很大的差异。

（一）"卖关子"型教师的焦点觉知与附带觉知

如上文所述，教师的行动中识知的动态机制就是其焦点觉知与附带觉知间的动态关系，也是教师所认同与所能以行动表现出来的教学观的整合体。在这个整合体中，教师看着的是他/她期望实现的那个教育教学的"意象"，也就是他/她的焦点觉知，而促进这个焦点觉知实现的正是教师身心合一的行动。

1. 焦点觉知——我天生就是当教师的料

对于孙鹏与李娟而言，他们都对教师这个职业表现出热爱与认同，对个人的能力与教职的匹配也有极大的自信。孙鹏多次铿锵有力地宣布"我天生来就是为了教语文的"，李娟的说法是"我挺喜欢当老师，原来特别喜欢，热情来了能烧了自己"。从上学时当班长到在家里管弟弟，李娟很早就开始了自己对教师这个职业的认同与演练。她不同于

我所访谈的其他年轻教师，他们往往经历过对教师职业认同的摇摆，甚至认为如果自己当年更努力的话就不至于做"教书匠"，而李娟对于做教师的认同与自豪感在多次正式和随意的访谈中都是一致的。

作为"卖关子"型教师，他们都坚信有经典的、正确的知识可教；对学科知识和教学经验都很有把握，认为一切尽量在控制之中才是好的教学和教师；认为学生应该接受知识的传承，被教师的"关子"所吸引和引领。孙鹏多次说到"所以我得有知识，知识才能让他服啊""老师应该把握基本概念，按规律走"，而且他以"用'沉浸浓郁、含英咀华'滋养学子一生"为语文教学理想。而李娟对于自己教学知识的自信来自正规的科班教育背景、师出名门，以及在学校倍受重用，所以她的总体教学思想是——学生跟着老师走就行。她总是说："有时候很简单，老师说的是这样的，那学生顺着老师的思维这样考虑，那学生也是对的。"她常常准备丰富的教案与学案，上课的时候最焦虑的就是能否按照自己的思路完成教学计划，甚至说："我会经常看表，我觉得跟有强迫症一样。"

总之，"卖关子"型教师的焦点觉知是一种对知识传承的使命感加上高度自信结合而成的教育教学的高姿态。

2. 附带觉知——激情贯穿的教学过程

为了实现自己所希望达到的教学意象，或者说为了托起那个中心的焦点觉知，教师对所使用的每一个教学用品（包括教材、教具、多媒体等）、对自己所说的话以及姿态、对学生的反应以及课堂的氛围都保持着高度的觉知，但这些觉知都处在附带觉知或者说支援觉知的地位，融汇于关于教育教学的焦点觉知之中。而这些附带觉知又是如此的身体化，对于孙鹏和李娟而言，"激情"贯穿于这一身体化的识知过程，也是他们识知艺术的关键词。孙鹏的骨子里的激情与李娟能烧了自己的热情都是源自他们对于教师这一事业的热爱以及对于传授知识、传承经典的自信与使命感。正是这样的激情贯通了教师身心合一的行动中识知。

如果把这些附带觉知上升到理性层面加以条分缕析的话，那么对应的就是教师知识基础中的所有框框，如表5-2所示。

表5-2 "卖关子"型教师的附带觉知框架

	"卖关子"型教师
课程观	预设为主（对学科知识很有把握，有丰富的经验库，认为一切尽量在控制之中才是好的教学和教师）
备课过程	精心设计内容丰富完备、步骤详细精确的教案，大量查阅学科相关知识，力图万无一失
课程实施	尽量按照设计好的步骤完成，否则有失败感；对学生给出的"意外"回答不做或少做评价，尽量往"标准答案"上拉
时间感	上课时有时间焦虑，对每个教学步骤的时间都希望按照计划走。课堂看起来较紧凑，流程清楚，但对于学生的发挥教师所给的时间和心理余地不大
知识观	知识应是规律化的、经典中固有的；教学应以知识传承为主；具体的教学步骤以行为主义为主，也有建构主义的部分
学生观	学生的知识图式不如教师丰富和全面，学生应该被教师的"关子"所吸引并被带到一个原不具备的高度

表5-2中所列的知识观、课程观与学生观等在实际的教学现场是交融在一起的，它们的融会与合力使得教师能朝着自己焦点觉知中的教育教学意象迈进。但孙鹏和李娟二人所实现的教育教学效果以及发挥的影响力又呈现出相当大的差异，这主要源于他们的成长环境、个人经历、自我同一性以及反思意识与能力的不同。

（二）典型态与极致态"卖关子"型教师对比

虽然孙鹏和李娟的教育教学观类似，但是二人在掌控课堂的方式和程度上显然存在差异，在个人专业发展的程度以及职业幸福感上也有相当大的距离。据此，我将李娟和孙鹏分别命名为典型态和极致态的"卖关子"型教师。

我们可以通过表5-3对李娟和孙鹏的教育背景、学科知识与教学知识以及职业生命状态等进行对比。

表5-3 典型态与极致态"卖关子"型教师对比

	典型态"卖关子"型教师（李娟）	极致态"卖关子"型教师（孙鹏）
教育背景	科班出身，有正规的训练，职后教育主要来自区、校的教研活动	草根出身，主要靠自学，大量学习本学科经典文献，坚持课余大量阅读哲学等相关学科书籍，吸取灵感
学科知识与教学知识	学科知识主要来自职前教育经历打下的良好基础；教学知识来自个人求学和教学经历以及学校同事，处于积累和成形阶段	丰富的、不断完善的学科知识图式，主要来自长期多方面的自我学习，通过大量教学笔记与系统个人反思形成学科教学贯通力
反思意识与能力	没有形成持续的反思习惯和相对独立的反思能力，满足于灵感一闪，缺乏个人有意识的系统的反思，因而在逆境中易气馁和迷茫	长期坚持及时反思课堂，对教学和自我都有充分的认识，反复总结强化形成个人的特色，系统整理和出版了个人教育教学理论专著
教育热情	激情容易烧起来，也容易冷下来	永葆激情，常有沉浸其中的创造的喜悦
自我同一性	喜欢当教师，自我职业定位是"追求优秀"，容易受环境影响而摇摆不定	天生就是当教师的，能当富有个人特色的特级教师，在各种不利环境中都能坚守自己的职业追求
职业生命状态	寻求教师角色与个人生活的平衡	学科化的生活，心甘情愿将自我融进大语文的境界中

从表5-3的分析我们可以看出，由于李娟、孙鹏二位老师在各自专业发展上的差距，作为一个完整的个体而言，李娟和孙鹏在自我同一性上、职业幸福感上呈现出巨大的差异。这并不是优秀教师与特级教师的外在头衔的区别，而主要是自身认同的差异。自我同一性在于

构成"我"生活的多种不同力量的汇聚，使"我"的自身完整协调、生机勃勃（帕尔默，2005：14）。坚强的自我同一性表现为能够检验感觉到的东西是否真实、使用的东西是否受其支配、对证明为必要的东西是否有所了解、对病态的东西是否可以克服，在集体自我中创造一种与别人相互强化的牢固关系并将本身的目的传递给下一代（埃里克森，1998：57）。孙鹏和李娟都做过特级教师或者学科带头人的徒弟，也都经历过不太顺利的环境，但他们对自己的专业发展定位却不同。相对于李娟而言，孙鹏对个人专业发展的追求更执着与坚韧，有着更深层次的使命感，也有着连生命都融于其中的快乐和幸福感。这样的差异无疑是值得教师教育的研究者关注的，也让我们清楚地看到教师的实践性知识与他们的生命状态是交织在一起的。

按照现存的研究分类倾向于将教师的教学风格按照学科中心、学生中心、社会中心这三个标准来划分，孙鹏、李娟二位老师的教学风格，如果简单地区分，可以归为学科中心的范畴，但实际上这样的划分是笼统而又偏差很大的。如李娟经常采用分组活动这个新课程推崇的教学环节，但效果却不佳，而孙鹏在课堂上几乎从不采用分组活动，他认为：

分组合作不好使，那是搞形式。要分组要有条件，学生学习态度要好，如果这个组有一两个态度不好的就落空了。而且讨论时什么意见都出来了，老师听不着。但总得有是非、高低吧？总得提炼吧？

放开了，老师控制不了，掌握不了。我们这课各种观点都亮出来了，不也是百花齐放吗？得有序、有主导地交流。放开？没好儿！

所以，虽然二人都坚信教学是知识的传承，希望课堂能朝着既定的教学目标走，但李娟的教学形式常常是建构主义的，如有很多的讨论、小组活动，但并没有真正实现个性化的教学，教学效果也欠佳；

孙鹏的教学形式是控制的、行为主义的，但实际上他经过多年的体察与反思加上细致入微的教案，也能实现建构主义的教学效果——让学生"最解渴的"的学习效果和个体发展。二人更核心的专业能力差异表现在反思的习惯与能力上，孙鹏对自己的特质有着充分的认识，并有意识地加以反思，不仅把反思成果融进自己的教学特色之中，还能系统总结并沉淀为可以传播的教师实践性知识。

"卖关子"型教师的故事为我们呈现了教师生动形象的行动中识知样态的一种模型，如果要全面认识教师实践性知识的动态机制，我们还需要更多的教师故事及对他们识知模态的认识与提炼。

"卖关子"型教师的自我形象通常是在前台的演员，而"无为"型教师常常将自己比作舞台的背景；"卖关子"型教师强调传统与经典的传承，而"无为"型教师相信知识是一种共同的探究；"卖关子"型教师对于学生常常具有士大夫般的教导激情，而"无为"型教师更倾向于看学生自身潜质的自然生长。对于下面两个"无为"型教师的案例，经过几年的观察与访谈，我心中跃然而出的是"静水流深""上善若水"这样与"水"有关的字眼。她们在课堂内外很多场景中，正体现了那种润物细无声、无为而治的境界。

一、自认为"杵"的孔慧的"无为"之境

孔慧是北京市一所普通中学的初中语文教师，有 16 年教龄，在学校担任初中实验班的班主任。她也是我们"教师实践性知识研究"课题组的成员，而且是她所在学校的课题组联络人。在前后共两年多的时间里，我们在她所在的学校追踪研究了 4 位教师（包括她在内），这

都得益于她的细致周到和良好的人际关系。她多次谈到参加课题的愉悦感，这也是我们能建立信任关系并进行深度研究的一个主要原因。

（一）孔慧的焦点觉知——"我很杵，但我有灵敏的学习触角"

孔慧是学校里的骨干教师，从学校让她当初中实验班的班主任就可以看出学校对她的信任。但她不是一个爱写东西的人，也不像已经有 30 多年教龄的孙鹏那样对自己的语文教学观有充分的反思和著述，所以相对而言，孔慧在实践中的教学观似乎更加难以捕捉。因此，我们一起尝试了几种方法来"看"到她的教学思想。如利用她教授两个班的语文课的便利，观察她在两个班上教授同一教学内容会有什么不同，然后在课后马上进行访谈，问她为什么会在两个班采取不同的做法。这样的研究课我一共听了六节，得到了很多有价值的资料。

另外我还让她做了一个关于教学观念的问卷，从中得到了更加明确的信息。几次深度访谈也让我了解了她内心的种种挣扎和从教以来的心路历程。然而，实际上最能真实地反映她的教学观的是我们在课堂内外的接触，以及她对一些突发事件的处理方式。孔慧的实践性知识的焦点觉知或者说她所认同的自我体现在以下两个方面。

1. "学习知识就是一种共同的探究"

孔慧的知识观可以从课堂、办公室、课题会等各个场景中看出并互相验证，虽然她在访谈中不能像特级教师那样系统地说出自己的知识观，但在不经意间却流露出很多相关的信息。

孔慧的课堂以生成性为主，她喜欢从各个渠道去收集与课文有关的信息，然后理出一个大致的框架。这里的各个渠道包括各种版本的教学参考书、教研员提供的材料、网络上各种版本的相关课件、报纸、杂志，甚至还包括来自她的儿子以及她儿子的语文老师的信息。只有在找到了很多相关资料之后，她才会对课堂教学整理出一个大致的顺序。但具体课堂会是什么样，必须在现场才能显现出来。这就是她平常课的样态，即使有一次来自香港中文大学的三十几个人要听她的课，她还是按照自己的惯常模式来准备了这堂课，甚至没有给来听课的人发一个有教学目标与教学设计的教案。在这堂公开课后我马上对她进行了访谈，她说：

　　准备过程还是有的，看一箩筐的东西，看这个看那个，都看完之后，实际上这节课我能捋出来一个顺序。但是呢，这个顺序呢，不到这个场我就出不来，就是大概齐是个什么东西，然后进去之后才能觉得，哦，原来是这么个样，要看学生的动态嘛！

　　孔慧还给我看了她看的那"一箩筐"的东西，有四个电子文档，除了常规的教学参考书上的资料，还有她在网上找到的特级教师的课件。她甚至还看完了这位特级教师的录像课，但最终她几乎一点也没有借鉴这位特级教师的教学设计。还有一个台湾教师做的关于同一篇古文的课件，也有她自己准备的课件——背景极具中国古典特色、内容非常翔实。但她所准备的这"一箩筐"的东西在课堂上居然一个也没被用到。由于这堂课充分反映了孔慧的典型课堂场景，所以后面将单独介绍这堂课的详情。

　　孔慧在课堂上表现出来的行动决策及其所营造出来的氛围，与她在教学观的问卷中的选择是高度一致的。孔慧在问卷中所选的相关内容如下：

　　● 课堂就是构建学习共同体；相信学生的潜能，营造让学生愿意发展并努力发展的心理场，激发所有人使尽浑身解数去发挥。

　　● 喜欢惊喜、不确定性和冒险性；沉稳，沉得住气；打开闸门，让它流出来，是什么形态就是什么形态。

　　● 教师应是舞台的背景，应将学生推到前台，自己做一个低调的协助者。

● 关注个性差异，希望学生能够建构出不同的、更有个性特征的、更能持续发展的知识图式。

孔慧对我们"教师实践性知识研究"课题的参与也在一定程度上佐证了她的探究性知识观。

这是第一次参加（校外）课题，反正就觉得很规范，有一种骄傲（感）。因为学校以前也会搞课题，轰轰烈烈的，老师们跟着就获奖啊什么的，但我就觉得实际的这个过程中大家并没有真的进行研究。当然，咱们这个课题很多时候大家也没有什么成形的东西，一个人说一个看法，画一个图，画那种重叠的图。看这个的时候，实际上就是大家都在摸索，我想这规范的（研究）该是这样的吧！

孔慧不仅在理智上认同这样的一种探究性的知识建构，在情感上她也一再表示了在繁忙的一天之后来参加课题会议的那种愉悦。

每次去参加会议的时候感觉很开心，下午开会好几个小时也好，哪怕晚上九点多了也好，并没有说这是苦事儿，还是很喜欢。我还是挺喜欢自己独处的时候，晚上九点多了开完会回去，坐在车上，就是很舒服、很愉悦。

孔慧对课堂的生成性的认同甚至到了近乎顽固的地步。她说有一次她做了一节公开课，得到了一致的好评。校长让她带班去做录像课，可以作为评高级职称的一个重要条件，但是她却选择了不去，因此浪费了学校的一个评高级职称的名额。

做课是这样，你会有一个试验，但是实际上我还是更喜欢我自己课堂上蹦出来的那些东西。所以我曾经干过那事儿，学校给机会让我出去做录像课，这录像课就是在学校上完课了，然后带 25 个学生去，再重讲一遍。实际上学生都听过一遍，然后再重讲一遍，我觉得特别没劲，但这是学校给的一个机会，算区里的公开课。但是我没去，就是因为我觉得这个过程很没劲，觉得是在重复那个东西。

在观察孔慧上课时，我发现备好的课在不同班级场域中会发生很大的变化，这可以说明她的课堂认识是根据不同班级的现场环境生成的。现场环境包括学生的知识背景、学习能力等智力因素，也包括学生与教师的情感、学生的个性特征等非智力因素。这些因素中有很多不确定性，难以控制和预设。"卖关子"型教师会对这些不可控因素非常警惕，如孙鹏认为自己的课堂没有突发事件，常有亮点，而孔慧却是难以克制地喜欢"课堂冒险"——"打开闸门，让它流出来，是什么形态就是什么形态"。

孔慧与崇尚经典的孙鹏有着明显的不同，她并不认为对经典的解读就是唯一的。孙鹏认为素质教育与应试教育可以双赢，而孔慧对此却感到很纠结。

考试嘛，有些东西就是死的，就像回答问题，让发表感想，我觉得这么想怎么不行啊，但考试时这么想不行，必须得尊重文本，从文本中产生一些感悟，不见得是学生真正感悟到了，但必须扣着主题，说一些言不由衷的话，必须得这样才能得分。出题者这么问可能是希望学生有一种大的主题的感悟，但学生真正读文章的时候他那种切身的感悟可能到不了这儿，但是没有办法，必须得说些冠冕堂皇的话才能拿得到分。

"卖关子"型教师通常对自己的学科知识图式有极大的信心，在课堂上甚至表现出一种霸道的"跟我来"的样式，而孔慧却采用了一种低姿态的邀请，是"让我们一起去吧"。

孔慧对评职称有两种态度：一是无所谓，她在物质和精神上都不太需要这种外在的认可；二是觉得自己不够好，而评上高级职称的人也不见得就真的在教学水平上是"高级"的。这恐怕也是"无为"型教师的一个"通病"，喜欢独处，保留个人的空间，不愿意因为出头太多而被打扰。但他们很在乎学生的评价，很在乎自己的课堂内外的愉悦感，有时也难免感到难以突破自己的专业发展瓶颈，所以她几次说到别人在往上走，而自己在停滞，也有忧虑。

2. "我很杵，所以有向学生学习的心"

孔慧不是汉族人，她的母语其实也不是汉语。在访谈中，她用了一个很有趣的词来形容自己，那就是"杵"，她的意思是自己在语文教学专业方面基础不好，属于比较愚钝和笨拙的。

一直觉得自己的专业知识不是很好，在大学学习中文，大一说普通话还要在心里打底稿。在大学时补考过一门，后来看到别人还有没毕业的，自己也就得到了心理安慰。大学毕业后在厂办工作，不想做老师，偶然一次学校缺政治老师，就被叫去教政治，后来又改教语文。1992年到北京，被安排在一个据说很差的学校，那里的学生大多来自城南的老胡同，在那里教了几年，一直和差生打交道。

孔慧总说知道自己的弱点在哪儿，但实际上在这两年多的接触中我发现她有极其敏锐的学习触角，她在备课的过程中会从各种渠道寻找资源，不仅是教研员、专家教师，还有她自己的儿子（因为跟学生年龄相仿），这跟她自己的低姿态是有很大关系的。她能从原来在全区排名垫底的学校进到一个排名中等水平的学校，而且经过自己的努力还成了实验班的班主任，这也说明她得到了学校领导和同事的认可。孔慧的这种学习的触角在各种场合中得到了体现和肯定。

1999 年到附中面试，在上课前发现有几个同学要去参加粉笔画比赛，在讲课结束时，我让这几个学生凭自己的想象在黑板上画课文中提到的山，听课的校长当场就表示录用我。

……

一次被学校推荐去参加教学基本功大赛，我知道自己专业不好，我就是这样了，改变不了了。讲课比赛之后，就不愿去参加笔试了，因为我觉得另外一个教师讲得非常好，分数也高。但是在教研组组长的鼓励下去参加了笔试，结果拿了奖。

……

我来参加课题组不说任何的东西也觉得很高兴，因为我可以看到北大的人是怎么样的。而且你们来听我的课，我也可以从第三者的角度来看自己的课。比如说你们问一些问题，我就想既然你们对这个有疑问，那学生也和你们一样坐在那里，是否也会有类似的问题呢？

孔慧的一个突出特点是将心比心，这既包括自己有过当"差生"的切身体会，也包括总是从一个母亲的角度来看学生。由于孔慧的儿子和学生的年龄相仿，她经常会向儿子请教，以便了解这个年龄孩子的认知能力和情感反应。她说因为自己的基础不好所以有向学生学习的心，这样的学习的心使她能在课堂里表现出一种等待、倾听与欣赏的姿态，这种安全宽容的氛围也激发出了学生极大的参与热情，与教师之间形成良好互动，也给了教师一种自我效能感。她认为教师处理人际关系的能力非常重要，教师要注意和学生建立私交，让那些所谓的差生觉得他自己是很讲义气的。

当这些学生做了什么不对的事，我有时会故意透露出一种失望，让学生自己觉得他原本是可以做好的。学生之所以极端是因为教师极端策略的激化，我不爱说教，愿意用行动来表达。重要的是建立学生的自信。学习好不是全部，心理健康很重要。学生成绩上有差异，但是成绩和成就不成正比，老师不能完全改变他的人生，只能起一些作用。孩子的前途决定于家长怎么经营，老师的作用不及家长。

孔慧与前面"卖关子"型教师案例中的李娟合作，分别担任两个初中实验班的班主任，同时也是两个班的科任老师，而且二人也是非常好的朋友。她们常常互相听课交流，孔慧告诉我当学生出现问题的时候，她和李娟会有迥然不同的应对方式。孔慧还在反复掂量该如何指出学生的问题的时候，李娟直接就和学生谈话了。孔慧的这种等待、倾听和学习的心态以及对教师角色的定位是她个人实践性知识的一个突出特点。虽然孔慧认为李娟的方式往往更加高效，但根植在她的个性和成长经历中的为人处世方式总是自然而然地呈现在课堂内外。下文会专门呈现孔慧的典型教育教学场景，并对此加以深层的剖析。

（二）孔慧的身体化语文——"示弱"与"怀柔"

一走进孔慧的课堂，扑面而来的课堂氛围是轻松活跃的，学生争先恐后地发言，甚至在一些课堂活动中还可以走动，那种安全感和参与的热情令人印象深刻。孔慧的形象温柔秀丽，做事干练妥帖，她是我们课题组在她所在学校的联络人，我们在她学校还跟踪研究了3位老师，所有听课的事宜都是她安排的。其实这并不是简单的事，但我们每次看见的她都是一副笑意盈盈、随时效劳而又总是觉得没有帮上忙的谦卑姿态。这也是她在学生面前的惯常姿态，用两个词来概括就是"示弱"与"怀柔"，这表现在课堂内外对学生的一种包容、期待与欣赏里，也表现在她处理课堂意外的艺术里。这样的姿态与她所追求的充满知识探究的愉悦感的课堂可以说是相得益彰的，或者说这就是孔慧教学观的身体化表现。以下是三个小场景，可以让我们直观地看到孔慧的身体化实践性知识。

1. "男子汉之争"

这是关于课堂意外事件处理的故事。在学习《我们家的男子汉》的课文时，孔慧让女生说她们心目中的男子汉是什么样的。学生空前活跃，女生虽不无羞涩，但也一个接一个站起来说了自己的看法。但接着课堂上出现了一个意外，男生任××突然趴在课桌上哭了起来。这下子有起哄的，还有一女生自告奋勇地站起来说"老师我去劝劝任××吧"。在这当口，孔慧突然问："咱们是男子汉啊，想想男子汉都有什么标准，有爱哭这条吗？"然后学生发表了各种意见。孔慧接着问："男儿有泪不轻弹，下句是什么？——只因未到伤心处。哭也还是男子汉！送给任××。任××感情很丰富。"一会儿任××不哭了，也说了他的想法。

孔慧对这一意外的处理自然、顺畅，将其直接与课堂教学内容联系起来。她反复提到的"从学生的角度出发"与她对课堂意外的处理显然是高度一致的，让我们可以看到什么是"无为"型教师建立在理解与尊重基础上的低姿态。由此，自然而然地，师生间的心灵和情感开始互动，一种流动不居而又生机勃勃的课堂秩序逐渐生成。

2. 与挨打的孩子的通话

除了课堂，孔慧的办公室似乎也是一个吸引学生的强磁场，每次我们去听课的课间基本都待在孔慧办公室，每次都会有一些学生进来没话找话，或者在门口探头探脑。我在她的办公室经历了两件难忘的小事，从这两件小事可以对孔慧示弱与怀柔的身体化知识窥见一斑。

有一次我在她办公室访谈的时候有学生打电话来，这个学生因为考试考砸了没来上学。我记下了孔慧的一段话，非常温柔的声音：

——那你怎么想着不来呀？

……

——嗯，那可以。没关系，我给你一天假，但不是白给。自己好好想想。不只是爸爸不满意，你自己也不满意，是吧？你的成绩怎么跟班里表现这么不一样，你好好想想。等你来了以后我也跟你谈谈。

……

——那你今天不来，爸爸没有特别对待你吧？打哪儿了？打屁股啊？

……

3. 办公室的西河大鼓表演

还有一次是在课间的时候办公室进来两个初一的女孩，其中一个向孔慧推荐另一个女孩新学的一项才艺——唱西河大鼓，而且一定要当场表演一下。我不记得孔慧说了什么，但她微微弯下腰来、专注地看着那个女孩表演的样子深深地感动了我。

在那两分钟里，她的眼里只有那个女孩。

（三）孔慧的典型课堂——师生欢然探险之旅

孔慧在课堂上通常是低调的、包容的、沉静的、温婉的，而学生通常是跃跃欲试的，教师是舞台的背景，协助将学生推到前台，营造出丰富的学习场，具有话轮的多样化与知识的创生性。

1. 记孔慧的一堂课

孔慧的这堂课充分体现了她的惯常教学风格，如她在问卷调查中所选择的，课堂充满了不确定性和惊喜，也充满了一种让我感佩的教学勇气。

（1）备课中的痛苦——如何让学生从"景物"领悟到"情怀"

这篇课文是苏轼的《记承天寺夜游》，为了便于理解，先将课文摘录如下。

记承天寺夜游

苏轼

元丰六年十月十二日夜，解衣欲睡，月色入户，欣然起行。念无与为乐者，遂至承天寺寻张怀民。怀民亦未寝，相与步于中庭。庭下如积水空明，水中藻荇交横，盖竹柏影也。何夜无月？何处无竹柏？但少闲人如吾两人者耳！

孔慧的这堂课算是一节公开课，因为学校告诉她会有香港来的访问人员听课，而且由于人太多把上课地点改到了多功能厅。就这篇文章的赏析，孔慧收集了丰富的资料和课件，包括教研组提供的学案、网上找到的特级教师的课件和录像、台湾的语文老师做的课件等。但在准备这堂课时孔慧是极为挣扎和痛苦的，甚至还打电话向我诉说了半个多小时。在我对几位语文教师进行访谈时，他们都提到了一句话——王国维的"一切景语皆情语"。孔慧也在她准备的课件中专门用一张幻灯片打出了这句话，以提示学生这是赏析中国古典文学的一把金钥匙。让她忧虑的是如何让初中学生理解人到中年、屡遭贬谪甚至在狱中险些丧生的苏轼的旷达情怀。在课后的访谈中孔慧说：

对于初中学生就应该是首先从字面上一字一句解释，至于领悟苏东坡的那种旷达的情怀，我觉得那挺难的。那会儿备课的时候我就说，我觉得让学生看景物然后说那种旷达的情怀，怎么从这儿到这儿，让学生自个儿说出来，我觉得设计这个挺痛苦的。对现在的初中孩子来说这绝对是个难点，他很难体会到说——被贬谪，然后还能有这种旷达的情怀？就学生的人生体验，这个东西绝对是特别难（理解）的。

今天我一直在想，早上来的时候，吃饭时还跟一个同事讲："我说这'闲人'我们怎么去理解?"

（2）教学流程及课堂对话摘录

一堂课的时间虽然只有 45 分钟，但实际上发生的一切是极为丰富、微妙和难以厘清的。好在我已经有了关于教师实践性知识的一些基本关注点，我将围绕孔慧的语文教学意象和身体化的教学将这堂课的主要流程用表 6-1 呈现出来，并附上我的观课点评。

表 6-1 孔慧典型课堂教学流程及观课点评

教学步骤	教学内容与教学目标	花费时间	师生对话摘录	我的点评（基于现场观察及课后访谈）
导入	1. 从原有知识进入，引出本课主题。 2. 勾起学生的联想和探究的兴趣。	1分钟	师：以前学过苏轼的"但愿人长久，千里共婵娟"——月夜抒怀，今天学的是——（学生说出课文题目），那夜夜都有月亮吗？ 生：不一定。 师：那我们看看吧。	通过"夜夜都有月亮吗"既为后面的难点埋下伏笔，也引起了学生的兴趣。
读一读 1. 孔先读。 2. 学生读。 3. 抽读。 4. 对字音和断句进行点评。	1. 读准字音，读出节奏。落实断句问题。 2. 结合课下注释和工具书疏通文义。	5分钟	师：现在请××读！（叫一男生读，其声音比较低沉）好！非常好啊！能够感觉到感情在起伏。老师在听他读的时候有一种苍凉感，（学生笑，孔慧学着那个男生的语气重复）"但少闲人如吾两人者耳！"那我们一会儿看看他的体会和苏轼是不是一样的啊！	用"苍凉感"这一点评继续为后面的赏析做铺垫。

教学步骤	教学内容与教学目标	花费时间	师生对话摘录	我的点评（基于现场观察及课后访谈）
解释字词 1. 学生查字典（10分钟）。 2. 老师提问（3分钟）。	户、念、欣然、寝、庭、遂、空明、盖、但、耳。	13分钟	**师**：好，谁还查了另外的? **生**：我查了，我觉得这是我发现的。 **师**：好!（点一个男生）"盖"是"原来是"—— **生**：（全体笑）我们以前学的那个《狼》——	让学生先说自己查了什么字，在涵盖了大半目标字词时继续鼓励学生，也调动全班气氛。
翻译句子 先由学生翻译，互相补充，然后教师用课件出示标准翻译。	1. 念无与为乐者。 2. 庭下如积水空明。 3. 水中藻荇交横，盖竹柏影也。 4. 但少闲人如吾两人者耳。	3分钟	（一个女生翻译句子时出现了好多"那个""然后"的口头禅。） **师**（笑着说）：那么多"然后"和"那个"还写吗? （全班同学笑了，那个女生也笑了。） **师**：谢谢! 请坐。	语言简练干净是语文教学中的一个要点，孔慧通过幽默的提醒达到了较好的效果。礼貌用语颇多也是孔慧"怀柔"的一个表现。
赏析 1. 月色之空明。 2. 竹柏喻。 3. "闲人"的含义。	**目标**：让学生理解苏轼虽遭文字狱被贬官，却借自然美景来消解内心的孤独，并表达他坦荡、旷达的胸怀。	23分钟（包括下一部分表格所呈现的内容在内）	**师**：我们说今天读的课文一看标题就知道是游记是吧，但他要表达的思想感情是什么呢? 这是老师今天想让大家感悟到的。这是今天这堂课的难点，这么一个难点看我们怎么解决啊。我们直接从那个问题说起吧，"何夜无月"，作者为什么要说这样的话? **生**（小声说）：凑字儿呢。 （孔慧大笑起来，同学们也都笑了。）	从课堂随后的发展来看，这句"凑字儿呢"成了一个转折点。此前总的来说不如孔慧平时上课来得轻松自如，而这句话成了一个突破口。

访谈中孔慧说"凑字儿呢"这句话成了一个突破口，让大家都回复到了平时的状态，当代初中生的语文学习与写作体验在这里终于自然地表露出来，虽然表面看来与古代文豪苏轼之间隔着千山万水，但孔慧却看到了让学生理解文字后面的意义的契机。由于赏析部分时间最长，内容难以在表格里呈现，我将里面的重点对话摘录在下面并附上我的点评（表6-2）。

表6-2　师生对话摘录与观课点评

课文赏析部分师生对话摘录	我的点评
师：文章结构共三段，第一段是记叙，第二段写景，第三段是议论抒情，那有人说是为了凑字儿？——肯定不是。那为什么作者要说"何夜无月"，哪天都有月亮，符合现实生活的实际吗？不符合呀。这个文学大家怎么犯这样的一个错误啊？ （学生发出轻笑声，显然兴趣被激发起来了。） **师**：是不是一个问题啊？显然要体会这篇文章的感情是一个难点。那我们把这个问题放在这儿，我们从文章开头说起。 （出示幻灯片"助读资料1"，讲苏轼被贬的背景。） **师**："月色入户，欣然起行"，你们有没有疑问呢？月色照进来就要高兴地起来走来走去，你们想到什么呢？ 生1：好长时间没见到月亮了。 生2：对月亮很有感情。	1. 孔慧将体会作者感情放在焦点位置并悬置，激发学生的求知欲。 2. 初中学生的日常体验就是写作文时艰难"凑字儿"的硬抒情。 3. 即使读了写作背景，学生仍然难以理解苏轼的情感与月夜的关系。
师：还有呢？"念无与为乐者"，知己太少，"遂"这个字就能告诉我们这一点，就张怀民那么一个人。 （出示"助读资料2"：张怀民1083年被贬黄州，初寓居承天寺。张怀民虽屈居主簿之类的小官，但心胸坦然，绝不挂怀于贬谪之事。公务之暇，他以山水怡情悦性，处逆境而无悲戚之容，是位品格清高超逸的人。） **师**：我们说物以类聚、人以群分，苏轼找张怀民，说明他也有和张一样的情怀吧！那我们来看文本——"亦未寝"，也是一个被贬之人。	孔慧的第二份"助读资料"是一个很重要的台阶，通过张怀民寄情山水、"品格清高超逸"等进一步提示景与情之间的联系。

课文赏析部分师生对话摘录	我的点评
师：有了这样的一个前提，那么再来看看对月色的赏析。这么简短的一篇文章，总共才80多个字—— **生**：太少了。 **师**：那我们现在还来这么品读它，肯定有它独到的地方，会是什么呢？	再次突出"文本"的价值与意义，凸显其在探究性学习的共同体中所处的"中心地位"。
(出示幻灯片"品一品"——"庭下如积水空明，水中藻荇交横，盖竹柏影也"。先讲了去掉"如"字所带来的影响，突出了比喻的用法。) **师**：我们把这句改一改，"水中藻荇交横，盖竹柏影也"改成"竹柏影如水中藻荇交横"，怎么样呢？ **生**：原文先说的是水藻，然后说水藻交横原来是那什么竹柏的影子。改了的话，是先说的竹柏影子，就没有给人一种——嗯，突然你"啪"一想这么一个意境。 **师**："'啪'一想"是什么样的？ **生**：嗯，直接说出影子就没有原文那样的美的感觉。 **师**：你是这么想的，那你是说苏轼是为了卖关子，是吧？还是他不是在卖关子，就是他本人的一个认识？（另一女生要发言）那你说。 **生**：苏轼是先交代想象的，然后再交代真实的，给人留下很特殊的印象。	1. 虽然孔慧说这次的教学设计很痛苦，但这一段的确是神来之笔。通过对文中两个比喻的颠覆，孔慧将全班同学的探究引向高潮，形成了多方对话。 2. "'啪'一想"这个说法对后面引出"顿悟"是一个精彩的生成与建构。
师：那想象由何而来的呀？"藻荇交横"是由何而来的呀？——啊，是竹柏影! 那还是为了写什么？ **众生**：月色! **师**：那就是说还是因为有了前一句的比喻，"庭下如积水空明"。我们今天也经常说月色如水，但没有像苏轼这样精致，因为他并没有由此而止。由积水联想到了水中的藻荇，是不是很自然的想象啊？到了藻荇之后，作者完全融入了眼前的景致，结果突然间发现原来是"竹子和柏树的影子"。顿悟，是不是这样啊？突然间明白，恍然大悟。他本人的心境已经达到了什么程度？ **生**：澄净。	1. 这一段显然孔慧有点着急了，直接将学生拉回了对月色的赏析的轨道。 2. 孔慧的"顿悟"是对"景"的顿悟。

续表

课文赏析部分师生对话摘录	我的点评
师：真好！心境达到了那种澄净的程度了，所以完全融在眼下月光、月色之中。（很投入的语气）那你们想过为什么作者就写竹柏呢？（这时有同学举手要发表意见）哦，我们王××有问题。 **生：**把竹柏的影子比成水草，会不会是有点意味着朝廷不重用一个难得一见的人才？ **师：**你们怎么想？会有这个意思吗？那为什么是把竹柏的影子比作这个？你能说你的想法来源吗？ **生：**因为竹柏一般都是古代诗人自命清高的比喻，而水草都是生活在水里，然后，也不见天日。 **师：**天哪！老师备课的时候都没有想到这点，真不错啊！请坐。竹柏加上梅是岁寒三友，是吧？看资料苏轼还是个画家呢，他喜欢画竹子，竹子有什么？气节啊。而且松柏，有句话怎么说来着，"岁寒，然后知松柏之后凋也"。我觉得我们王××同学有自己的一个体会。真不错！老师都没有想到。我们王××同学应该可以和苏轼对话了啊！	1. 王××的顿悟超越了孔慧的"顿悟"，真正实现了从眼前的景致到作者的心境的跨越性理解。 2. 孔慧的妙处就在于面对超过了自己的学生没有丝毫的尴尬，而是毫不犹豫地、反复地惊叹，而且说出了一句很经典的评语——"可以和苏轼对话了"。

可以说，孔慧的这堂课在这里达到了高潮。她在课堂前半部分的多次"示弱"应该是邀请学生共同探究的一种姿态抑或技巧，但在此时此地她完全是情不自禁地示弱——惊叹"真不错！老师都没有想到。我们王××同学应该可以和苏轼对话了啊！"

如此，孔慧所追求的共同探究的、温暖安全的语文教学意象实现了。如此，王××冒出来的这段话终于打通了时空的隧道，一边是身处当代语文课堂的初中生，一边是千年之前沉浸在承天寺皎洁月色中的苏轼，他们之间通过多种维度、多向话轮的沟通达到了一种奇妙的视域融合。这一融合使得后面对"何夜无月"和"闲人"的赏析变得很顺畅。师生之间、师生与作者之间、当代与古代之间继续展开精彩对话与意义建构，最终解决了孔慧从备课开始就有的负担——让学生从"冰清玉洁、如诗如画的月世界"成功地领悟到了苏轼"光明磊落、胸无尘俗的襟怀"。

2. 师生相互建构及多方对话的学习共同体

在真正的共同体中，认知、教学和学习的过程看起来并不太像通用汽车的生产线，更像一个市民大会，不太像一个官僚机构，更像一个热闹的市集（帕尔默，2005：102）。

我们可以把帕尔默的客观主义认知图稍加修改，看到人们通常头脑里关于课堂知识传授的图示（图6-1），这就是一种线性和静态的共同体。

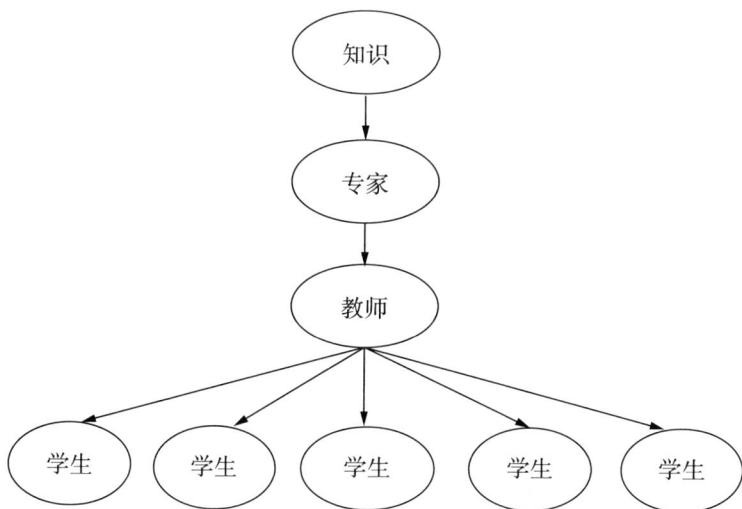

图6-1 线性、静态的学习共同体

而真正的学习共同体，如帕尔默所说，不是线性的、静态的，而是圆形的、互动的和动态的。"伟大事物"居于中心地位，认知者平等地围坐在周围，相互对话，通过各种方式接近"伟大事物"，从而形成一种真正的学习共同体。

孔慧的课堂就类似这样的共同体，师生在课堂展开各种形式的沟通，分享各自的观察和解读，互相纠正和补充。之所以能形成这样的共同体，首先是因为师生都一致关注那个认识对象，它不是一个客观的、只有专家才能得到并通过教师来传授的"知识"，而是一个具有其自身生命力和完整性的"伟大事物"，是能和我们发展关系的主体，这也就是帕尔默所说的"伟大事物坐中央"。

对于孔慧的语文教学来说，"伟大事物"通常是文本，但有时也是一个爱哭的男生，或者更让人惊喜的时候，就是在那个暗流涌动的探究过程中一个聪颖的学生在那关键时刻的"顿悟"。其实这一切对教师而言都是相通的，正如孔慧对学生各种"燃点"的开放和接纳，所以她对文本也有一种敬畏与热爱相交织的情感。孔慧认为文本本身的美感最好不要用一些分析的框框去破坏，甚至连图片也不要用，因为这会限制读者对语言所描述的意境的丰富想象，而且，学习的过程就是一种丰富人生体验的过程。

那天讲到《从百草园到三味书屋》的时候，我觉得特美。结果，啪，百草园那个图出来的时候，我说，哎呀，特失望！就是那种感觉，那个美感就全都给它弄没了。其实我们不用看那个百草园是什么样，我们讲到鲁迅写的百草园多美呀。其实我觉得有的时候出示的东西会破坏孩子的思维。因为有些东西是在脑子里想象会更美。应该是可以肯定他们的差异，有些孩子想得多、见得多，他想象得可能会更丰厚。

你学好语文，你看很多东西，确实就像有人说的，你能活好几辈子。跟着小说中的人物啊，你的人生变得比较厚实、丰厚了，而且会让人的感情也更丰富。我觉得文学作品就是应该能起到这个作用。

正是因为孔慧所认同的语文教学观在背后起作用，她从一开始就将文本赏析以适合初中生认知情感的方式加以悬置，并在读课文、讲字词和翻译句子等各个环节巧妙地层层铺垫，然后，她反复用"这么一个难点看我们怎么解决啊"奠定了一个学习共同体的基调。最后师生之间、师生与文本之间展开双向、多向的多轮对话，精彩地破解了苏轼的心语，在当代初中生与宋代诗人苏轼之间那个巨大的认知鸿沟上搭起了一座彩虹桥。

"一切景语皆情语"——这是所有语文教师都要反复强调的赏析中国古典文学的一把金钥匙，这个教学案例可以说使学生甚至教师都对此有了更深刻的体悟，堪称经典。

需要指出的一点是，帕尔默所认为的真正共同体将教师完全置于和学生同等的"求知者"的地位，但实际上，在中学教学的情境中，教师作为一个远比学生成熟且有专业训练储备的成人，他/她所起的作用是不能和学生等同的。从孔慧的课堂来看，她显然处于一个主导的地位，但她对主导地位的把握充满了悖论式的张力，既高于学生，又与学生平等，有时还和学生之间来回碰撞，生成了精彩的火花。

（四）孔慧的识知艺术——"为"与"不为"之间的生成妙境

这堂课让我们看到了孔慧的一种识知艺术或教学风格，综合体现了她那身体化的实践性知识——"怀柔""示弱""向学生学习的心"。更有意思的是，我们可以从中看到孔慧在行动中识知的机智，体会"为"与"不为"之间的张力，找到孔慧在教学观问卷中所选择的那种充满不确定性和冒险性的课堂生成的脉络。

表6-3对孔慧的"为"与"不为"在教育教学方面的具体表现做了一个总结，然后我结合老子的"无之以为用"的哲学思想进行阐释。

表 6-3 孔慧的"为"与"不为"

	为	不为
外围式备课	1. 上网找资料（如台湾的课件）。 2. 看特级教师的课件和录像。 3. 跟同事讨论。 4. 找教研组要资料。 5. 打电话和我讨论半个多小时。 6. 找背景音乐与相关图片。 7. 准备几种开场白。 8. 做内容翔实的课件（包括教学步骤、教学内容、助读资料等）。	1. 不采纳特级教师的设计，因为是高中的，不符合自己的风格。 2. 不用教研组给的学案，因为不适合初中学生。 3. 不用背景音乐，因为文章太短，而且音乐也不太合适。 4. 不用漂亮的开场白，因为不适合自己。 5. 不用大部分课件，因为更关注现场发挥。
课堂生成的张力	1. 突出本节课的重点和难点，在每一个教学环节都设法进行烘托，调动起学生探究的兴趣。 2. 通过苏轼的写作背景、好友张怀民的人品和情怀、品一品等教学设计一步一步搭台阶。 3. 敏锐观察学生动态，了解学生的认知差距，寻找突破口。 4. 不断用鼓励、表扬和欣赏的话营造安全、活跃的探究氛围。 5. 慧眼识珠，大力推崇学生独到的见解。并以此为契机推进难点的解决。	1. 不用流行的篇章分析法或专家的讲法，保持对文本的敬畏之心，并尊重自己内心的声音。 2. 不将专家解读强加给学生，让学生与经典进行对话，自行生成，互相建构。 3. 不直接给出答案，让学生自行寻找；不按自己的顺序走，而是在与学生的对话中寻找突破口。 4. 不执着于自己的想法，打开心灵和耳朵，倾听学生的不同意见。

为了更清楚地看到这种"为"与"不为"之间的生成妙境，我们需要回到老子的"虚无为用"的思想，下面这一段来自《道德经》的引文经常被人称为"碗壁之喻"。

三十辐，共一毂，当其无，有车之用。埏埴以为器，当其无，有器之用。凿户牖以为室，当其无，有室之用。故有之以为利，无之以为用。

这一段话的妙处在于"无之以为用"。譬如一个碗，我们常常认为所谓的碗就是实的碗壁，其实不然。一个完整的碗是由实的碗壁和碗中的虚无部分共同组成的，实的碗壁提供了有形的基础，而真正起作用的正是碗中的虚无部分。在老子看来，这虚无部分远比实的碗壁要重要。实是虚有用的条件，而真正发挥作用的还是虚无的部分。正是这种有无结合而以虚无为用的观点奠定了老子的无为思想的基础。对于孔慧而言，所为的部分犹如碗壁，不为的部分才是真正给教学留出的空间，正是在这虚无的、隐形的境界里，文本、原文作者、教师、学生的思想与心灵交汇碰撞，有无穷的生成之妙。

二、英语名师秦云的"水到渠成"

上面的案例中对"无为"型教师的总体特征进行了探究与分析，但事实上，孔慧开始感觉到自己的专业发展进入了一个瓶颈期。下面案例中的秦云的识知类型总体而言也属于"无为"型，但作为特级教师，秦云的专业发展似乎从未有枯竭感。我们将通过下面的案例来对比处于不同专业发展阶段的"无为"型教师，即对比典型态与极致态的"无为"型教师。

秦云是北京市一所重点中学的高中英语教师，是英语特级教师。她40多岁，是北京市学科骨干教师。她的课堂如同她优雅自然的外貌，呈现出行云流水式的恬然与青青草地般的生气。

（一）秦云的识知艺术——涓涓细流、水到渠成

走进秦云的课堂，都是在清晨第一节课的时候。8 点 10 分正式上课，但距 8 点还差一点时课堂就静悄悄的了，学生都在做练习题或模拟卷。秦云往往是 8 点 5 分踏进教室，面带微笑。她清丽高挑，或穿红色毛衣或穿红色的中式棉袄，给人很舒服的感觉，脖子上还常挂着一串钥匙。秦云总的形象就是低调，涓涓流水般。在课堂上或访谈时也没有太多激动人心的事情，但她那种天生的禀赋和细水长流的韧劲让人难忘。

在孔慧和李娟所在的普通中学里听课与在秦云所在的这所全国闻名的重点中学里听课有明显的不同。在普通中学，进课堂前，在楼道里就感觉熙熙攘攘的，虽然学生并不认识我，但看我也像老师，不断向我鞠躬问候。而在这所重点中学里学生很少理会外来者，楼道里也不会有太多喧嚷。而秦云还没进课堂，学习就已经井然有序地开始了。所以走进秦云的英语课，总是有一种回到 10 年前的大学英语课堂的感觉，而的确，现在的高中英语课标的高级水平已经相当于 10 年前的大学英语水平。秦云所开设的几门全校选修课，如英语报刊阅读，是 10 年前大学英语专业才会有的课。要开设这些校本课程，必须由教师自己设计所有的教学大纲，编写适合学生水平的教材，还要跟上国内外最新的时事报道词汇与文体风格，这是一所普通大学的英语教师都难以完成的工作。

虽然身为特级教师和北京市骨干教师，但低调的秦云不怎么炫耀自己的教学水平。从她在课堂上展现的出色的英语水平，到她所开设的全校选修课，你可以马上判断出这是一位有极高学养的中学英语教师。"学养高"一词是我在访谈该校一名 30 出头的青年教师时听来的，那位男语文教师从一所普通校调进这所名校，最大的感触就是："学生对老师的信任和尊敬从哪儿来？一定是学养高。自己的教学要过硬，

无论是和善的还是严厉的性格，只要学养高，都会得到学生的认可。有些学生即使被这样的老师骂得狗血淋头，也不会埋怨，也会感激老师。"

秦云在访谈中从未提及过职业认同上的波折，从大学毕业进入一所省级重点中学到调入京城的名校似乎都很自然。甚至连评上特级教师的事她也是轻描淡写，而当年她评特级是千分之一的比例，从所有学科教师中产生一个。

成特级教师是水到渠成的事情，没有刻意去追求，就是比较认真。作为一个老师，珍惜和学生三年的缘分，很负责任。我的材料报上去，大家看了就觉得可以了，也没有什么。作为特级教师有一点压力，但也不是（追求）极其完美，做不了就不做。

低调的秦云谈到教学和学生时却表现出难得一见的激动，用了很多个"喜欢"或"很喜欢"。

我很喜欢孩子，只要不累得喘不过气来都是喜欢。也有累得喘不过气来的时候啊！当班主任，我也长时间喜欢跟学生交流，也会有情感被伤害的时候，但事后一想，孩子嘛，真正坏的还没有。

与典型态"无为"型的孔慧相似，秦云面对学生也表现出一种示弱和怀柔的姿态。每次上课秦云都要叫一个胖乎乎的男孩上来帮她调整电脑，有时是课前，有时是课中。她会用英文对那个男孩说："John, this doesn't work so well."。（约翰，这个东西又不太正常了。）男孩总是一摇一摆大踏步上前，几秒钟搞定，然后雄赳赳地走回来。从这可以窥见学生对秦云的尊敬和喜爱之情。这也是因为秦云有对他们既严要求又设身处地为他们着想的爱。

出发点要好，要人道，让学生做什么就想象自己的孩子能不能做到，你自己能不能做到。如果有的学生看起来不尊重你，哪怕真的跟你作对了，但也不要这么想。（因为）如果跟学生闹僵了，很难缓和。如果对立几次，他可能就不在乎这门课了。

刚教学的时候，第一次跟学生发生冲突，学生不交作业，我课上就哭了，受不了就跑出去。学生说害怕秦老师脸红（一句话不说，声很低），怕秦老师哭。但现在我是不会哭了。

秦云虽然对学生是将心比心的姿态，但碰到原则问题却是毫不退让。所以秦云不仅学科教学能力突出，还得过"模范班主任""师德表率""育人模范"等称号。

测验作弊是大事情……。我有过一个学生，大考作弊，我压低声音，用很沉重的语气在班上讲了大学荣誉体系的故事，我也没让大家知道是谁。我就跟他谈，将来要做大事找合作伙伴，大家都瞧不起你，谈的是对人一生的影响。

（二）秦云的典型课堂——细致充实中留出生成的空间

因为我做大学英语教师已有近 20 年，经历了一个学生英语水平和课程要求都大大提高的过程。秦云的英语课具有与大学初级英语类似的特征，有很翔实的语言点讲解，词汇辨析很精细。加之学生的专注度很高，并不需要花费时间在维持课堂纪律上，整个课堂是一种扎实的学习过程。课堂流程上有一种外松内紧的感觉。"外松"是指秦云的课堂整体感觉不急不缓。比如她喜欢板书，也喜欢问学生问题，让学生解释他们的答案。而教初中英语的李娟几乎所有的教学内容都是利用多媒体课件或事先印好的学案呈现，很少板书。秦云也会有很漂亮的课件和各种音频、视频材料，但她仍然喜欢板书，她写的时候可以看到学生都很专注，并适当做着笔记。这一过程也给听课者一种学习过程感，如同消化和吸收一样。"内紧"是指秦云落实的项目很多，首先是给学生布置的练习任务很多，从早晨开始上课前的一张张习题纸，到课堂上一项项逐级推进的教学内容及相关练习。一节课下来，作为一个有经验的英语教师，我可以说秦云落实了很多语言点与词汇，也锻炼了学生对课文主题的归纳与表述能力，与大学的初级英语课相似。

虽然秦云的教学内容安排充实，但她仍然留有余地让学生发挥和创造。以一篇以音乐为主题的课文为例。秦云仍以学生做练习、互评、讨论和讲解开始，然后进入主课文学习。秦云先放了一段音乐让大家欣赏，大家都很放松地打拍子，听完后秦云问大家对这段音乐的感受，要求用形容词描述。然后是不同音乐流派的音乐欣赏和描述，包括欧洲古典音乐、摇滚乐、乡村音乐和中国古代音乐。在畅谈中有学生开始谈起建筑是一种凝固的音乐，这对秦云来说也是没有准备的。但学生兴致盎然，秦云就让他们在黑板上尽情地写、敞开来说。

新课标要求按学生水平来备课，原有的对学生的了解已经不够，学生的分化也很大。（对）学得好的学生要补充很多新的东西，（对）学得不好的学生要补足。补救性问题容易掌握，共性的问题好处理，但新的知识是需要很多准备，也需要共同探究。比如课堂上学生要发挥，你如果不让他讲，硬扯到你的教学目标上来，就比较遗憾。要求上也要分层，比如改作文时标准参考高考作文，但也有一点不同，看学生情况，有些要鼓励，有些成绩好但还要培养良好的习惯。

也可以通过课下的活动来补。比如我们做了一个英文电影配音活动，分小组进行，从班级再到年级比赛，学生水平提高很大，语速、语音、语调跟原片一样了，只是音色不一样。我在课上只用了 5 分钟讲了重音和连读，他们自己热情很高，收获可大了，还自己总结，锻炼了协作精神。

秦云很注重针对不同学生的水平来设计教学，而且充分意识到学生的英语水平在随着时代进步，所以她的教学能照顾到不同层面，呈现出内在的生机。而她以话题先行、语言点跟上、活动设计为主的备课方式，也是为了让学生更有机地参与进来。

（三）秦云的专业发展之路——研修与沉思

从一名普通教师到特级教师，看起来秦云的专业发展非常顺利，并没有出现过艰难的职业认同问题，职业倦怠危机也得到了及时而有效的处理，这里面一个主要的原因是她的在职进修与自我钻研之间形成了良性循环。

工作后的进修是最重要的，以前大学时学习没有具体目的，工作一段时间再去学习就很明确，在意学到什么而不是成绩。有个朋友，一直读书读到博后，就读厌倦了，就想做家庭主妇。我没有厌倦过，教着教着（觉得自己）不行了，又去进修，很幸运。我现在有机会就自己看书。为了教学，为了开选修课，要查很多资料，自己也提高了很多，科研（方面）也是。

我去过英国一年，也参加过国家级骨干教师培训，离开学校专门培训 4 个月，对我帮助很大，主要是有一段闲暇时间去想问题，还有就是对第二语言习得理论、教材教法有了一些了解，后来就知道怎么去看书，比如生成知识的理论方面、教学评价方面、形成性评价。

正是由于长期坚持学习本学科与教学理论，以及经常参与新课改的培训与学科骨干的带头人工作，面对很多新课程的理论和做法，秦云有个人的思考与观察，并敢于提出与流行的专家意见相左的自己的看法。

形成性评价国内搞得很神秘，其实我们很早以前就在做，如课堂观察、学生作业、课下交流、教学管理，只是没有做成（成长记录）档案袋。现在有些东西很形式化，对学生做课后评价，每堂课打分，最后计算平均分，放到期末成绩里，又变成终结性评价了，走入误区。其实一定要注意学生的 anxiety（焦虑），不是靠成长档案袋，出现问题应了解具体原因。

令人羡慕的是，秦云虽然已经走到了教学科研的前沿，但她并没有职业枯竭感，反而常常感到有很多新的领域可以尝试，有不断提升的新空间。

也许是因为我一直在好学校，去贫困地区做课，（那边的）高中生就相当于这边初中生的水平，只能降低难度，（否则）就全场一片寂静。

再提升的空间还有，教学在发展，新课标出来后讲分级要求，教到（最高的）9级相当于外语学校毕业生，所以自己在阅读、写作、词汇教学方面都在钻研、提高水平。

三、典型态与极致态"无为"型教师的比较

孔慧和秦云的总体识知风格呈现"无为"型特征，但由于她们生

长与工作环境的差异，她们在专业发展的状态上也有一定差异。

（一）"无为"型教师的焦点觉知与附带觉知

教师在行动中识知的风格究其实质就是其焦点觉知与附带觉知间的动态关系，也是教师身心合一的知与行。孔慧和秦云这两位"无为"型教师身上透出的水一般的特质正是她们焦点觉知与附带觉知的综合体现。

1. 焦点觉知——将心比心、开放生成的教育教学

秦云和孔慧都多次说到跟学生在一起要"将心比心"，这个词正是描述她们教育教学观的核心词。她们都相信学生的潜能，营造让学生愿意发展并努力发展的心理场；在课堂上将师生看作共同构建的学习共同体，激发所有人使尽浑身解数去发挥；喜欢惊喜、不确定性和冒险性；打开闸门，让它流出来，是什么形态就是什么形态；而她们都沉稳包容，是舞台的背景，将学生推到前台，自己做一个低调的协助者；她们都高度关注个性差异，希望学生能够建构出不同的、更有个性特征的、更能持续发展的知识图式。

孔慧经常会说"不到现场就出不来"，她将课堂师生对话看作知识生成的最主要一环。秦云很注重针对不同学生的水平来设计教学，而且充分意识到学生的英语水平在随着时代进步，使课堂呈现内在的生机。相比于"卖关子"型教师对于成为教师的天赋感与使命的激情，她们更愿意享受一个自然而然的生长过程，对于自我和学生都是如此。

2. 附带觉知——如水的低调与包容

孔慧和秦云身上都有一种水一般的气质——低调、温婉、柔美，她们同有一种探究生成的知识观和教学观，其身体化表现为一种示弱与怀柔，给课堂营造出一个温暖、安全而生机勃勃的场。

"无为"型教师在课堂内外能够达到那种润物细无声、无为而治的境界，是因为他们在教育教学各方面的附带觉知的交融协作。如果对此加以条分缕析的话就是教师知识基础中的所有框框，如表6-4所示。

表6-4 "无为"型教师的附带觉知框架

	"无为"型教师
课程观	生成为主（学科知识与生活知识同样重要，兼顾学生的应试与社会适应，与学生一起构建课堂）
备课过程	总体框架式设计，"外围式"备课
课程实施	喜欢意外、不确定性和冒险性；打开闸门，让它流出来，是什么形态就是什么形态；相信学生的潜能；期待学生有创新
时间感	允许"垃圾时间"的存在，更关注整个学期或教学阶段的完整性，一节课上到哪儿不重要，重要的是有没有给学生"东西"
知识观	知识不仅包括标准答案中的权威性话语，也可以在对话的、开放的课堂中生成对学生的现在和未来更有意义的知识；具体的教学方式以建构主义为主，也有行为主义的部分
学生观	应相信学生身上埋藏着独特的天赋种子或才能，相信学生能构建出不同的、有个性特征的、发展的知识图式

（二）典型态与极致态"无为"型教师对比

虽然秦云与孔慧的教育教学观类似，但是由于她们的教育背景和发展机遇不同，她们的专业发展方式与程度也有相当的差异。孔慧相对而言属于比较典型的"无为"型教师，而秦云在个人发展与社会影响力方面更加呈现出一种卓越的极致态。

从表6-5中我们可以看到，秦云与孔慧的区别主要在于教育背景。孔慧的母语并非汉语，做语文教师有先天的不足，而职后培养和进修的机会相对于身处名校的秦云来说也是不足的，尤其是缺乏较长时间脱

表 6-5 典型态与极致态"无为"型教师对比

	典型态"无为"型教师（孔慧）	极致态"无为"型教师（秦云）
教育背景	出身少数民族，汉语学习方面有过挫折，但有灵敏的学习触角，职后有意识参加各种课题和培训，但都是利用零星的时间	职前和职后教育都很顺利，有过较长时间的出国进修和国家级培训经历，对于第二语言习得理论和教学理论都有自主的学习与思考
学科知识与教学知识	学科知识和教学知识处于逐渐积累和成形的阶段，得益于多渠道学习，如教研培训、网络、报刊、课题组研讨等	接近于大学英语的学科知识水平和课程开发能力，得益于国外和国家级的研修、长期自主学习以及校本课程的开发
反思意识与能力	善于观察与学习，对专家学说进行有选择的吸纳，具有坚持个人判断与立场的勇气，但对于个人的专业发展缺乏方向感，对课程改革的整体情况缺乏认识与把握	在专业进修与个人学习之间达到沉思与沉浸的状态，对于个人专业发展有脉络清晰的思考与行动；作为市级学科带头人，对于新课改有批判性的思考与选择
教育热情	对教学和学生的喜爱溢于言表，渴望更多的与外来声音的交流	很喜欢孩子、喜爱教学，认为总有再提升的空间，常有创造的热情
自我同一性	不太看重职称等外在的评价，满足于自己的内在的成就感，但也会因发展的困境而迷惘	因喜爱教学事业并能得到学习和提高的机会而认为自己很幸运，有水到渠成的愉悦感，但偶尔也有累得喘不过气来的压力
职业生命状态	满足于目前的工作环境和教学成就，但也有枯竭感，渴求专业进一步发展的契机	沉浸于学科和教学的钻研与进一步发展，不断尝试新的课程与学科引领的领域，感到总有发展的空间

产学习的机会，但她也能充分利用自己的环境所能提供的机会如参加课题或教研活动去学习。我们可以说很高兴地看到两个人的教学效果是相似的，只是秦云有发挥自己才能的更大空间；令人遗憾的是，与秦云相比，孔慧在自我研修、反思能力、创造与引领上还有欠缺，因而常有迷惘和枯竭感，渴望能在专业上有进一步发展的机会。

　　其实，"卖关子"型和"无为"型教师的对比属于比较原型化的对比，虽然的确有些教师呈现典型的"卖关子"型或"无为"型特征，但大多数教师往往介于其间，如更偏向于传承经典、追求效率的"卖关子"型教师，在大多数时候是控制型的，但也出于各种原因（如听课、进修、生活事件等）而尝试更加开放和生成的方式，寻求自我的突破。而更具无为倾向的教师也会将知识讲解与应试作为重点。我们姑且称之为"融合"型教师。虽然我也有"融合"型教师的一些案例，但我发现他们的代表性并不强，前面的案例已经可以说明问题了。然而，下面这个案例其实与所有案例都有所区别，这是一个"超越"型的案例，既可以说是"融合"型，但又是在一个全新范畴里的融合，我将之命名为超越学科的"融合"型教师的故事。

一、超越学科教学的教育传道者赵兰

赵兰是北京市一所普通中学的高中英语教师，她被评为北京市的学科骨干教师，经常应邀去做新课程推介的公开课和教师培训的报告，在本校也是具有很高威望的优秀教师。她所在的学校在本学区的几十所中学里成绩排在中间偏后的位置，学生升入大学的比例通常为60%左右，相当一部分被认为是缺乏学习动力和能力的差生。可以说，赵兰所处的学校环境是她的教学观形成的重要基础。

（一）赵兰的焦点觉知——教育从心出发

作为一个非重点中学的高中英语教师，赵兰知道自己的学校和学生处于整个学区的中下水平，她幽默地将其比喻为："相当于人的臀部，很沉，很难带动。因为我们这儿的学生，高了说，60%上大学，剩下的40%也得快乐地活着吧。要是每个学校都扔40%，中国早完蛋了。剩下的那40%，能力可强了，（虽然）不是读书的料，（但）动手、交往能力特强，（所有科目）考试（成绩）加在一起就200多分，（但）说话特别好听。"赵兰认同多元智能的教学观，她更向往的是从心里让自己的"娃"们都变成积极快乐的人。因此，她对自己的教育观做了如下总结：

咱们的教育根本不是教什么语言，就是培养一种积极的心态，怎么面对生活，碰到困难怎么去克服，好的东西怎么去分享、怎么去感激，那才叫人过的日子。人不需要英文过日子，我觉得英文就不是生活的必需。学习成绩是综合素质的体现，绝不是我教出来的，也不是你背出来的。你凭什么背，因为你想背，为什么想背，因为你上进，那就是心气儿。

可以用赵兰自己喜欢的一句话来概括她的教育教学观:"知识只能叫人自高自大,唯有爱心能造就人。"我想用一个完整的课例对赵兰的这种超越学科的教育教学观做一个生动的解析。赵兰说自己的备课方式是"倒着备",所谓的"倒着备"就是先找到课文的教育意义,作为设计整堂课的支撑点,这也就是教育从"心"出发。而她的"近—远—近"的教学设计原则体现为让学生能将自己放进这个教育目标中,激发学生参与的兴趣,使得教育不至于流于说教,这也体现了新课标所倡导的融合学生情感、态度、价值观的全人教育观。

课例欣赏

有一篇课文是关于伟大女性的,备课时赵兰是倒着备,即先找到这堂课的根基所在。这一根基就是该堂课的结语中她送给学生的话:"Not everyone can be famous but you could be great if you try. You learn from doing and you win from trying."。(大意:不是每个人都会变得很有名,但每个人都可以成为伟大的人;从行动中学习,从努力中得胜。)她的教学设计原则是"近—远—近",即先从自己出发,再看伟人的故事,最后回到身边的人。

在课堂导入的环节,赵兰先用正面的、新鲜有趣的词汇描述自己的名字,再鼓励学生以类似方式描述自己的名字,让学生发掘自身可以成为伟大的人的潜质。她选择的伟人的故事涉及古今中外不同职业、不同类型、不同地位的人。最后让学生分组描述自己班上的"伟人",主动表扬别人的学生都得到了小礼物。可以看出她设定的根基就是情感、态度、价值观和文化意识。

有了根基,还要有枝干,即学生的语言知识。具体来说就是这一课要学习的语篇、要掌握的句型。赵兰突出了本堂课要掌握的几个新句型,并设计了层层推进的步骤让学生反复练习使用。除了枝干，也需要丰茂的叶子，即词汇的充实。赵兰设计了一个非常巧妙的"词汇银行"，附在学生的学案中，让学生通过每一个环节往里填充描述人的性格和品质的词汇，既有以前学过的，也有新的。最后再看谁是全班"最富"的人。这个创意既表达了正面的价值指向（对学生来说，"富"是指知识的积累），也传达了一个语言学习策略（从细处着手，按照专题积累词汇，以增加表达的自由度与丰富性）。整堂课学生跃跃欲试，充满生气，笑声、掌声不断。

如她经常说的："不是我多聪明，是因为我的工作环境特别差，逼得你去做。谁都不做的我去做。"她的焦点觉知或者说教育意象就是——教育就是精神传承，一代一代传承，它是一种熏陶，不是一种灌输；教育应从"心"出发，让我们过人过的日子。

（二）赵兰的身体化英语——生命的感召力

如果用"场"来形容一个课堂，这个"场"里有内在的张力，随着师生之间、生生之间、教学材料和人之间的种种互动而展开，构成了一个课堂的氛围。在赵兰的课堂上，教师的教态、师生的互动以及课堂节奏感几个方面构成了一个动力场。下面这一段摘自我第一次见到赵兰和听完她第一节课后做的记录。

她穿着一身蓝色的运动装，个子不高，短发，身材微胖，但很结实、干练的样子。一眼看去只觉得是中年了，但并没有让人明确联想她的年龄，只是觉得她跟这个学校其他穿着褐色呢套装的颇为优雅的女教师很有点不同，她有一种沉着与律动相糅合的朴素和活力。她首先把黑板上方的多媒体投影屏放下来，用英文问学生是否能看清楚。然后在教室前后走了几个来回，随着一张张生动的图片逐步被展现出来，她一会儿在教室中间，一会儿在教室后面，一会儿又赶过来操作电脑，在教室走了无数个来回。学生的活动有回答问题、2人对话、4人小组讨论、全班打乱采访等。可以说听完课以后一个最鲜明的印象就是她的朴实与干练、平和与激情、细腻与爽朗。

这个记录一定程度上印证了好几位听过赵兰的课的专家提到她的教态时用的词汇——自然大方、有亲和力、充满活力、富有创造力。教师的个人教学效能感是教师对自己教学能力和教学效果的一种感性的或理性的知觉。赵兰的自信和沉着表明她具有高度自我效能感，虽然她已年届五十，但她融生命的沉淀与青春的朝气于一身的气质让她的课堂如一个温暖的、散发着强大吸引力的磁场。在多次跟踪观课（包括平时的常态课与公开课）、几次课后交谈和专门访谈后，我决定用"生命的感召力"来描述她的教师形象或者识知艺术。这种感召力其实并不抽象，而是由以下几个方面糅合在一起的一个立体形象。

（三）赵兰的典型课堂——追求卓越

1. 追求课堂教学的内在韵律：起伏与流畅

在一次公开课的教案中，赵兰写的课程设计原则是——注重"学生活动的数量和质量"以及"课堂的起伏和流畅"。这样的设计原则已经超越了通常的达成一定教学目标与效果的教学设计。

之所以能提出这样的设计原则，首先是赵兰的英语基本功很强，她曾在美国和英国学习、生活过。她的英语口语流利、准确、地道，课堂基本为全英文式授课，成为课堂重要的语言输出。其次是她善于吸取新的学习理论，并根据学生情况进行应用。她说自己比较喜欢罗杰斯的人本主义教学和加德纳的多元智能理论。有一次课后她跟我说3A+1T是人人都需要的，我很受启发，甚至也在自己的教学中加以运用。三个 A 代表的是英文 attention（关注）、appreciation（欣赏）、affection（喜爱），T 代表 touch（身体接触）。她说由于自己的年龄跟学生父母差不多，所以她也会跟学生有一些肢体接触，来表达自己的接纳，促进沟通和理解。最后也是最重要的是她追求卓越的精神。徒弟李娟说自己是追求优秀，而师傅是追求完美。赵兰在学科教学上追求一种极致之美，从一百个角度去考虑一个事情，提高课堂时间利用率，增强课堂的节奏感。

例如，在一节关于手机功用的口语课上，赵兰巧妙导入，从学生生活出发，以丰富内容从正反两方面让学生谈手机给人带来的影响。设计的活动从易到难，包括单个回答老师的问题、2 人对话、4 人小组讨论及全班打乱采访等。为了保证这些活动的井然有序，正式上课以前她就给每个学生发了张扑克牌，凡是同花色的学生就互相访谈。采访活动中，学生一人拿到一张卡片，上面提供了采访可能要问的问题的提示和访谈结果表等，而且每一个环节都有语言点和句型的展示，给学生有效地搭了支架。最后让学生书面总结说的东西，语言的不同输入和输出方式都得到了练习。整堂课活泼而有序，内容丰富而又层次分明，达到了起伏而流畅的效果。

2. 教学策略求精、求细、求绝活

赵兰在教学管理上有着层出不穷的各路招数，追求多样化和细致入微的管理。赵兰在教学方面的点子可谓五花八门，按她自己的说法就是：

课堂技巧，（是）怎么激活课堂的过程，比较土一点我叫偏方，是我个人化的东西，不是说多聪明，就是有效解决了问题，把课堂激活了。把生活中的东西、大人感兴趣的东西引进课堂。像积分，从听说读写各个角度去积分。包括表演，（有些学生）语言能力不强，但身体语言发达。各方面的能力都可以（用来）积分，积到一定分数就是 VIP 了。星期五是 gift day，平时积分（兑换的）所有实物星期五发。我也不花钱，就把美国人来学校参观送的铅笔呀、本（呀发给学生）。东西不重要，关键是学生高兴啊！

我是一个追求完美的人，把活做细、做精，才能出绝活。

赵兰的教学策略可以按照目的和功用粗略地分成三类——效率策略、管理策略、学科教学策略。效率策略是为了提高课堂时间利用率，增强课堂的节奏感，以提高教学效率。管理策略是为了理顺教师和学生、学生与自我、学生与学习等多种关系，目的是激发学生的学习自主能力与合作意识。学科教学策略是吸纳关于心理学等方面的学习理论，根据学生情况进行应用。在效率策略方面，她的好点子是层出不穷。例如，给每个学生发一个小夹子（像家里晒衣服用的），这是为了上课结对子和小组活动用的，凡是开始纯英语口语练习时就别在身上，表示绝不能用汉语，谁说了一句，发现的人就可以把夹子拿过来，谁拿得多就可以在老师那儿得到小的嘉奖。显然学生对此很习惯了，几乎没有学生会犯这样的错误，这使英语口语练习中一个长期的弊病（学生私下用汉语）得到了很好的抑制。在管理策略上，赵兰更是显示出很高的智慧和细心落实的能力。她把生活中的积分、炒股等引入教学管理中。积分的操作参见上文。我们进行课堂观察时也看到她把积分小卡片发给完成某个任务的学生，学生课后到课代表处登分。她所谓的炒股就是一个总体的把握和策略。她说：通常没有经验的人炒绩优股，因为保险；有经验的炒潜力股。有经验的老师知道从什么学生身上能挖出什么东西来，知道什么时候炒绩优股、什么时候炒潜力股。一个班 40 多个人，分成几股，一个星期抓一股，一个月下来，学生都赶上来了。在学科教学策略方面，赵兰很注重理论学习与个人探索相结合，将其灵活运用到教学中，如在一堂公开课的设计上她用了"任务驱动、逐层递进"的原则，同时将训练学生的思维能力列入教学目标，并具体采用了"理解、联想、记忆、应用、综合"等步骤。赵兰对多媒体的利用也极为出色，每节课都有大量的幻灯片配合不同的教学内容，既节省了时间，又吸引了学生的注意力，还能激发学生的兴趣。她说："（很多图片和背景）都是我一幅一幅从网上一点点抠下来的。我就喜欢弄这个，我的电子编辑和制作能力赶得上专业的了。"她对信息技术的兴趣从她给学校做的宣传册以及她主编的电子刊物也可见一斑。

（四）赵兰的识知艺术——教育传道者

正如赵兰的徒弟李娟所说："赵老师都不像单纯的教师，她都接近于牧师。"在访谈中赵兰也明确说过自己有一个想法，就是教育传道，去西部。在这里用教育传道者来概括赵兰的识知艺术，因为这既表征着她多年来的追求，也引领着她未来的发展。

1. 一种超越学科的英语教育观——"过人过的日子"

鉴于自己所处的学校和所教的学生处于整个学区的中下水平，学生的学习动力不足，心理上往往比较抗拒学习，赵兰将自己的教学定位在从"心"出发。苦口婆心是我们常见的形容教育的用语，但在赵兰这里，这个词的意思是"你得把话给他讲透了，讲到心里去"。

另外我自己本身还是想，孩子越赖越需要好老师，你必须特别特别有耐心去感化他。家长素质也不行，可厉害了，撒泼打滚的都有。（我）苦口婆心，我说你看，我不挑拨你和父母的关系。教育就是精神传承，一代一代传承。它是一种熏陶，不是一种灌输。你的家长就把你熏陶成这样，你也要把你的后代熏陶成这样吗？你拿什么传承给你的后代？我现在教育你，我不是冲着你，我是冲着你的儿女。啊！学生可感动了。你都没有东西，你拿什么给他（学生的儿女）呀！我跟家长也是这么说，谁都不许跟我顶嘴。我职务没你高，收入没你高，但教育理念我就是比你强，你这辈子也追不上我。你活成什么样不是我的责任，但你要让你的孩子活得好。我跟学生开玩笑，你当不了名人的后代，还当不了名人的前辈呀？

你得把话给他讲透了，讲到心里去。其实这东西也是虚的，但他为什么爱听这些话？没有人跟他讲过这话，只是让他老老实实。有些老师管理的理念是为他好，但没有表达出来。（表达出来的）就是我怎么好管理，你别给我惹祸。这样的一些话，就意味着学生是祸根子，那不可能让他（改变）。

我们可以看到赵兰的教育观最突出的一点，就是用盼望来点燃学生内心有各种可能性的生长的小火苗，使他们不束缚于目前的劣等感，将眼光投向高远的蓝天甚至是自己子孙的幸福前景。这部分也源自赵兰将他们看作"俺家的娃"的那种无条件接纳。

我当班主任就是特别上瘾，我最冲动的时候我就是睡不着觉。想想我们班的孩子，想着想着我就热泪盈眶，这个孩子，那个孩子，跟看电影似的。"腾"地一下我就起来了，"哗——"就在电脑上写文章——"俺家的娃"，就用那个农村的那个语气。写完以后就怎么都睡不着觉，就等着，天亮、天亮、天亮！然后呢，一过六点半，"嗵——"就跑到学校去了，用那个彩色的纸（打印出来），贴在墙上。学生来了就抢啊："这是原版，这是原版，我不要复印的。"那种情感真的是从心里发出来的。

说实话，我作为一个来自大学的教学科研工作者，每次想到在赵兰课堂上那种春风拂面的感受、思绪万千的心情，每次读到当时访谈中赵兰讲的她和学生的故事，我仍然会感到一种来自内心深处的激励，在灰心时又再次看到教师这个职业发展的无限可能性。下面是赵兰作为"牧师"的众多故事之一。

我跟一个学生谈话最长的时候连续谈过 8 个小时。单亲的孩子，没有 8 个小时你根本就进不去（他心里）呀！那么多年，爸爸不要他，妈妈高中毕业，一个人带着他住一个小屋里头，一间房子。而且这个孩子特别不听话，就喜欢打游戏、玩电脑。就这么一个孩子，8 个小时救活了，现在西南财经大学毕业。我教的那个是普通班，他考上大学真不容易。他妈感谢我，打电话就哭，"老师，你救了我孩子一命，救了我全家。"

这当老师你说你还图什么呀？我每次开会，我不讲什么"老师呀，天底下最灿烂的职业"，我就讲我的故事。

基于这样一种与学生生命的连接，赵兰才能超越自己作为一个英语教师的本位，而成为一个教育传道者。

2. 历经转折的职业认同与专业发展——从"捣乱"到"引领"

赵兰的教师生涯开端很不顺畅，20 岁开始当老师，但完全不能认同这个职业，认为自己冤死了："'Teaching was my last choice.'。（教书是我最不愿干的事）我恨死了，哭了一年就是不想教书，鼓捣学生罢课，我觉得我当老师，我冤死了。跟学生瞎胡闹，特别能捣乱，在以前那个学校都臭名昭著了。那个学校在郊区，我们那个校长就读到小学四年级，转业的老干部。"

赵兰的自我形象认知是"大器晚成"，而她的职业认同经历的重要变化都与环境的改变有关，一是因为结婚调到了一所著名师范大学的附属学校，二是出国生活与学习。

嫁到师大了，这才是搞教育的地方啊！校长也有学问，教学氛围也好。忽然间有一种如鱼得水的感觉，也不知怎么突然想到我真是当老师的料啊！因为机会好了吧，哗一下就施展开了，第一年就都打开了，活泛，低职高聘，一年公开课就上五六次。我觉得我有（天资），始终是大器，（但）晚成。

1996年我跟爱人去美国一年，什么都去了解，跟谁都说话，能深入的地方都深入了，能去的地儿都去了，就待不住了，过了一年就特别特别想回来。我就觉得人家的文明素质那么高，人家的孩子那么幸福，我必须让我的学生也那么高兴，我要把那宽的东西带回去。他们眼界有限，不知道该怎么改善，不知道山外还有多么高（的山）。

我在美国、英国都看过学校，也专门培训过，你得看人家什么叫人性化，我最大的收获就是这个。回来以后，就跟疯了似的领着我的学生就干哪，做呀做呀，领着学生活动啊！新年晚会，瞎写着玩，贴得满墙都是。"哎哟！"我一看孩子们特喜欢，然后一种良性循环就开始了。到现在十年了，没收住，就是这样一个过程。

对于新课改，赵兰的兴奋可谓溢于言表。她对新课程的实施非常投入，她说自己是唯一一个参加了暑假里所有的新课标培训项目的人，而且她做的课件还被出版社做成光盘免费随书赠送。她还开了选修课，针对本校学生的情况自编教材《英语句法》，学生爆满。她说"校本"和"以人为本"都是她喜欢的。

她认为"教师专业化发展"提得特别及时，教师必须发展，而自己的确是走到前头的人了。这样的引领者常常需要面对周围人的质疑甚至非难，而赵兰不仅挺过来了，还坚持在同事中每年做一件善事。

现在我们的教师培训教材是我1998年的班主任手册，十年了。现在环境也好了，课改啊，人本啊，大家才知道赵兰是走到前头了。我

（以前）受到议论和非难，评高级职称评了 3 次，40 岁才评上。咱一点没动摇，不管周围有什么（议论），我就认为这些东西是对的，挺过来了！做一个高尚的人。做慈善，每年给同事们做一件事，给大家出一个电子刊物，开英语班。第一年就是有 40 多岁的老师评职称，都是学俄语的，但一定要考英语，这不欺负老师吗？从头学《许国璋英语》，我的天哪，教 40 多岁的人，那叫一个费劲儿。8 个月，最后除了一个没坚持下来的都考过了。1 分钱也不要，他们都 40 多岁的人，他们都（评）上了（职称）我才能（评）上。

如今，学校各年级都愿意请赵兰参与他们的教研活动，这也符合赵兰关于教师伦理的定位——"教育是一群人影响一群人"，教师应该具有四个基本伦理：服务意识、奉献、合作与榜样。从喜欢独立工作转变成一个信奉合作的人，是因为她慢慢看到了合作所带来的比一个人大得多的力量和影响力——自己有值得学习的地方，学生才会向你学习，身教比言传更加有效。

虽然对新课程充满了热情，但赵兰也一再说太累了，不停地开路，每天睡 5—6 个小时，应该有一定的闲暇才能让人累得很愉快。赵兰也看到在新课程实施中教师有很多需求，希望自己能做教研服务，帮教师看论文、制作课件、设计课程，对自己的专业发展希望能有所拓宽与突破。

二、教师在行动中识知模型的对比分析

通过上面五位教师丰富生动的案例，我主要区分了"卖关子"型和"无为"型这两种有着原型价值的识知模型，以及综合这两种认知方式的"融合"型。下面我对这些模型间的关系进行一个小结。

（一）三种识知模型的典型态与极致态之分

区分"卖关子"型与"无为"型教师的一个主要标准是课程观、知识观和学生观（见表5-2和表6-4），但在这些范畴性的标准之下，其实教师的专业发展仍然有极大的余地与差异。因此，我区分了两种模型下的典型态与极致态。对于超越式"融合"型——赵兰的案例，从专业发展角度，也可以归在极致态里。

典型态与极致态教师都是热爱教师这个职业并且在学校被肯定的优秀教师，二者的区别主要是他们的职业生命状态的差异。典型态的教师对目前的工作环境和教学成就有满足感，但也有枯竭感，渴求专业进一步发展的契机；极致态的教师常常沉浸于学科和教学的钻研与进一步发展，不断尝试新的课程与学科引领的领域，感到总有发展的空间，有一种永葆的激情与创造的愉悦。

两种发展状态的教师在反思的意识与能力上表现出较大的差距。典型态教师往往没有形成持续的自我学习与反思习惯，或满足于灵感一闪，或仅凭借一些偶然的机会来学习。由于缺乏个人有意识的系统的反思，因而在逆境中易气馁和迷茫，也容易产生职业倦怠。虽然他们也善于观察与学习，并具有可敬的教学勇气，但对于个人的专业发展缺乏方向感，对课程改革的整体情况也缺乏认识与把握。而极致态的教师有一种长期坚持的学习与反思习惯，在专业进修和个人学习中达到沉思与沉浸的状态，同时，对教学和自我都有充分的认识，对于个人专业发展有脉络清晰的思考与行动，对于本学科的发展和课程改革也有批判性的思考与自主的抉择。可以说他们已经形成了个人可持续发展的一种良性循环。

（二）三位极致态教师之间的对比

极致态是指专业发展达到卓越状态。孙鹏、秦云与赵兰，我将他们分别命名为极致态"卖关子"型、极致态"无为"型与超越式"融合"型教师。三位教师的课堂都有强大的师生学习动力场，但你坐在他们的课堂里感觉却各有不同，或如疾风暴雨，或如涓涓细流，或如春风拂面。

三位教师都在一定程度上引领着教师专业发展，但方式却有所不同。赵兰有一种保持教学勇气的精神，即使这种勇气意味着暴露脆弱（如那天我目睹了她被一个叛逆女生弄哭的事件），也意味着遭到同事非议时仍然不顾个人恩怨做义工。而孙鹏更多时候是选择躲进学科里寻求一种自足但遁世的语文桃花源生活，在各有想法的同事中间他的选择是"有求必应"或者说"不求不应"，不再和学生"对命"，不离开语文讲做人，用一种"大学科"的教育观来定位自己的专业引领。秦云虽然与赵兰同为学科带头人，但她不像赵兰那样积极参与到各种培训和做课中，更多地体现出一种旁观者的冷静与耕耘自己的田地的韧劲。

三种教师都崇尚和追求素质教育，但孙鹏给自己的定位是"应试教育与素质教育的双赢"，而超越学科教育的赵兰提出的是"国民素质教育第一，应试教育第二"。"国民"二字是赵兰所定的眼界，她认为局限于教学就搞不好，必须撒开手做教育才能"高"，她戏称自己是觉悟、境界、水平"三高"的教师。国家的崛起和社会的进步依靠的是每一个国民素质的提高，教师的任务就是要改变学生的存在状态。

学校环境的差异是造成三种教师教育教学观差异的重要因素。在孙鹏和秦云所在的那所重点中学，培养学生的方向也主要是升入名牌的研究型大学，我不止一次从教师和学生口中听到——好教师的关键在于"学养高"。因此，孙鹏、秦云二位教师都是在学科和教学法方面有执着的钻研精神与相当建树的。而赵兰来自一所普通中学，有相当比例的学生毕业后会先进入职业培训学校再进入社会服务性行业。

因此，赵兰秉持的是超越学科教育的国民素质教育观，即社会进步依靠每一个国民素质的提高，教师的任务就是要改变学生的心态并最终影响他们的存在状态。

综合上述分析，我们可以看到，当我们想去追踪造成教师风采各异的识知艺术背后的脉络时，我们需要进入他们的行动中反思环节，尤其是将他们的反思放在复杂的社会文化背景中去加以考量，从而看到教师的实践性知识是如何在他们独特的生存境遇中生成与生长的。

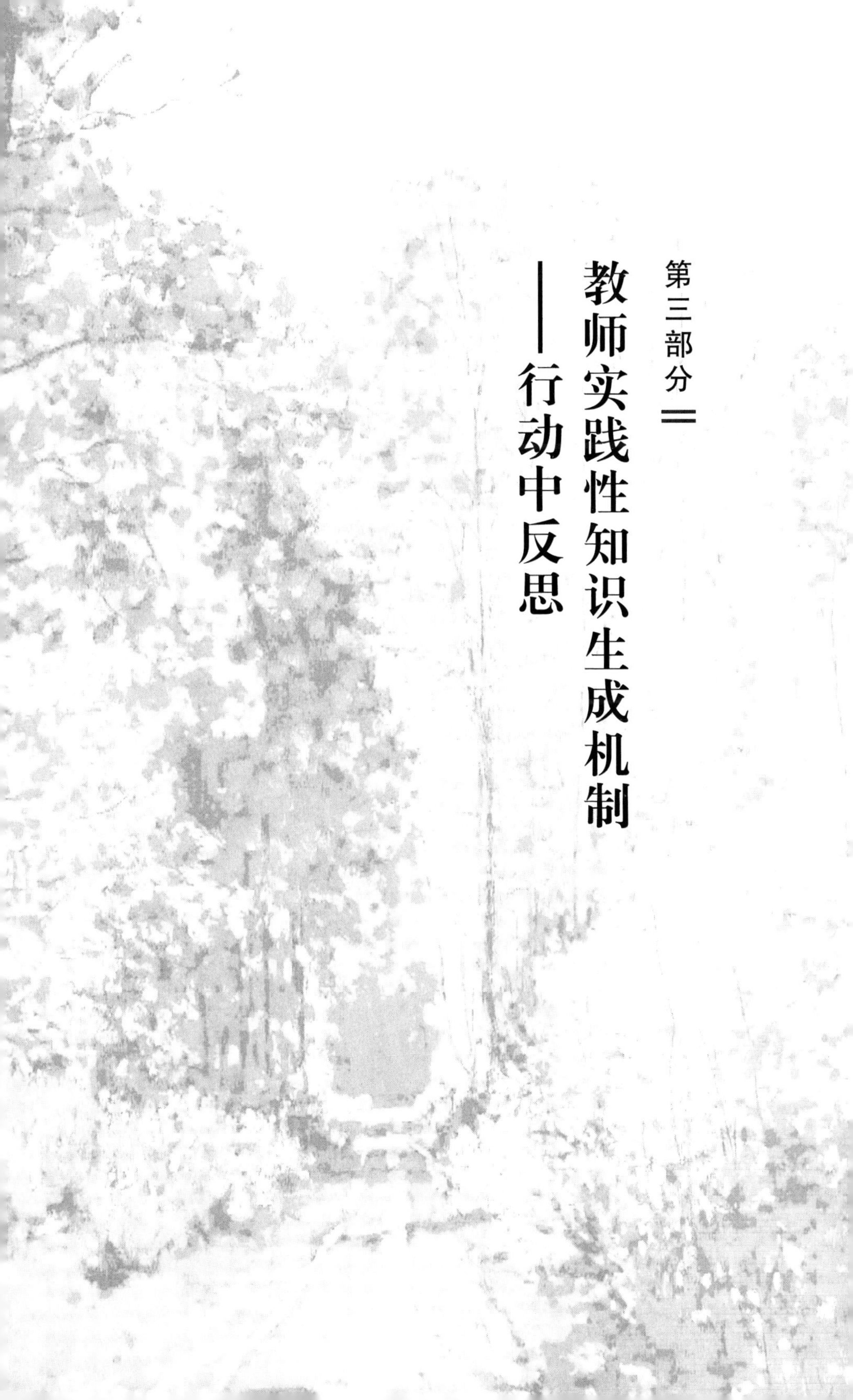

第三部分

教师实践性知识生成机制

——行动中反思

第八章 行动中反思的社会建构性

通过第二部分，我们对教师实践性知识运行的动态机制进行了从理论到案例的一系列探索，从中我们可以看到教师实践性知识运行的动态机制的核心就是行动中识知。行动中识知类似于波兰尼所说的日用而不知的默会知识，是教师在多年的学习与从教经历中逐渐沉淀下来的一种身体化的实践风格，是教师应对变动不居的日常教育实践的基本框架。

从第二部分所呈现的"卖关子"型、"无为"型、"融合"型等不同的教师识知样态中，我们可以看到教师相对稳定的行动中识知风格，但这并非意味着教师的实践之知是固化不变的。当舍恩对各行各业的专业工作者进行研究时，他发现专家在面对行动情境并非问题情境时，其行动的关键特征是流畅性、直觉性、自动技能化与身体化；而当实践陷入如沼泽一般的困境时，专家也需要与独特的情境进行反思性对话，并通过融入情境以及与情境的来回交易而对情境进行重构，他将这一过程命名为行动中反思。正是通过行动中识知与行动中反思之间的循环往复，专业工作者的实践性知识得以生长和改变。我们可以通过图 8-1 对此进行一个大致的描画。

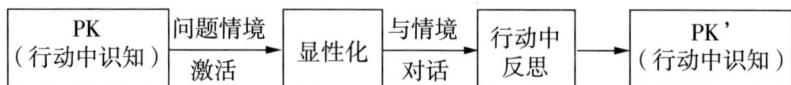

图 8-1 教师实践性知识生成（二）

图 8-1 所呈现的是教师实践性知识的生成与生长的更为详尽的过程，左端的 PK 指教师在日常教育实践中的以默会和身体化为核心特征的行动中识知的状态，右端的 PK'是指处于缄默状态的识知被问题情境激活、经过行动中反思的过程、达致一定程度的问题解决以后而有所改变的新的知识状态。而实践性知识的这种生长态势在理论上和实际上都是开放的、不断发生的。

舍恩也指出，关于重新框定的反思形式，非常不同于我们更为熟悉的反思形式——对行动的反思，对行动的反思可以在我们控制之中，有条理地、深思熟虑地运用逻辑对熟悉的资料进行思考，而行动中反思以相当不同的方式呈现资料，所以它们便以新颖的架构出现（Schön，1983：196）。事实上，舍恩对实践认识论的建构早在他与阿吉里斯对实践中的理论（theory in practice）进行探讨时就开始了，他们进行了一系列关于人们在行动中的理论的结构性分析，特别是其中对使用理论与信奉理论、单路径学习与双路径学习的区分，可以帮助我们揭开行动中反思的神秘架构，借以厘清教师实践性知识生成的机制。

一、实践的理论与行动中反思

在阿吉里斯和舍恩于 1974 年合著的《实践中的理论——提升专业效力》一书中，作者开宗明义：为了整合思想与行动，所有人都需要在采取行动的同时对行动进行有效的反思，以从中学习（Argyris，Schön，1974：3）。作者考察了专业实践以及组织内部学习的大量案例，提出了一些关于行动的理论的核心概念。在随后的几十年，他们又各自在这个领域继续实践、研究与合作，并有大量著述，进一步丰富了他们所提出的实践中的理论，他们的研究被认为具有规范性意义。这里将考察他们所论述的实践中的理论中的一些经典性概念，从而帮助我们理解实践者在行动中反思的过程和意义。

（一）信奉理论与使用理论

在行动理论中阿吉里斯和舍恩的一个重要发现就是信奉理论与使用理论之别。一个人在被问到怎么做时通常给出的都是信奉理论，也就是当事人宣称他所遵行的理论；而使用理论则指那些由实际行动中所推论出来的理论（Argyris，Schön，1974：13）。例如，在下校观察中，我发现一位教师在课堂中采取的是大量讲解规则并让学生抄写背诵等严格控制的方式，鲜有开放的、建构的、共同探究的教学设计。但是，这位教师在论文中写道："教学不能无视学习者的已有知识经验，不能简单强硬地从外部对学习者实施知识的填灌，教师应是学生建构知识的帮助者和引导者。"这种言行不一致的现象的确屡见不鲜，所以人们所做的一定和其所具有的使用理论一致，却不一定和他的信奉理论一致。

信奉理论与使用理论不一致背后的情况是很复杂的，当事人可能察觉到也可能察觉不到自己的这种不一致，因为使用理论包括关于自我、他人、情境，以及行动、结果和情境的联系的诸多假定，而且往往建立在缄默的认知图式上。要揭示使用理论就意味着对默会知识的正式宣告，不仅需要对行动的反思，更需要在行动中的反思。阿吉里斯和舍恩以组织学习中的干预者的身份对个人、社群以及大型组织的不同层面进行研究，建立了使用理论的模型（图8-2），如同语言学的句法结构，可以呈现行动理论最重要的一些特征（Argyris，Putnam，Smith，2000：9）。

图 8-2　使用理论模型

使用理论的元素有主导变量（governing variable）与行动策略（action strategies），并通过后果（consequences）来测试和修正它们。主导变量是行动者试图践行的价值观，我们的行动是建立在一个价值域（field of values）之上的，一些核心的价值点（如焦虑度、自我形象等）在每个行动中都会有所涉及。同时，一个主导变量也有其可接受的限度范围，要接受一个新的变量需要时间，一旦一个新的变量进入价值域就组成了一个新的恒定域，其中一系列的主导变量必须在可接受的范围内保持恒定。使用理论就是保持这样一个恒定域，规定着各个变量之间的关系，如哪些变量是优先的，哪些变量相对不那么关键。使用理论中还有具体的技巧和策略以维持这一恒定性。但我们的行为所造就的世界（即后果）检验着我们的使用理论，而且往往与我们想要维持的这一稳定价值域相冲突。

（二）单路径学习与双路径学习

当我们的使用理论失去效力时，我们知道需要改变，但这也意味着要失去我们所力图维持的稳定性。有鉴于此，阿吉里斯和舍恩区分了两个重要的关于学习的概念——单路径学习与双路径学习（图 8-3）。

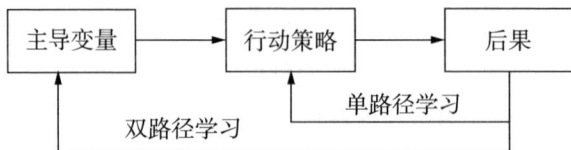

图 8-3　单路径学习与双路径学习

从图 8-3 中可以看到，在单路径学习中，我们维持着现存的主导变量，即使行为世界中的后果显示出冲突，我们也只寻求行动策略的改变来维持价值域的恒定性。在双路径学习中，我们学习改变恒定性领域本身，即改变主导变量，也就是在相互竞争的多套标准（如价值观或理论范式）之间做选择。双路径学习并非要替代单路径学习，单路径学习使我们得以避免在那些高度可预测的活动中继续投入精力，而生活中绝大多数的活动都属此类。"如果一个理论建设者允许自己的程序无限地继续而不加以审视，那么就会被自己的程序所囚禁。"（Argyris，Schön，1974：19）双路径学习涉及的一个关键问题是第二序标准（second-order standards）——允许行动者同时对不同的架构或范式进行公开评估，这也意味着处理人类的防御机制，所以说当一个人学会新的压制冲突的技巧时，他进行的是单路径学习。当一个人学会关心冲突的出现与解决而不是压制时，他进行的是双路径学习。《行动科学》一书中也提到了两种双路径学习的实例（Argyris，Putnam，Smith，2000：73）。

（1）当行动者感到自己或别人困窘或受威胁时，就表示需要双路径学习；"不容讨论"或"不可告人"的经验本身就是一个双路径问题。

（2）当行动者一再尝试使用各种解决方法，但问题却仍存在时，就表示可能有一个双路径的问题埋藏在其中。

双路径学习的模式清晰地呈现了人们在行动中的理论与行为模式，可以帮助人们进行第二序的改变——系统结构的改变，如师生关系、父子关系、层级关系等的改变，在阿吉里斯和舍恩对第 I 型使用理论（Model I Theory-in-Use）和第 II 型使用理论（Model II Theory-in-Use）的论述中可以更清晰地看到这一点。

（三）第 I 型使用理论与第 II 型使用理论

对第 I 型使用理论与第 II 型使用理论的详细描述可见表 8-1 （Argyris，Schön，1974：68-69）和表 8-2 （Argyris，Schön，1974：87）。

表 8-1 第 I 型使用理论

主导变量	行动策略	后果	学习的结果	有效性
定义目标并努力实现	单方面设计和经营环境（苦口婆心，诉诸更大的目标）	行动者表现出防御、不一致、竞争、控制、害怕暴露弱点、封闭情感、对自我和他人表示过分关注或对他人满不在乎	自我封闭	有效性降低
最大限度地赢，最小限度地输	把持并控制任务（掌握任务，监控任务的定义和执行）	防御性的人际和小组关系（依赖行动者，几乎不帮助别人）	单路径学习	
最小限度地产生或表达负面感情	单方面保护自己（用推论范畴说话；对他人受到的影响差异视而不见；通过防御性行为减少不一致性，如指责、刻板印象化、压制情感、知性化）	防御性的行为模式（缺乏信任、缺乏冒险、顺从、外在的承诺、着重外交手段、权力中心的竞争、敌对）	几乎不公开测试理论，多在私下测试理论	
保持理性	单方面保护他人不受伤害（封锁信息，设立对信息和行为的审察制度，私下开小会）	低选择自由度、低内在承诺、低冒险		

表 8-2　第 II 型使用理论

主导变量	行动策略	后果	学习的结果	对生活质量的影响	有效性
确凿的信息	设计出的情境和环境使参与者可以做源头，可以有较强的个人因果体验（心理上的成就感、证实、至关重要性）	行动者表现出最低的防御性（协助者、合作者、选项创造者）	无法证实的过程	更加积极而不是消极（较高的真实感和选择自由度）	有效性提高，有远期效果
自由明白的选择	共同控制任务	人际关系和小组动力机制上最低的防御性	双路径学习	问题解决和决策制定的有效性很高，尤其对难题而言	
对选择的内在承诺，对落实承诺的持续监控	共同经营对自我的保护，朝向共同生长（用直接可观察到的范畴说话，试图减少对自己的不一致和不协调的视而不见）双方共同保护他人	以学习为导向的行为规范（如信任、个人独立性、遇到困难敢公开面对和澄清）	公开测试理论		

从表 8-1 中的主导变量、行动策略和后果的描述中可以看到，第 I 型使用理论带来的是一个混杂的世界——前文明的、竞争性的、敌对的、防御的、非赢即输的世界。阿吉里斯发现两种社会机制——归咎（单方面地把意愿强加给别人而不公开验证）和社会评判（私下和别人比较而不公开验证）都强化了第 I 型使用理论，又被第 I 型使用理论强化。第 I 型使用理论的结果之一就是对反馈进行压制并得到报偿，

而且对负面结果也加以压制："经过多年来无数次仿佛是被防御和欺骗技巧所拯救的经历，个人可能就把它们内化了，并在社会和家庭中不断强化"（Argyris，Schön，1974：84），所以大多数人意识不到他们的使用理论，因此也意识不到他们身上表现出来的第 I 型使用理论行动特征。通过大量的实例分析，阿吉里斯和舍恩发现第 I 型使用理论的表现程度因人而异，但似乎适用于任何年龄、专业地位、种族、收入水平的人士以及任何活动领域。在第 I 型使用理论盛行的地方，双路径学习往往是通过革命实现的，而革命带来的行为世界又会变成停滞、自我封闭的系统，只有通过下次革命才能有双路径学习。

第 II 型使用理论的主导变量（即确凿的信息、自由明白的选择以及内在的承诺）是在我们的社会里受到广泛推崇但很少实现的，第 II 型使用理论尝试将这一价值观变得可实行、可操作。与第 I 型使用理论单向控制的行动策略以及混杂的行为世界不同的是，第 II 型使用理论所带来的是低防御性的人际与团体关系以及选择的高度自由和高冒险性。这样的条件下双路径学习的机会增加，行动的有效性也得以加强。

在 1991 年《实践中的理论——提升专业效力》的再版前言中作者提到，从 1974 年到 1991 年间他们在世界各地开设研修班，发现第 I 型使用理论的使用者所创设的组织学习系统局限在单路径学习中，尽管第 II 型使用理论不足以建构一个组织的双路径学习能力，但它会使组织成员更有效地探究组织的策略、结构、信息系统等。

至此，我们已经可以看到，"卖关子"型、"无为"型和"融合"型教师的教育实践与第 I 型使用理论和第 II 型使用理论有诸多相符之处，而且可以看到各种类型的教师正在进行的单路径与双路径学习。但仅这样的认识仍然有些简单，我们必须将每位教师放在他们各自所处的复杂的社会文化情境中加以考量，这样才能更全面和深刻地认识教师的行动与知识，以及教师实践性知识生成的过程。下面将进一步探讨行动中反思的社会建构性。

二、行动中反思的层次性与对话性

阿吉里斯在 1985 年出版的《行动科学》一书中明确了行动科学与批判理论的联系，他认为批判理论的进步性在于它明白揭露了当事人已使用但未自觉的认识原则，而且显露出当事人依据这些认识标准所持有的世界观是错误的（Argyris, Putnam, Smith, 2000: 69）。这与信奉理论与使用理论的区分是一致的，且与第 I 型使用理论与第 II 型使用理论所揭示的价值观差异也是一致的。作为当今社会批判理论的集大成者，哈贝马斯吸纳了各家的哲学方法论成果，他的理论将有助于我们更深入地探究教师实践性知识的社会建构性。

（一）哈贝马斯的三种认知兴趣与教师的反思层次

哈贝马斯认为人应该以自主、负责的理性存在，这与阿吉里斯和舍恩所提出的第 II 型使用理论中的价值观（即确凿的信息、自由明白的选择以及内在的承诺）是一致的。哈贝马斯所论证的交往合理性为阿吉里斯和舍恩所倡导的实践的合作探究性提供了极佳的注脚，不仅有助于我们了解实践中的使用理论所提出的哲学历史背景，而且有助于我们理解实践理论中第 II 型使用理论所提出的价值观的合理性。尽管人们对第 II 型使用理论的现实可行性充满疑虑，但哈贝马斯通过理想的言谈情境告诉我们——理想的东西并非存在于现实的彼岸，而是存在于现实的交往行为之中，并在其中起作用，而且是现实得以成为可能的前提条件，或者说理想构成了现实的基础。当然，这种基础只有在反思或重构中才能被意识到（盛晓明，1999）。

反思层次的提出来源于哈贝马斯对三种人类认知兴趣的区分。兴趣指的是人类基本的生活兴趣，哈贝马斯区分了三种认知兴趣以及相应的知识形式。将这三种认知兴趣引入课程领域并与不同的课程观相联的学者很多，公认的经典是格伦迪所阐述的技术性、实践性与解放性这三种课程观（Grundy，1987）。技术性课程观指科学化、理性化的课程开发，即先设定可检测的课程目标，再寻找经济、有效的途径一步步达到预期的目的。实践性课程观建立在对意义的一致性解释的基础上，关注情境对于实践的意义，试图通过审议获得一致性的课程决策。基于解放性兴趣的课程观努力将学生从技术性的控制与可能带有欺骗性的一致性决策中解放出来，主张自主与负责的行动，追求社会公平与公正。

表 8-3 可以帮助我们更清楚地看到哈贝马斯的认知兴趣与三种类型的课程开发旨趣的关联。

表 8-3　哈贝马斯的认知兴趣与三种课程观

认知兴趣	定义	知识形式	课程观
技术性兴趣	对于现象的规律性的关注或兴趣，人们试图通过工具性的劳动实现对世界过程的正确预测及有效控制	律则性假设	技术性课程
实践性兴趣	对于相互了解和沟通的兴趣，人类典型的行动方式是沟通行动，关注对他人之意向和动机的了解	文本诠释	实践性课程
解放性兴趣	对于克服意识形态及僵化的权力关系的兴趣，以求从盲目的社会、历史力量中得到解放	批判反思	解放性课程

与此相呼应并被广泛提及的是 20 世纪 70 年代中期以来课程理论发生的重大"范式转换"，即从泰勒的技术理性课程到以施瓦布为代表的实践性课程，再到追求解放性兴趣的后现代课程论。技术理性主宰课程领域而造成的种种教育弊病已被公认，追求解放性兴趣成为主流学术话语。但也有学者指出，这里恰恰可以引出后现代课程论的困境：从主观想象或后现代观念出发来评价、重构现代性的课程、教育与社会，只会使课程理论活动演变成一种随个人文化兴趣漂流的"语

言游戏",而不是对现实课程及教学活动的追踪与描述（周勇，
2003）。

（二）行动中反思在多元社会文化情境中的对话性

综上所述，我们开始逐渐揭示舍恩所说的专业工作者在行动中反思时与情境之间的对话的复杂性，行动中反思作为教师实践性知识生成过程中的关键因素，可以一定程度上从信奉理论、使用理论（第 I 型与第 II 型）以及反思的层次性等角度来探讨。从世纪之交至今，与多变和多元化的社会文化背景相对应，教师实践性知识研究也的确呈现出更加突出的社会文化情境性。越来越多的学者在教师实践性知识研究中加入了教师的生活世界、生活史、教师学习共同体等社会文化因素。

这不仅反映在我的文献综述中，在密切合作的几位教师身上，我也看到了他们所处的不同学校文化情境对他们的课程决策的巨大影响。例如，在"无为"型教师孔慧的案例中，我看到教师在备课过程中心中各种声音的对话，也看到教师在课堂上与学生和文本以及专家之间的建构性对话。艾尔巴兹在《教师的声音：讲故事与可能性》一书中呼吁需要一个基础更坚实的、多重感觉的、多重角度的认识论（Elbaz，2005），艾尔巴兹所做的关于教师的多重声音的研究与教师在行动中反思的过程有很多契合之处，所以我也将在研究的理论框架中加入巴赫金的对话理论，以期描画出教师在行动中反思过程中所嵌入的更加复杂的社会文化背景。

巴赫金在研究陀思妥耶夫斯基的小说过程中提出了复调小说理论，他在《陀思妥耶夫斯基诗学问题》一书中指出，在陀思妥耶夫斯基的作品中，由众多各自独立而不相融合的声音组成的复调、众多地位平等的意识连同他们各自的世界，结合在某一个统一的事件之中（巴赫金，1988：29）。他区分了对话的两种基本方式——人物之间的对话以

及人物自身内心的对话，这种双声语对话表现为暗辩体、带辩论色彩的自由体、隐蔽的对话体等形式。巴赫金说有些话语向我们招手让我们沉浸其中，有些却是强加给我们的，分别是内部说服性话语（internally persuasive discourse）、权威话语（authoritative discourse）。权威话语是社会和机构的声音，包括学术和科学研究，代表父权和社会权利；内部说服性话语是个人的或小组的声音，独立于权威话语，是否定所有特权的，通常不被权威承认（Elbaz，2005：4）。巴赫金认为那些个人选择进入其中的话语是内部说服性的、是变动不居的，当它们互相集结的时候，就生出创造性与解放性的空间。在这些空间里思想、信念和价值观的构型得以想象出来。

巴赫金的理论著述强调的就是存在的社会建构性，以及语言在形塑人们的关系中的重要性。语言在这里不再只是语法规则和结构的系统，而是一种活生生的、动态的力量，可以让人们在互动的同时也创造出自己的世界。教师教育研究者由此提出我们总在通过我们接触到的话语不停地塑造和重塑我们的身份（Marsh，2002：8），从多重维度和多重声音来反映教师工作内在的复杂性与可能性，有助于我们探讨教学的本质和教师知识，从而更深入地理解教师的生活和工作。

（三）行动中反思的分析框架

阿吉里斯和舍恩从大量的案例研究中发现了专业实践领域存在的信奉理论和使用理论之争，这与哈贝马斯在社会实践领域所提出的理想的交往情境和系统扭曲的沟通之争不谋而合，加之巴赫金对话理论对权威话语与内部说服性话语的区分，无疑让我们对教师在教育教学实践中进行反思的复杂性有了更清晰的了解，我们也将借此进一步丰富行动中反思的分析框架，以便对教师实践性知识生成过程进行更深入的探索。

图 8-4 呈现的是行动中反思的过程，将舍恩的行动中反思、实践

中的理论与哈贝马斯所提出的三种认知兴趣相结合而形成。通过这个分析框架我们比较容易厘清教师的反思层次，辨析反思的核心能力。从教师知识的呈现形态来看，对教师如何在行动中进行反思进行描述与分析，并揭示出教师的行动中识知的一些关键特征，有助于我们探究教师的缄默的行动中识知，甚至进一步使我们将教师的缄默知识部分显性化，这也为我们深入探索教师的实践性知识提供了一条路径。

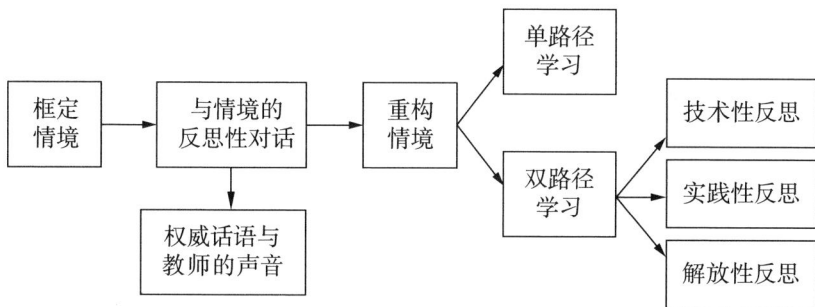

图 8-4　行动中反思的过程

（1）单路径学习、双路径学习：在单路径学习中，教师维持着现存的主导变量或一些稳定的价值观，即使在教学生活中遭遇到冲突，也只寻求行动策略的改变来维持价值域的恒定性。在双路径学习中，教师学习改变恒定性领域本身，即改变主导变量，也就是在相互竞争的多套标准（如价值观或理论范式）之间做选择。双路径学习并非要替代单路径学习，单路径学习使我们得以避免在那些高度可预测的活动中继续投入精力，而生活中绝大多数的活动都属此类。

（2）技术性反思：就技术性反思而言，教师的教学工作中存在着关于学科知识、学习理论以及学科教学理论等的律则性知识，课程开发的技术性步骤也是普遍存在的，教师对最经济、最有效的教学的追求是不可回避的人类基本需要和认知兴趣。但同时，也存在着不加区分地机械地应用技术理性模式，不关注人的主体性、交互性和认知状态，将手段与目的相分离的控制性的技术性反思。

（3）实践性反思：哈贝马斯的实践性兴趣指人类根深蒂固的对于相互了解和沟通的兴趣，本研究中教师的实践性反思指教师对于学生的学习意向和动机的反思，对于社会、学校和班级环境的反思，对于自身的经验、行动的意义的理解和诠释。具有实践性反思特点的教师对待外部权威知识的态度是：需要学习，但也需要和自己的教学实际相结合，同时认为自己和学生也可以是知识的生产者。

（4）解放性反思：教师的解放性反思指向出于权力、社会、文化和历史的原因而被扭曲的沟通，主张教师应揭示、批判具有压迫性和支配性的事物，并且努力把批判性的意识付诸行动。同时教师不仅尝试对自身作为教师的意象以及已成惯例的教学假定加以重构，而且能尊重学生追求自主与负责的权利。

（5）权威话语：指带有支配性的社会性超自我语言，有政治的、道德的、父权的、专家的、成人的语言等。对教师来说，他/她所成长的时代、所处的学校环境、具体所在的教研组以及家庭里都存在着权威的、定调子的话语，涉及教育教学的各个层面，如道德的、学习理论的、教学目标的、师生关系的等。

（6）教师的声音或内部说服性话语：在教师日常的意识中，多种不同的他人声音为了扩大各自的影响而相互斗争，同时受到他人话语的影响，诱发教师自己的话语和自己的声音。被诱发的教师自己的话语和声音迟早会挣脱他人话语的桎梏，进而创造性地构建唤起独立思考的新话语，即教师的内部说服性话语。

舍恩的实践认识论以及他与阿吉里斯的实践中的理论体系具有重大意义，这是在专业知识研究领域跨越理论与实践的二元分割的独创理论，尤其是舍恩所描述的行动中反思及其过程，不仅可以帮助我们了解教师在专业的问题情境中是如何思考和行动的，还为教师实践性知识的研究提供了一个可操作的框架。教育实践的根本目的就是通过合作探究的行动求得共同的善与个人自我实现的统一。趋向于理想言说情境的第 II 型使用理论或通常意义上的信奉理论并非幻构，而是体现了实践一词所追求的合作探究的真义。阿吉里斯和舍恩的实践中的理论以及哈贝马斯的交往合理性观点，有助于我们建立真正的学习共同体，帮助我们看清教师在教育教学实践中进行反思的复杂性，以便我们能更好地看清教师实践性知识的生成机制。

第九章 教师在行动中反思的层次性与对话性

一谈到教师的实践性知识就必然会涉及教师的反思，国内外许多研究者都发现教师自身的教学经验和反思是教师发展其教学知识的最重要来源（范良火，2003）。教师的反思可以分为行动中反思和对行动的反思。对行动的反思更多是以一种理性的、有距离的眼光来看自己，可以是系统而长期的一种自我经验总结。行动中反思往往由实践中的困惑激发，个人身陷其中并成为情境的一部分，从情感到理智、从身体到心灵不自觉地卷入，通过与情境的反复交易与对话最终在一定程度上突破困境，从而丰富或改变着教师的实践性知识。本章将通过"卖关子"型、"无为"型、"融合"型教师的行动中反思案例来走进教师实践性知识生成的过程。

一、小波的故事——行动中反思过程案例解析

为了方便理解行动中反思的概念框架以及实践性知识生成过程，更为了展示教师在行动中反思的复杂性，下面将讲述"无为"型教师

孔慧与一个叫小波的学生之间一波三折的故事，用以说明教师在实践的困境中如何识别自己的使用理论与信奉理论，再联系第二部分中孔慧表现出的实践性知识身体化特征——怀柔、将心比心等，我们将看到更丰富的教师内心冲突与学习路径，从而揭示教师实践性知识的生成机制。

（一）故事开端——新生小波与孔慧的冲突

1. 孔慧的教育叙事

在第二部分中我们曾经较为详尽地描绘了孔慧作为"无为"型教师的识知艺术，孔慧在专业发展上仍处于摸索阶段，渴望能有更多真正学习和发展的机会，所以她愿意在很紧张的工作之余来参加我们的课题研究，但是我们多次要她写点什么，她却感到很为难。她并没有写作研究性文章的经验，经过我们一再的鼓励和较长时间的等待，她终于拿出了这样一份教育叙事。

小波的故事

接到新生认识的第一个孩子是小波。初一新生报到那天，我进班时教室内已有几个学生在聊天。小波是学校给我的名单中的第一个孩子，我进班第一眼就认出了他，便以自认为很亲切的声音，面带微笑叫了他的名字。凭以往的经验，新老师能够叫出自己的名字，学生会很高兴。而我听到的回应却是"干吗呀？"，能感觉到语气中略有些不耐烦，我愣在那里有些尴尬，心想这孩子有些麻烦、不好沟通。

军训期间紧张的训练占去了学生大部分时间，每天属于他们的自由时间少之又少。我观察到小波做事很认真。他宁肯牺牲午睡（时间）也要把当天的日记写完，而且内务也很好。开学后第一周，我把小波叫到办公室，还没等我开口他先来了一句："我又怎么啦？"我问他："你觉得怎么啦？""我没犯错误。"我说："你是不是认为只要被老师叫到办公室肯定是因为犯错误了?"他说:"是。"我告诉他老师今天只是想和你聊一聊,老师看到你军训时表现很好,现在你的作业也很工整,老师想当面表扬你才叫你进来的。他对我的表扬表现出不屑的样子,我又自讨没趣了一回。

默写语文诗文时,我一般让邻座的两位同学交换阅卷。那天小波很快默完了,可跟他一组的同学还没默完。我小心征求他的意见:"我能给你先看看吗?""不行。"但他犹豫了一下还是把本递给了我。我刚看了几行,他看到旁边同学已默完,"啪"地从我手中抽走本递给了同学。即使这样我还是很高兴,他比以前进步了。要在以前,他用手捂着本,绝对不会让我看一眼的。我小心地经营着和他的关系,还有点沾沾自喜:是我的真诚与容忍让他有了这样可喜的变化。那天我从班里挑了几个孩子判自己组的基础卷。通常被老师挑出来的孩子都很得意。我把小波叫到讲台桌前小心翼翼地用商量的口吻对他说:"你能帮我判你们组的试卷吗?""不能!"说完他转身就回到了座位,把我晾在那里。虽然事先有心理准备,但是他这样不留余地断然拒绝时我心里很不是滋味。那天我的心情不是很好,估计脸色也不会很好看。我把其他几个人的任务布置完后看了他一眼,很想知道他有什么表现。我发现他也在看着我。我是多么希望他为自己草率的回答懊悔,或者他已经这样想了,要不他怎么在察言观色呢?

事后一个多月间,我没敢再要求他做任何事。上课时偶尔听到他的发言,我一如既往地给予肯定。有时他发言时我们眼神相对,他慌忙躲避。他还没有学会用真诚的眼神与人交流,以后走上社会不会与人沟通,他将遇到多么大的困难啊!我是多么想让他在学校学会知识的同时学会以平和的心态坦诚地与人交流啊。

后记:小波各方面表现很好:学习很踏实,做事很认真,从来不违纪,从来不给老师添麻烦。我想他可能习惯或者喜欢这种不被老师关注的状态,只想做好自己本分的事。倒是想改变学生的老师是否多此一举了?

2. 孔慧的行动中反思过程分析

孔慧的这篇教育叙事聚焦在师生关系上，从第二部分孔慧的案例中我们已经认识了孔慧的学生观——相信学生身上生长的潜力，用低调包容和将心比心的姿态来对待学生。这篇教育叙事中她所写的与我所观察的基本一致。对待刚进入青春叛逆期的有点刺儿的小波，她"小心地经营着和他的关系"，反复"交手"中以真诚包容了小波的不恭敬。我有两年的时间比较频繁地去她所在的学校，经常在老师办公室碰到被老师训斥和惩罚的学生，但孔慧的口碑是"从不生气"，她的好朋友李娟戏称孔慧为"老谋深算"。但通过这篇教育叙事以及后来她和小波之间的新故事，我们可以看到，虽然怀柔与示弱是孔慧的识知常态，但她也仍然经历着困境与改变。因此，通过对她的行动中反思过程进行分析，我们可以看到她的实践性知识是如何生成与生长着的。下面我将紧扣行动中反思的框架来分析孔慧的行动中反思过程。

（1）孔慧的使用理论

上文提到舍恩和阿吉里斯提出的关于在实践中的使用理论的模型，使用理论的元素有主导变量与行动策略，并通过后果来测试和修正它们。主导变量是行动者试图满足的价值观，我们的行动是建立在一个价值域之上的，有一些核心的价值点如焦虑度、自我形象等在每个行动中都会有所涉及。

这篇叙事中孔慧表现出的在学生观或对师生关系理解方面的主导变量（或价值观）包括以下内容。

• 教师应和学生建立融洽的关系。

• 教师通过和学生友好沟通获得的尊严感是教师自我形象的重要部分。从"我愣在那里有些尴尬"中可以看到孔慧的自尊受到了冒犯。

• 学生在学校学会知识的同时应学会与人交流。

（2）孔慧的单路径学习

从第二部分我们已经了解到孔慧是一个极其重视师生关系的人，而且也是受到学生"追捧"的老师。从我在她课堂多次观察到她与学生的随意交谈，到办公室如果不关门就川流不息的学生，再到那场办公室的西河大鼓表演，孔慧与学生之间建立起的默契与愉快的关系已经融入了她"示弱"与"怀柔"的身体化实践性知识之中。这实际上也成为她使用理论模型中一个核心的主导变量或价值观。正因为如此，孔慧在接新生的第一天碰了小波这个钉子后内心显然失去了平衡，她对此很是重视，并一再调整行动策略，试图通过进一步努力建立自己一向看重的亲切融洽的师生关系。

● 行动策略

① 叫小波到教师办公室并表扬他。

② 给小波机会，看他的默写，表示自己对他的重视并试探小波的反应。

③ 挑小波判自己组的基础卷，因为通常被老师挑出来的孩子都很得意。

● 后果

① 他对我的表扬表现出不屑的样子，我又自讨没趣了一回。

② 我刚看了几行，他看到旁边同学已默完，"啪"地从我手中抽走本递给了同学。

③ "你能帮我判你们组的试卷吗？""不能！"说完他转身就回到了座位，把我晾在那里。

通过这三次孔慧认为失败的沟通我们可以看到单路径学习的典型样态。在单路径学习中，我们维持着现存的主导变量，即使后果显示出冲突，我们也只寻求行动策略的改变来维持价值域的恒定性。孔慧在主导变量或师生观上并没有改变，那就是教师应努力与学生建立融洽的关系并从中获得关于自我形象的成就感，同时学生也因为受到重视和尊重而学会与人平和地交流。这是她以往屡试不爽的经验，但这个初一新生小波却让她感到挫败。这也正应了阿吉里斯等在《行动科学》一书中提到的两种双路径学习的情境——当行动者感到自己或别人困窘或受威胁时，就表示需要双路径学习；当行动者一再尝试各种解决方法，但问题却仍存在时，就表示可能有一个双路径的问题埋藏在其中。

（3）孔慧的双路径学习

一个主导变量有其可接受的限度范围，要接受一个新的变量需要时间，因为这意味着需要打破一个通过很长时间建立起来的价值恒定域，所以人们往往首先尝试调整行动策略，进行单路径学习，从而获得确定性和安全感。从孔慧的教育叙事的结尾我们可以看到双路径学习并没有马上发生。

在后记中，孔慧老师对自己以往非常倾心的这种师生关系模式、固有的学生观和师生观感到怀疑。

让我们对比一下叙事的结尾与后记，在叙事的结尾中我们可以看到孔慧的话语更多是一种权威话语，如"真诚""平和""坦诚""交流""与人沟通"，这时的孔慧仍然醉心于自己所经营的师生关系模式，即通过亲切的姿态、表扬以及让学生承担小任务来显示对他们的器重。器重既可以用"信任"和"尊重"这样的正面话语来替代，也可以理解为青睐、偏爱或取悦。而在后记中，孔慧的话语里不再有这样的大词，而是列举小波实实在在的行为来证明他是个合格甚至优秀的学生；不再是"好心好意"地对小波感到担忧，反而多了对他的理解和欣赏；再则，对自己作为老师的态度有了一种反省和超然——不再认为小波的态度是对自己自尊的冒犯，而是将其看作天性使然。可以说，双路径学习的模式清晰地呈现了人们在行动中的理论与行为模式，可以帮助人们进行第二序的改变——系统结构的改变，如师生关系、父子关系、层级关系等的改变。

（4）孔慧的实践性反思与解放性反思

虽然单路径学习和双路径学习之别可以帮助我们区分教师采取的是行动策略上的调整还是更上位的价值观的改变，但仍有其局限性。因为价值观看似简单，实则包罗万象、盘根错节、难以厘清。教师对学科、学生和社会等诸方面的知识和信念都融在巨大的价值域中。这篇叙事可以让我们大致看到教师如何在实践性反思层面进行批判的解放性反思。

实践性反思来自哈贝马斯的实践性兴趣，指人类根深蒂固的对于相互了解和沟通的兴趣，本研究中教师的实践性反思指教师对于学生的学习意向和动机的反思，对于社会、学校和班级环境的反思，对于自身的经验、行动的意义的理解和诠释。在孔慧与小波的故事中我们可以看到孔慧的实践性反思特点。孔慧对小波刚开始采用的是以往的经验形成的师生交流方式，她以前在和学生进行沟通的时候这些"怀柔"策略都很奏效，她从中获得了人缘和权威，逐渐形成了对人与人沟通的固定模式和信念。因而她也在不断地丰富自己的实践性反思策略，如表扬、肯定、任用学生，低调示弱等。但当这些行动策略在小波身上失灵的时候，她感到自己作为教师的权威地位受到了威胁。而正是这样的威胁让她看到，以往自认为与学生之间的亲和友善关系其实更多是为了满足建立自我形象的需求。

在她长达一个学年与小波反复"交手"的过程中（注：这篇教育叙事是在第一学年末完成的），她感到了挫败。为了突破这样的困境，她不得不开始从自我的更深层次去面对。仿佛是顿悟一般，她否定了自我形象中权威的一面，实现了真正的坦诚——那就是理解和尊重对方的选择，这一解放性反思使她对与小波之间别扭的沟通开始感到释然。解放性反思通常被认为是慎思理性的最高水平，它表现在教师的批判性反思的意识以及对自我与所处环境进行重建的努力中。在实践性兴趣受挫、人与人之间交流的通道堵塞的时候，我们需要解放性的反思，需要"扳正"被权力和制度系统扭曲的沟通，需要对自我的打破和重建。

（二）小波的故事后续——从不生气的孔慧爆发了

但事情其实并没有结束，孩子在成长，教师的生活与工作在继续，他们的实践性知识也随之在演变。幸运的是，我们进入该校的时间正好是初一新生入校的时间，我们几乎全程跟踪了这些孩子的初中阶段。说实话，从初一时还带着小学生的稚气与叽叽喳喳，到初三一个个都进入身体心灵急剧成长的青春期，加之面临中考的诸多压力，孩子们明显变得疲惫和老成起来。之所以交代这一背景，是因为这可以帮助我们更全面地进入后面故事的现场。

1. 小波的故事后续

一年多以后，在小波他们这一级学生初三下学期开学的时候，我见到孔慧，她很激动地告诉了我她和小波之间发生的新故事。

小波的故事后续

（上学期）期末复习的时候，学生压力也比较大。判作业时谁先做完我先判谁（的）。小波平时就是只等我一句话——"放学"就没影了，（但那天）他在等我，我可能顺序上有点颠倒，把他的作业本就放后面了。他不耐烦，在我身边走来走去也没说什么，等我判完，"啪"一下从我手中把作业本抢走了。我说"你怎么回事儿"，他就说"老师我有病"。我一下就怒了……

就在几天前，他交听写本，"啪"一下把本扔我桌子上，我问他他（，他）也是一句"老师我有病"，转身就走了，我也没跟他计较。

后来我就爆发了，全班吓了一跳。我应该是长篇大论了，主要说的是犯了错误不能一句"我有病"就不承担这个责任，这个过程中他始终什么也不说，就收拾自己的东西。估计我说得差不多了，他就走了，我也没留他。后来回到办公室我还是忍不住怒气，就跟年级组长说了，她说这还得了，给他们家长打电话。我当时这么想，这时候给家长打电话，可能说的还是气话，而且如果跟家长打了电话，往后我可能就不能再期待他有什么变化了，可能我们的关系到此就结束了。我就冷处理了，我也没给他家长打电话，他也观察了我几天，后来就淡化处理了。

我揣摩他肯定挺不安的，想着会不会他还没回家，电话就已经打过去了，家长就已经在等着要批评他或者怎么着，结果我没打电话。

后来他要一个人的电话（号码），他问了好多人没找到，找我肯定能找着。他妈给我打电话，我说："这臭孩子为什么不直接找我要啊？""是啊！就是臭孩子。"他妈说。他当时肯定在旁边。

我感觉他实际上也是在观察我，现在看起来这一段时间还行，不板着脸跟我说话了，还会笑着说"这个""那个""是吗"。

2. 孔慧新的行动中反思——从第 I 型使用理论到第 II 型使用理论

从初一到初三，孔慧和小波之间的师生交往故事仿佛一个完整的实践性知识生成螺旋。在三年的初中生活即将结束的时候，孔慧与小波之间的隐形矛盾终于有了一个爆发式的解决，最终双方都从心里发出了释然的微笑。

舍恩在论述专家的行动中反思时提出了一个关键的概念——"重新框定"或"重构"。他发现专家在独特而又复杂的实践情境中具有敏锐的寻找问题和命名（naming）问题的能力，而在与情境的对话和交易中，通过情境的回应，专家能对情境进行重新框定。这种重新框定在自然科学专业实践中意味着专业人员能突破实证主义的科学范式，如对距离、客观以及严谨、标准的要求；而在社会科学专业中意味着实践者不仅要调整行动的策略，还要检视更上位的价值观，如果不能在价值观上进行重构，就不能实现真正的沟通与合作探究。为此，舍恩也提出了第二序反思（second-order reflection），即对行动中反思本身或行动中合作双方的关系的反思。对于行动中的各方关系问题，他与研究伙伴阿吉里斯发现在实践的理论中有第 I 型使用理论与第 II 型使用理论的区别：第 I 型使用理论的行为策略是单方面地控制他人，最大限度地赢而不要输，最小化地产生或表达负面的感觉；第 II 型使用理论所主张的价值观是分享真实有效的信息，做出自由和明白的选择，对自己的选择有内在的承诺，等等（Argyris，Schön，1974：66-95）。

　　显然，从小波故事的后续中我们可以看到孔慧的第二序反思，其中最典型的特征就是她从第 I 型使用理论到第 II 型使用理论的进一步变化。我们已经分析过初一学年末的那篇教育叙事，虽然孔慧在自己的权威受到挑战时勇敢地进行了自我反思，并通过双路径学习一定程度上拓宽了自己的包容度，并且决定尊重小波的个性和选择，但我们也看到其中典型的第 I 型使用理论特点——最小化地产生或表达负面的感觉、最大限度地维持自己原有的与学生之间的亲和力。但这一次的爆发却让事情有了一个全新的发展与结局。这一次的爆发可以说有以下几个特点。

　　●孔慧不再维持自己一贯的示弱与怀柔的形象，勇敢地表达了负面的情绪。从"全班吓了一跳"的描述中我们都可以看到这次爆发是孔慧的一次自我突破。

　　●孔慧爆发中有情绪失控的一面，也有失控中的控制。虽然是爆发，但仍然维持了"无为"型教师总的包容、忍耐的特点。如事后虽然年级组长建议她给家长打电话，但她还是秉持一贯的忍耐，选择等待和冷处理。

　　●孔慧将自己内心的声音大胆地在学生面前宣布出来了。尊重学生的个性是孔慧的信念，但她认为个性也是需要底线来约束的。虽然公开坚持自己内心的原则需要冒着撕破脸的危险，但她这次选择了勇敢，正如孔子所说："见义不为，无勇也。"

第 II 型使用理论的一个核心价值观就是人需要在信息公开的情况下做出明达的选择，并为自己的选择承担责任。孔慧这次发火时强调了"犯了错误不能一句'我有病'就不承担这个责任"，在上一篇教育叙事中孔慧完成了一次自我的挑战，那就是不认为每个学生都愿意被老师关注和喜欢，可以尊重学生自己的选择，但她始终认为学会跟人交往是走向社会的必要准备。令人颇感意外的是，经过这次"炮火的洗礼"，小波跟孔慧之间反而达成了一种愉快的默契。

虽然我由于种种顾虑没有直接访谈学生，但我有一个和小波同龄的女儿，我去他们学校的三年也正是我女儿读初中的三年。虽然他们在不同的学校，但我真是"假公济私"、受益匪浅，因为这大大地促进了我对女儿的了解。我和我青春期的女儿这三年的交往大战其实与此类似，大多数时候我选择忍耐和包容，因为女儿上小学的时候也发生过我认为很严重的事件，但发火之后我发现在强迫她写的检讨书上全是恨妈妈、讨厌之类的话。从那以后我反思自己可能太着急了，孩子年龄太小，并不能分清很多事的界限，需要更多的忍耐和等待。进入初中后孩子的叛逆期到了，但也快进入成年了，我认为有些问题是原则问题必须跟她说清楚。大发雷霆之后，我们之间往往也能看到暴风雨后的彩虹，仿佛在电闪雷鸣中我们双方的负面情绪都释放了，我们反而变得更亲近起来。

之所以分享我的"隐私"，也是因为我看到在孔慧的反思中有一个至关重要的来源——那就是她和儿子的关系。孔慧的儿子只比她所教的学生低一级，年龄几乎相当，孔慧喜欢"将心比心"，这与她作为母亲与同为青春期学生的儿子之间发生的种种有着直接的联系。

3. 将心比心——儿子作弊事件

在第二部分关于孔慧的识知艺术的案例中，我们不止一次听到了她"将心比心"这个说法，一方面这是指她作为少数民族学习汉语并最终教授汉语所经历的挫折，还有一个方面就是指她在做出选择时耳边总会出现她儿子的声音。这个关于儿子作弊的故事是和几个学生作弊的故事紧紧连在一起的。

教 育 反 思

学生考试作弊是让我深恶痛绝的一件事。开学初我定下班规："考试做到无人监考。"

今天，我教的另一个班学生考试作弊了。她把纸条放进文具盒里，偷偷地拿出来抄。我当众宣布她考试成绩无效并记了零分。那女生红着脸想争辩，最后还是低头承认了。我想学生们应该明白一向很好说话的孔老师在这件事情上是很认真的。

让我始料未及的是下班回家竟听到我的儿子在英语单词测试中作弊，需家长签字。刚从爱人那里听到这一消息时我火冒三丈，经爱人劝说，我等待儿子自己承认错误。"妈妈，我今天做了一件违反原则的事。""违反什么原则？""违反了老师的原则。""在你说的这件事情上，你和老师的原则有什么不同吗？""一样。""那么你实际上违反了自己的原则。你今天做了什么事了？""我为了小利益，考试作弊了。"

我质问儿子事情的经过，听到他的老师在相同问题上采取了和我截然不同的处理方式。在考试过程中老师发现他作弊却不动声色，下课时叫他一起回办公室。到了办公室问了一句："你今天做错什么了？"见他不说话，老师说："那你再想想吧。"然后离开了办公室。大约过了六七分钟老师回来了，又问了一句："想明白了吗？"看他点点头，老师说："你拿家校通吧，我记上'请家长重新听写单词和句型'，其他的你自己跟家长解释吧，我不往家校通上写了。"最后老师说了一句

"做人要诚实"，儿子强调说老师是笑着说这句话的。

听他说完，我心中充满了感激之情。感谢老师及时发现并帮助纠正孩子的错误，而且既不伤害孩子的自尊心，不至于让他在全班同学面前抬不起头，又让孩子自己悟到了错误，有了改正错误的决心。而相比之下，我今天处理问题简单粗暴，丝毫没有考虑到学生的心理。我儿子在感激中学会了做人要诚实，而那位女生可能记住教训再也不敢作弊，内心却充满了对老师的仇恨。很难想象以后两年多的学习中，她是否能心悦诚服地接受我的教育，或者因此而厌恶语文、疏远老师。表面上我们两位老师都达到了教育学生考试不作弊、做人要诚实的目的，但这件事引起的涟漪却有了不同的姿态。

反思自己的教育教学工作，确实存在很多处理不当的地方。比如，当学生犯错误时，大声斥责、数落他们的种种不是，或一个电话告到家长那里。我想起曾经看过的一篇文章《一位母亲写给世界的信》，文中写道：亲爱的世界，我的儿子今天开始上学。在一段时间内，他可能既感到陌生又新鲜，我希望你能对他温和一点，……希望你握住他稚嫩的手，教他知道一些事情。教他——但如果可能的话，请温柔一点儿。这应该是每个母亲对世界的温柔的叮嘱吧！今天我的儿子因得到了老师的呵护心存感激；如果当时我能够换位思考，站在一位母亲的角度考虑问题，想到保护学生的自尊心，不会采取简单的批评教育的方法。

卡内基说：责怪是无用的，因为它使人产生抵触情绪，而且常使他拼命辩解自己是正当的；责怪也是危险的，因为它伤害了一个人宝贵的自尊，它会使人产生强烈不满的情绪。训斥虽然可以让学生产生敬畏，但它给学生的是无形的压力。

苏霍姆林斯基谈道：影响学生的内心世界时，不应挫伤他们心灵中最敏感的一个角落——自尊心。当学生不经意犯了一些错误时，当学生已经意识到自己的错误时，当学生因错误而正面临尴尬时，我不会再大动干戈地讽刺、训斥、批评学生，而是以满腔热忱帮助他渡过这尴尬时空，用诚挚的爱呵护学生脆弱的心，让他们切切实实地感受到老师的用心良苦，取得预期的教育效果。

在儿子作弊事件以后我跟孔慧讨论她关于处理作弊的原则，她说从自己孩子身上学到还是应该忍耐，你大叫一通也没有什么效果，孩子心里可恨你了。儿子的老师冷处理的方式也对她有很大触动，但关于什么是原则老师的确也要分清一些界限，如什么时候该收住、什么时候该发火，作弊的问题、原则是什么。接着她给我讲了下面的关于作弊的故事。

我们班刚评了上良好学习习惯阳光班，其中一条就是要诚信，考试不作弊。

那天是测验，（都是）过关题嘛，早读时我一进班，一个孩子就说老师我们在复习呢。后来我查出来他早弄到卷子在做，我就说你出来。然后那个孩子的态度特恶劣，就觉得我冤枉他了。那就不对了，那天我在走廊里发火了，结果好多人说"我还以为孔老师不会生气呢"。结果他比我声音还大，还想袒护给他卷子的同学——"老师，这都是我的责任"，最后他承认了错误。我给他处分，在班上公布了，把他爸也叫来了。

刚处理完这件事情，这周语文默写我巡视的时候，有一个坐在墙角的女生就吓了一跳，她一激灵我就觉得有问题，我一看她在纸底下压着一个纸条，我就抽出来夹在手上走了。应该说旁边人都不知道。女生的成绩属于班级前三分之一，班级活动中也特别积极。最后还是她妈妈签了字，说"感谢老师宽容处理"什么的。

还是有区分的，过程不一样，最后的结果还是要看情况。

由此可见，孔慧从儿子作弊事件中学习到的原则，并非简单地"一刀切"，而是根据具体的教育情境来调整尺度。这样的学习可以说发生在每位教师每天的生活细节中，从而使教师的实践性知识无形中发生着改变。下面我将就此进行一个小结。

（三）教师实践性知识生成的螺旋式上升

通观孔慧的案例，行动中识知与行动中反思之间的循环往复构成了实践性知识的生成过程。行动中识知指教师在行动中身心合一的、多为缄默状态的知，与波兰尼《个人知识》中所强调的识知是一致的，对旁观者而言类似艾尔巴兹所说的认知风格，对教师个人而言往往是关于学生、学科和环境的认识的一些意象，意象下有一些实践原则和规则。孔慧的行动中识知所呈现的典型风格可以概括为"无为"。"无为"型教师在学生观方面的特征是：对学生充分信任和尊重；相信学生身上埋藏着独特的天赋种子或才能；教师应该对自我有充分的了解和宽容，从而对自我的权威和学生与课程的关系进行合宜的调整。

由于在与小波的师生关系处理上遇到了困境，孔慧进入了行动中反思的过程，这一行动中反思经历了两个阶段。在行动中反思第一阶段，孔慧做了一系列的决策，然而这些囿于单路径学习框架中的决策并没有奏效。通过近一年的对这一困境的反复思考，她产生了新的行动中反思，或者说通过双路径学习，她对以往经验中固有的师生交往模式加以改变，通过解放性反思提高了自己的实践性反思的能力。

孔慧的第二阶段的行动中反思发生在小波故事的后续中，最典型的特征就是她从第 I 型使用理论到第 II 型使用理论的进一步变化。在第一阶段反思中一向沉浸在学生的喜爱和亲密感中的孔慧受到来自小波的挑战，最终达成了一个妥协："我想他可能习惯或者喜欢这种不被老师关注的状态，只想做好自己本分的事。倒是想改变学生的老师是否多此一举了？"但在第二阶段行动中反思时，她抛弃了以低调、怀柔著称的形象，不再压抑自己内心的负面情感，勇敢地挑战了小波人际交往中的缺陷，但这一次的爆发却让事情有了一个全新的发展与结局。我们可以用图9-1来概括这个过程。

这一新的行动中反思进入了孔慧"无为"的认知风格中，会慢慢融入她缄默的识知状态中，成为她日常行为背后的信念或价值域中的一部分，使她在课堂内外与学生的交往中产生与之相应的自动决策反应，可能会在遇到新的困境之后重新得到审视而发生变化。

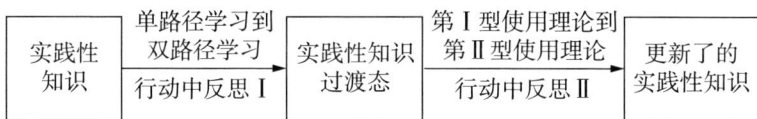

图9-1　教师实践性知识生成的螺旋式上升

两个阶段的行动中反思让我们看到孔慧一个较完整的自我改变的过程，其中穿插的关于儿子和学生作弊的案例也让我们看到行动中反思的一些新的特征。行动中反思并不以时间长短为度量，而以困境为标志，以内心的冲突为核心，以情感的堆积与释放为内在的驱动力，最终以对自我的重新认识为实践性知识生长的一个节点。虽然孔慧的案例可以让我们了解到教师在行动中反思的很多特点，但我们也需要进入不同类型的识知风格，去看行动中反思可能出现的不同特征。下文我将对比一对师徒——赵兰和李娟的行动中反思特点，这也是"融合"型与"卖关子"型教师在实践性知识生成过程方面的一个对比。

二、教师在行动中反思的层次与能力

从孔慧的行动中反思案例中我们可以大致得出行动中反思的一些关键性特征：行动中反思是由于教师在教育教学中遇到困境而被激发出来的，整个过程以教师内心的冲突为核心，以师生或者多方情感的堆积与释放为内在的驱动力，最终以教师对自我的重新认识为其实践性知识生长的一个节点。但我们跟踪的是一个长达三年的行动中反思过程，更多时候教师的行动中反思发生在教育教学的瞬间，甚至与行动中识知类似，变成一种身体的直觉性反应，让我们更难看清其中的奥妙。不仅如此，上文中我们更多地探讨了师生关系层面的行动中反思，我们也需要从教育教学的各个维度来考察教师的行动中反思。因此，下面将对比研究"卖关子"型教师李娟与其师傅"融合"型教师赵兰，来进一步探索行动中反思过程的复杂性、多样性和即时性。

（一）教师的反思水平与专家知能

人们通常把教学领域里的反思从时间维度上区分为教学前反思、教学中反思和教学后反思（傅道春，2001：178-181）。而教学中反思是这三种反思里最难捕捉的——无论对于在场的观察者来说，还是对于教师本人来说，要说清楚并系统地记录下来无数课堂反思的瞬间到底发生了什么，无疑具有极大的挑战性。而这往往就是一个专家教师的课堂与一个普通教师的课堂如此不同的关键所在。所以，我们常常忍不住问：教师的反思到底具有什么样的独特结构与特征？是否有可能揭示教师在教学中那些微妙的行为到底是如何发生的？

关于教师的反思水平问题，有研究者通过访谈和课堂观察发现，教师可能口称自己是解放型的实践者，但实行的却是控制的技术型的教学方式（Irvin，1999）。有研究发现专业能力不够的教师多为技术性反思类型，而专家教师往往只进行解放性反思或少量实践性反思，而几乎不进行技术性反思（赵明仁，2007）。对此也有研究者提出异议，并对不同认知类型的教师达到的教学效果进行研究，结果是具有不同认知兴趣的教师教出的学生在学习成绩上并无显著性差异（Butler，1998）。他们指出不应该只推崇一种认知兴趣，或把一种认知兴趣置于其他几种之上，因为这本身就违背了"解放"与"自主"的宗旨。面对日益热烈的对知识的不确定性的争论，沃勒斯坦（I. M. Wallerstein）认为应主张科学，反对唯科学主义（沃勒斯坦，2006）。而哈贝马斯也并非排斥技术的认知兴趣，他只是反对将其作为唯一的知识形式，当然作为一个社会批判学者，他将解放性反思作为反思的最高水平也是不难理解的。而课程理论界对解放性反思的高度推崇使得研究者往往带着各样的标签对教师进行简单的评定（只要有追求效率和控制表现的教师就被划为技术性反思类型），而且对各个反思层次之间的关系鲜有论及。

徐碧美（2003：13）认为专家知能是以"知道如何做"而不是以"知道是什么"为特征的。专家所拥有的知识蕴含于专家的行为之中，而不是一系列与行为相分离的命题知识。卓越表现是一种本能，"本能与直觉是专家决策的核心内容"。大多数专家的行为是自动的，不假思索的。只有当出现了新情况，并且有足够的时间以及对策相当重要时，专家才会在行动前对自己的直觉进行批评性反思。聚焦于一位专家教师与一位普通教师，方便我们对比教师在行动中反思的层次与能力。

李娟在进入初中当实验班的班主任之前一直在高中教英语，我和她最初相遇就是她作为赵兰的徒弟在高中教学期间。选择这对师徒作为考察行动中反思层次与能力的对象，主要基于以下两个考虑。第一，借鉴舍恩研究专业实践中的反思时采用的一个主要方法，即专家与新手对比研究。舍恩通过对大量不同专业案例的观察和分析，深入研究专家与新手在处理一个疑难案例时所表现出的差异，从而描述了专业实践者行动中反思的结构。他的案例中虽然涉及了教学领域，但只有对专家与新手讨论一个具体教学难点时的分析，并没有对课堂教学的观察。而在访谈和备课组活动中教师所宣称的应该怎么做往往只是信奉理论，在课堂教学中教师在处理学科内容、管理课堂、对待学生时的具体决策更能反映出教师的使用理论，也便于我们揭示教师的行动中反思的结构和特征。第二，赵兰与李娟在专业发展上呈现出明显的阶段性差异。从我们的观课、访谈以及收集的其他相关资料来看，师傅赵兰是公认的专家教师，李娟是处于发展中的青年教师，姑且称之为普通教师。她们所处的学校环境相当，教的班级水平相当，教的科目一样，而且二人在同一个备课组，在专业上资源共享。这样相似的背景便于我们对比二人课堂上的表现。通过总体情况的对比和关键性细节的分析，再辅之以深度访谈及相关资料收集，以期发现专家教师和一般教师行动中反思的差异——课堂内外究竟发生了什么？为什么会这样？面对相似的情境，不同的教师处理方式为何会如此不同？他们的不同与他们的反思水平有关吗？技术性反思对应的就是低反思水平的教师吗？高水平教师的反思就只在实践性和解放性层面吗？

（二）师徒二人在三个反思层次上的表现

需要说明的是，我对技术性、实践性和解放性这三种反思的定义更为接近哈贝马斯对三种认知兴趣的基本阐述。就技术性反思而言，我认为教师的教学工作中存在着关于学科知识、学习理论以及学科教学理论等的律则性知识，课程开发的技术性步骤也是普遍存在的，教师对最经济、最有效的教学的追求是不可回避的人类基本需要和认知兴趣。但另一方面，也存在着将技术理性模式不加区分地机械应用，不关注人的主体性、交互性和认知状态，将手段与目的相分离的控制性的技术性反思。哈贝马斯的实践性兴趣指人类根深蒂固的对于相互了解和沟通的兴趣，本研究中教师的实践性反思指教师对于学生的学习意向和动机的反思，对于社会、学校和班级环境的反思，对于自身的经验和行动的意义的理解与诠释。具有实践性反思特点的教师对待外部权威知识的态度是：需要学习，但也需要和自己的教学实际相结合，同时认为自己和学生也可以是知识的生产者。最后，我们认为教师的解放性反思指向出于权力、社会、文化和历史的原因而被扭曲的沟通，主张教师应揭示、批判具有压迫性和支配性的事物，并且努力把批判性的意识付诸行动。同时教师不仅尝试对自身作为教师的意象以及已成惯例的教学假定加以重构，而且能尊重学生追求自主与负责的权利。

1. 技术性反思

既然技术性反思的一个基本旨趣是通过对教学规律的发现和应用来求得最经济、最有效的教学成果，我们可以先从学科教学能力和教学效率两方面来比较一下二人在技术性反思层面的异同。

从学科教学能力看，她们对英语学科知识的把握水平相当。在课程设计的环节上二人也是各有千秋，赵兰更系统和细致，李娟的即兴发挥很出色。赵兰总说李娟有年轻人的激情和灵感，像火花时不时闪一下。李娟说师傅是追求完美，而自己只是追求优秀。的确，赵兰的教学设计既体现出一些核心的学习理论，又反映了她个人的智慧和追求卓越的精神。她的教学设计环环相扣，如她所说，注重"学生活动的数量和质量"以及"课堂的起伏和流畅"。而李娟在课堂设计上给学生"搭台阶"的意识显然不够，如给学生布置讨论题目时没有太多铺垫，学生讨论时感到有困难，总结发言时学生也很不积极，只有少数学生得到发挥的机会，但大多数人却没有得到太多收益。

而赵兰具有丰富的教学策略。为了提高课堂时间利用率，增强课堂的节奏感，她的点子可谓巧妙。例如，在口语课上，她给每人发了张扑克牌，给学生有效地搭了支架。赵兰注重教学目标的达成，重视教学效率，采取了种种步骤和策略（如"积分""异质分组""词汇银行"等）。可见她不仅重视技术性反思，而且新招奇招不断，以尽力提升教学效果和效率。如她自己所说：一个事情可能有一百个角度，我就是分层次、多角度把它安排得很清晰。课堂技巧，别人没想到的你想到了，把活做细、做精，才能出绝活。

而李娟在达成教学目标和效率方面显然有欠缺，具体的教学技巧也明显较少。虽然她们是非常亲的师徒，互相听课是常事，但赵兰也提道："说起来很容易，但操作起来就很不协调，同样的东西我告诉别人去做，（他们）肯定手忙脚乱，我就特擅长。"李娟自己也说过跟师傅更多地是学"面"上而不是"点"上的东西。可见李娟在教学的技术性反思上能力还不足。当然，在这里也会有一个疑问——是否重视技术性反思就是在控制课堂、控制学生呢？我们将从赵兰在实践性反思和解放性反思这两个层面的表现来反观她的技术性反思，再进一步讨论是否因为"控制"是技术理性的一个关键词，就可以孤立地将其作为评判一个教师反思水平的核心标准。

2. 实践性反思

根据本研究对教师的实践性反思的工作定义，在此将从教师与学生的沟通、对自身行动意义的诠释以及对理论知识的态度来考察赵兰和李娟的实践性反思。

赵兰高度重视与学生的沟通，她对学生是"平视"甚至"仰视"。她执教的学校不是重点中学，学生考试成绩在学区处于中游，教学中相当多的精力要花在心理教育上，所以她称自己为"牧师"。

我们学校的孩子得到的关注少，再没人关注，将来到社会上又是蔫蔫巴巴。咱这最后一关，我得让你高兴了。师生关系中，交流量一定要大。交流多了，情意到了，眼泪就出来了，情到深处泪自流，心灵一沟通了，要什么有什么，门开了。

赵兰开发出极为丰富的管理策略，目的就是理顺教师和学生、学生与自我、学生与学习等多种关系，激发学生的学习自主能力与合作意识。如她所说：

把生活中的东西、大人感兴趣的东西引进课堂。像积分，从听说读写各个角度去积分。包括表演，（有些学生）语言能力不强，但身体语言发达。各方面的能力都可以（用来）积分，积到一定分数就是VIP了。星期五是gift day，……学生高兴啊。

她把学生按照能力、性格以及互相之间的关系分到不同的组里形成课外互助组，也开展小组背单词竞赛，按小组成绩计分，高三一年能把3500多个单词轮背三四遍。

除了这样的总体策略外，赵兰在理顺和学生的关系上也有很多小策略。赵兰称自己是比较"柔"的人，对这些青春期的孩子们应"以情感人、以理服人"，所谓"顺毛摸"。她的表扬用语频繁多样，不是泛泛的"好"或"很好"，而是具体而饱含真情的，如"Excellent idea!（这个想法很妙!）""I love it.（我喜爱这个主意。）""That's a good word.（那个词用得好。）"还有隐形纠错，对学生口语中的错误，她通常的做法是用正确的和更丰富的语言复述来加以示范和纠错。还有一个突出的特点就是她的身体策略，她上课的时候无法在讲台上站立过久，总是忍不住往学生里面走，与学生一对一交谈时几乎是近距离面对面。再加上她融朴实与干练、平和与激情、细腻与爽朗为一体的教态，使得她的课堂成为流动着暖意的场，善意的笑声和学生的掌声随时自然响起，散发出一种生命的感召力。

李娟也是一个极具亲和力的老师，虽然才30出头，学生甚至叫她"班妈"。从课堂局面来看，对比赵兰课堂的师生、生生互动的活跃，她明显缺乏管理策略，对全局的把握能力也不够。她也是亲切、耐心和包容的，尤其是对成绩和纪律都比较好的学生，但对于班上难以控制的那一部分学生她有点力不从心。她的班上有笑声，但难得听到掌声。在一篇自述中她写到了她和学生从"猫鼠大战""五雷轰顶"到"终于品尝到师生感情上的幸福滋味"的过程，可以看出她正在努力地与学生进行沟通。

在对待理论知识与权威方面，二人的态度也有明显不同。赵兰一方面很重视各种教学理论的学习，另一方面对自己的教学创新也很自信。她在教学方面的点子可谓五花八门，按她自己的说法就是："课堂技巧，（是）怎么激活课堂的过程，比较土一点我叫偏方，是我个人化的东西，不是说多聪明，就是有效解决了问题，把课堂激活了。"但她也很注意吸纳心理学等方面的学习理论，根据学生情况进行应用。她说自己比较喜欢罗杰斯的人本主义教学和加德纳的多元智能，并将其灵活运用到教学管理和评价中。她也很善于引进一些新的学习理论研究成果，如"快读课文"。赵兰准备了计时器，学生一读完就报告时间，1分钟内完成的学生就得到积分。因为她读到相关研究报告，认为外语的记忆是从肌肉记忆过渡到意义记忆，大声读可以刺激大脑，让学生在声音上和器官上熟悉课文，逐渐达到意义记忆。

李娟的学科教学能力主要基于她良好的英语基本功和基本的学科教学知识，但她的自主创新意识还不够，课堂上也难以见到新的教学理论的应用。她对权威的态度更多是消极接受。如她几次提到，在她们这样的学校实行新课程太困难，自己也觉得那些理念很好，只是和现实难以协调。而赵兰说她在十年前就开始自主尝试很多现在新课程试图推行的理念和做法了。比如对学生的形成性评价，她给每个学生建立了成长记录袋，全面评价学生的各个方面，并把这些记录作为学生成人仪式的礼物。她认为对学生作为一个人的成长的关注比对他们的学习成绩的关注更重要，所以很认同新课程所推崇的"全人"的教育。

综合上述资料分析，赵兰的实践性反思意识和能力都很突出，而李娟虽然有对教学的热情和对学生的爱，但对学生的了解不足，与全体学生进行沟通的能力还比较欠缺，在知识创新上只停留在课堂上一闪而过的灵感，而没有深入挖掘和系统总结自己的特点，对权威和专家也表现出保持距离的尊敬。

3. 解放性反思

解放性反思通常被认为是慎思理性的最高水平，它表现在教师的批判性反思的意识以及对自我与所处环境进行重建的努力中。

在赵兰的从教生涯中，她经历了一个打破自我和重建的曲折过程。她说自己以前的想法是关在屋里独自修炼，出山就要一鸣惊人，而且特不合群，直到碰得头破血流，才开始反思。她现在最喜欢的方式是合作，而且不断重申自己的教育信念就是"一群人影响一群人"。她还办了个电子刊物，为全体教师提供分享教学和生活中的喜怒哀乐的地方。

赵兰总说自己想要把很多东西"扳"过来——"不是为了通过检查而搞什么活动，而是让学生从活动中受到教育"。赵兰主张"国民素质教育第一，应试教育第二"。虽然是英语教师，但她认为"咱们的教育根本不是教什么语言，就是培养一种积极的心态，怎么面对生活，碰到困难怎么去克服，好的东西怎么去分享、怎么去感激，那才叫人过的日子。人不需要英文过日子，……我这样放开以后，学生有了特别积极的心气以后，没有不学习的，所以我说是德育促教学"。

赵兰所信奉的"德育促教学"通过她在每个环节的行动一气呵成，可以说她的信奉理论与使用理论达到了很高的内在一致性。赵兰的课正是因激荡心灵而充满了生命的感召力，当心灵被激荡的时候，情感与行动就贯通了，能力也在不知不觉或半知半觉中增长了。赵兰作为教师的成长经历中有很多与权威和制度相冲突的故事，但随着年龄和阅历的增长，她的状态也逐渐从剑拔弩张的对抗变成一种灵活与平和的坚持。例如，学校为了管理方便让每个年级穿同一颜色的校服，她说是"把孩子们裹在一样的彩色大麻袋里"。她说"一个人就是他的选择的总和"，应该把穿衣服的选择权还给学生。虽然她的建议没有被采纳，但只要集体出去活动，她就鼓励自己班上的学生穿自己喜欢的衣服，看谁穿得大方和舒服。

可能由于年轻十几岁，李娟的经历相对单纯，对于权力关系和制度她并没有太多反思，她说自己热爱教师这个职业，只是常常在各种压力下情绪起伏不定。而赵兰说到不抱怨的时候就活明白了。李娟身上更多地表现出去适应环境的努力和被环境压迫的无奈，在教学中寻求自身与学生的自主解放的意识和能力还有待发掘。

从赵兰与李娟的对比可以看到专家教师在三个反思层面都有着充分的意识，也有一定的能力，而普通教师的反思在技术性和实践性层面虽有所表现，但反思的意识和能力还比较欠缺，在解放性反思方面就更加薄弱，因而没有专家教师在三个反思层次之间的贯通力。

（三）行动中反思的过程以及三种反思层次之间的张力

下面将从课堂上的微观场景来看专家教师和普通教师具体如何在行动中进行反思，各反思层次之间如何协作或角力。舍恩在对行动中反思的论述中提出了几个关键性概念——"经验库""相似地看着""相似地做着""重新框定"。实践者面对如沼泽地一般的专业情境时，会通过包括他（她）过去所有经验的"经验库"，"相似地看着"困境并寻找问题，通过"相似地做着"与情境进行对话和交易，当情境"反驳"时会对问题和情境进行"重新框定"，这意味着在关于实践性质、问题的解决方式、什么问题值得解决以及自身在其中扮演何种角色等多项选择中做出决策，即行动中反思。

1. 四个微型案例及其初步分析

为深入了解专家教师和普通教师在相似情境下所做出的不相似的行动中反思的决策，我们来看下面的几个小案例，然后加以分析。

案例1：这是一节创新式的结合听说的语法课，讲将来时态的种种形式及细微差别。比起传统的讲解然后做练习式语法课，学生参与活动较多，有点兴奋得收不住，有一个男生老是扭头和后面的人讲话，赵兰不露声色地边讲课边走过去，把他的头扳正了，全班乐。

案例2：这是一节阅读加讨论课，李娟的教学活动设计比较丰富。但后面几排的学生大都不太参与很多活动，或说话，或埋头做自己的事。李娟显然也注意到了，但难以控制。五月中旬教室人多闷热，李娟一直在声音洪亮、语音清晰地讲解。到后半节，她嗓音有点嘶哑，脸微红冒汗，看得出她在尽力克制，但还是叹了一口气。这时她提高声音对一个不断讲小话的男生说："×××，请把你的嘴闭上！"

案例3：口语课上，在谈到手机的各种功能和给生活带来的影响时，同学们发言踊跃、思维活跃，赵兰对一个个站起来发言的学生的观点进行简单的肯定，如果学生出现明显的表达错误就用正确的和更丰富的语言加以复述。有一个男生在主动发言的时候说了一句"It make us convenient."。赵兰犹豫了一下，然后说"Excellent idea! I like the word 'convenient'."。

案例4：在李娟的一堂关于名人的口语课上，学生们非常兴奋，对自己喜欢的明星的资料如数家珍。有一个男生说他崇拜贝克汉姆，李娟问："Why?"。男生说："Because he plays soccer very well."。李娟就指着坐在后排的一个高个男生说："Liu Da also plays soccer very well. Do you admire him?"。男生回答道："No."。"Why not?"李娟接着问。男生说："Because he is not handsome."。这时那个叫刘达的男生低下了头，李娟就进入下一个教学环节了。

上面的案例中，前两个是类似的情境——如何处理课上爱讲话的学生。赵兰的课上因为总体情况较好，如各个环节较紧凑、全班跟读和齐读也多（让学生都有开口的机会），学生说小话的情况不突出。而李娟因为管理课堂的策略不够丰富和细致，开口发言的机会也集中在少数人，学生说小话的现象较明显，给她明显的心理压力，所以部分地导致了她有点克制不住地说出了那句话，由此把学生推到了对立面，与赵兰的动作带来的效果形成了反差。至于案例 3，后来我问赵兰为什么不纠正学生的不当表达，她说当时本来想纠正的。如果是在平常的课上，她甚至会开这个学生的玩笑。但这是一节公开课，教室坐满了来听课的人，她注意到这个学生很紧张，为了照顾他的自尊心，她把到嘴边的指错变成了赞赏他的用词新颖。这个瞬间的反思和决策可以说反映出很多：一是她对学生心理的细心体察，二是她将学生的情感和自尊放在第一位，而不是简单地将语言学习的精准放在第一位。她说："毕竟他们是被多次淘汰下来才进入普通校的，要保护他们的学习热情和积极性。高一的学生纠错的机会还很多，而且青春期学生特敏感，他们对老师的爱护有更强烈的感知，而且这往往直接影响他们对一门课的喜欢程度。"

2. 行动中反思的层次及张力

可以说在这几秒钟的犹豫中，赵兰经历了一个重要的行动中反思过程。本来这是一个常规的技术性反思环节，对学生犯的语法错误加以指正似乎是最常见的教学策略，但她的总体策略是隐形纠错，即通过正确、多样的复述给学生树立更好的语言示范。从语言教学的规律来说，她这样的做法也呼应了当今关于语言学习规律的研究成果，即不强化学生的错误，而是用更多的正确表达来取代他们的错误，这是她在技术性反思层面的一个"重新框定"。同时，她这样的纠错方式也反映了她的实践性反思能力，即通过欣赏与交谈和学生形成亲切平等的沟通关系。而对于这个男生的回答，她又对问题进行了更"进一步的重新框定"，她没有做隐形纠错，反而加重了赞赏的语气，肯定了男生的词汇用得好。可以说这一决策是落在了解放性反思层面，首先她意识到了自己的话语权力，尽力去设想自己说的话在当下对男孩可能意味着什么，然后她又超越了自己的权力——她没有选择站在语言专家的立场对男孩进行评判，而是站到了男孩的立场上，和他成为盟友。

这个瞬间做出的小小的决策反映出的正是舍恩所描述的那种复杂而又简单的行动艺术，或者是范梅南笔下那种更为神秘的教育教学机智。正是从这里我们看到了三个层面的反思之间的角力。范梅南认为教学机智行动反映出的是一种直觉性实践，从一种忘我的行动到一种内部连续对话的行动，其中内在自我的眼睛与自我保持一致。自我的一部分和另一部分在对话。教师经常说"一部分的我想把课讲完，另一部分的我知道，我应该停下来处理出现的问题"（范梅南，2008）。教师在课堂瞬息万变的情境中，自我也是自觉或不自觉地分成几个部分。首先是要完成教学大纲和计划，然后是基于对学生的了解而选择恰当的教学方式，还要对隐藏在教学内容和方式后的权力关系与价值导向进行觉知和应答。这几个方面既可以分成三个层次，但在具体的教学瞬间它们又是交织在一起的，一方面互相争夺着有限的课堂时间，另一方面却又有着内在的相互融通和支持的关系。有着丰富的教学机智的教师正是对三个反思层次之间的张力有着清醒的认识和相应的策略，而又能加以贯通。

而很多教师正是像李娟一样放过了那些绝佳的教育瞬间，在案例4中李娟如果能抓住话头继续下去或至少简单地发表一下意见，如"我看刘达也是我们班的明星""在我眼里你们每个人都是明星"等肯定的话，对刘达、对全班同学以及整堂课的导向都会是画龙点睛的一笔。而赵兰在备关于伟人的课时首先就抓住了课的灵魂，即每个人身上都有伟大性。所以虽是瞬间发生的小事，但反映出的正是教师行动中反思时复杂的抉择和决策能力。

（四）小结

从上面的资料分析中我们可以看到，教师的反思层次可以分为技术性、实践性和解放性三个层次，他们反思的自觉意识和行动能力反映在他们对自我的使用理论与信奉理论的辨认，以及在三个反思层次之间的贯通力上。

1. 教师在行动中反思的过程和能力

从赵兰的案例中我们可以看到，专家教师进行行动中反思的过程与舍恩描述的"欣赏—行动—再欣赏"是大致相似的，其中尤为核心的是对问题的"重新框定"。"重新框定"问题的能力，就是教师在复杂多变的教学瞬间对三个反思层次的觉察以及在其间进行选择与决策的能力。这种能力的基础是专家教师在三个反思层次之间的贯通力。贯通力意味着对三种反思的充分认识，也意味着对情境和问题的重构，即决定何时何地何为优先的能力。并非所有时候都应将解放性反思置于优先地位，但这的确是一个牵一发而动全身的统领性环节，而对解放性反思的觉知力和行动力往往是普通教师比较欠缺的。技术性反思、实践性反思以及解放性反思都是教育的目标，教师既需要在技术性反思和实践性反思这两个基本层面加强积累，也需要提高批判性或解放性反思的自觉意识和行动能力，从而自然而然地实现在三个反思层次之间的贯通，无痕地消除三个反思层次之间的角力，形成一种充满生命感召力的融合，或者说发展出教师所追求的教育教学的机智。

信奉理论与使用理论的一致性问题与教师的反思能力也有直接的关系。根据我对李娟几年来的观察和分析，李娟在职业认同上出现的危机跟她一直以来发展的顺境有关，但也跟她缺乏自省的反思意识有关。在多次的课堂观察和访谈中我注意到李娟的信奉理论与使用理论常有不一致之处。李娟的主观愿望和她的实际行动之间不一致，甚至有时候自己的表述前后不一致。例如，她一方面说自己特别喜欢学生能说出和自己不一样的想法，另一方面又认为学生按照老师的思路走就是最佳学习途径，而且在她的课堂上我经常观察到的是学生超出教案预设的答案被搁置或淡化。虽然李娟在一次访谈中明确说自己是不喜欢像数学老师那样压制学生不同意见的，但她在另一次课后访谈中针对课堂上出现学生不同声音时却反复强调："他理解的是偏的，我认为就是偏的，他（的理解）跟老师的不一样。有时候很简单，老师说的是这样的，那学生顺着老师的思维这样考虑，那学生也是对的。"因此，唤醒教师的反思意识有助于教师更大程度地实现使用理论与信奉理论的一致，与此同时也可增强教师的自我同一性和自我完整性。

2. 三种反思层次之间的关系

在教学中，三种反思层次都存在，而且都很重要。指向对学科知识和教学规律的认识的技术性反思永远不可能被排除，对效率和目标的追求作为人类生活的一个基本兴趣和需要，在教学工作中是很突出的，甚至是日常教学的一个主旋律。技术性反思与技术理性控制的教学模式是有区别的。教师追求教学效率和效果必然会涉及对课堂、对时间分配、对学生活动的控制，但这不一定意味着就是追求控制的技术性反思，而要对一个教师课堂内外各种教学活动全面地加以了解。至于如何提升教学效率和效果，往往需要在实践性反思和解放性反思两个层次来下功夫。

对于教师这个职业来说，工作的对象和目的是双重指向的，即同时指向学科和学生，所以实践性反思指向实现师生、生生之间有目的和有意义的沟通，可以说既是学科教学的手段又是教学的根本目的之一。普通教师与专家教师的一个明显差别就在学生意识上，学生观体现在很多层面，如课堂设计、提问、教态、处理错误的方式等。教师成长最重要的方面就在是学生意识上的变化，专家教师的学生观变化大致为"教书—教人—教一些人—教更多人或所有人"以及"育人—尊重人—欣赏人"。

如图9-2所示，三种反思之间存在着相互影响和支撑的关系。解放性反思作为对技术性反思与实践性反思的反思，是一个教师超越自身和环境、达到更高境界的关键性能力，它指向人类的根本目标，即"共同的善"。从"善"字的词源来看，上面是"羊"，羊既象征着"生计"，也意指"美好"，可以说"生命"和"共生"就是人类共同的"善"，也是教育的根本目标。"生计"既需要对自然和社会的律则性认识（关于教与学的规律的技术性反思），也需要人与人之间的沟通和共处（实践性反思）。只是当这些指向"善"的通道（技术性与实践性的认识）被堵塞的时候，我们需要解放性反思，需要"扳正"被权力和制度系统扭曲的沟通，需要对自我的打破和重建。

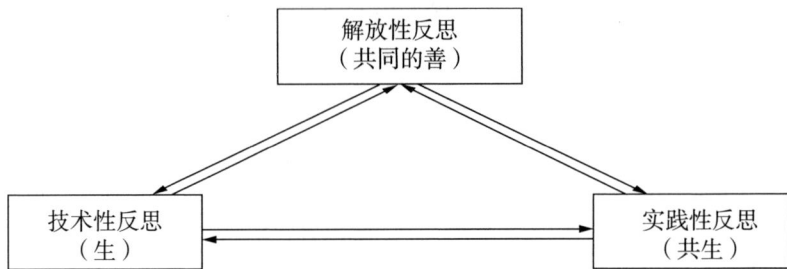

图 9-2 行动中反思的三种层次之间的关系

三、行动中反思的对话性

前面探讨了教师在行动中反思过程中所做的各种抉择，这些抉择涉及教学环节与管理的技术性反思、教育教学实践中多方关系的实践性反思以及突破权力和自我束缚的解放性反思，但对于这些选择背后教师究竟在进行着怎样的思想活动，仍然只是做了推测性的解释。为了揭示教师内心与情境之间对话的复杂性，我将在巴赫金的对话理论观照下，探究一位教师从备课到上课以及课后所发生的各种角度的对话，以期看到教师内心的声音如何在个人的生活世界、教师学习共同体以及教学文本的交互作用中生成。

（一）巴赫金的复调小说理论与行动中反思的对话性

巴赫金提出，陀思妥耶夫斯基长篇小说的基本特点是——有着众多的各自独立而不融合的声音和意识，由具有充分价值的不同声音组成真正的复调。不是众多性格和命运构成一个统一的客观世界，在作者统一的意识支配下层层展开，这里恰是众多的地位平等的意识连同它们各自的世界，结合在某个统一的事件之中，而互相间不发生融合（巴赫金，1988：29）。不同话语间的对话就形成了复调小说的结构。在巴赫金看来，陀思妥耶夫斯基好像是实现了一场小规模的哥白尼式革命。这一场哥白尼式革命与波兰尼对于个人知识的阐述显然有异曲同工之处，这对于我们探究教师在行动中反思的对话性至少有以下几个方面的启示。

1. 教育视觉与教育结构的重心转移带来焕然一新的世界

巴赫金指出，复调型小说中，构成主人公形象的因素，不是主人公本人和他生活环境的特点，而是这种特点在他本人心目中和自我意识中具有的意义。对陀思妥耶夫斯基来说，重要的不是主人公在世界上是什么，而首先是世界在主人公心目中是什么，他在自己心目中是什么。这一场哥白尼式革命对我们研究者的眼光、对教师看待学生的眼光都有重大启发。

研究者看待合作教师的时候，往往难以摆脱学术话语的构架与研究的需要，而要真正理解教师的行为和意义甚至其内心世界，就需要颠覆自己的习惯性和权威性意识，从他们的眼光去看世界和他们自己，尽量避免从自己的评判标准出发去定位教师，这样才能更好地理解教师的行动，才能有实现视域融合的可能，但这并不是一种完全的融合，教师的世界和研究者的世界有交叉，但必然也有独立的部分。

教师看待学生的眼光也可以分成两种。教师带着成人世界的标准和需要去看待与培养学生，似乎无可厚非。然而越来越多的实践困境让我们看到，我们需要更多的换位思考，将心比心，从学生的眼光来看学科、看学习和看世界。这并非简单地倡导学生中心就能实现，从前文诸多案例中可以看到，教师眼光的转变隐含着价值观和世界观的转变，隐含着对自我的否定和超越，因而会有情感的冲击和不确定性的困惑。一旦教师能实现双路径学习，开始由第 I 型使用理论向第 II 型使用理论转变，就能开始从实践的困境中突围。教师的变化带来教育教学氛围与效果的巨大变化。正如巴赫金在陀思妥耶夫斯基作品中所发现的，"过去由作者完成的事，现在由主人公来完成，主人公与此同时便从各种可能的角度自己阐发自己，也就是第二现实。整个艺术视觉和艺术结构的重心转移了，于是整个世界也变得焕然一新"（巴赫金，1998：4）。

2. "作者世界"与"主人公意识"相对于"教师世界"与"学生意识"

在巴赫金论述陀思妥耶夫斯基创作中的主人公和作者对待主人公的立场时，区分了托尔斯泰的独白型构思与陀思妥耶夫斯基的复调型构思。

在托尔斯泰的创作中，主人公是封闭式的，他的思想所及有严格限定的范围，他的活动、感受、思考和意识都不能超出他的为人。主人公的自我意识和议论，不会成为塑造主人公形象的主导因素，不会出现第二个同等重要的声音，因而也就没有多声部性组合的问题。托尔斯泰独白式的直率观点和他的议论到处渗透，深入到世界和心灵的各个角落，将一切都统辖于他自己的统一体中。

与托尔斯泰式的"作者世界"相反，陀思妥耶夫斯基的复调小说中，作者对主人公采取了全新的立场——作者不为自己留下任何重要的内容，并且以与主人公平等的地位参与到整个小说的大型对话之中。主人公反对文学中把人看死的完成性，这种独特的"造反"包含着深刻的意义和重要性，即不能把活生生的人变成一个沉默无语的认识客体，一个虽不在场却完全可以完成定性的认识客体。一个人的身上总有某种东西，只有他本人在自由的自我意识和议论中才能揭示出来。

据此，巴赫金提出了陀思妥耶夫斯基复调创作中的一个重要元素——主人公意识。在小说后来的情节发展中，人物、思想、事物等构成小说内容的一切，都不游离于主人公的意识之外而与其毫无关系，相反是与他相对照比较，并通过对话形式反映在他的意识中。而"能与囊括了整个实物世界的主人公自我意识并行不悖而处于同一层面的，只有另一人的意识；与主人公世界并行不悖的，只是另一个视野；与主人公世界观并行不悖的，只是另一种世界观。作者只能拿出一个客观的世界与主人公无所不包的意识相抗衡，这个客观世界便是与之平等的众多他人意识的世界"（巴赫金，1998：4-5）。

这是一段关于复调存在合法性的精彩论述，"作者世界"与"主人公意识"对于教育理论来说也是一个极好的借鉴。"作者世界"类似教师中心的思维方式或者一言堂式的教学方式，"主人公意识"类似学生中心，但要真正理解这两个中心并非易事，而且学生中心的说法并不妥当，因为"主人公意识"并非将他人意识置于次要地位，而是承认存在一个包括教师意识在内的众多他人意识的世界，并且承认它们是平等共存的。

巴赫金（1998：3）说，陀思妥耶夫斯基"把作者和叙事人，连同他们所有的观点和对主人公的描写、刻画、界定，都转移到主人公本人的视野里，这样他便把主人公整个完善的现实，变成了主人公自我意识的材料。……这样一来，陀思妥耶夫斯基就真的把作者引入了主人公的视野了"。这段话清楚地告诉我们，教师的视角也是可以发生这样的转换的，如果教师把学生引入自己的视野，这很正常；但教师把自己引入学生的视野，这显然不合常理。无怪乎这样的转换被巴赫金称为一场小规模的哥白尼式革命。教师作为成年人，必然首先把学生放在一个教育教学的大次序中，但这样的次序仍然是从上至下的；而所谓教师主导下的学生中心至少说明学生应该作为学习的主体，学生学习是教师一切工作的真正目的。"主人公意识"不仅驱使教师逆常而行，将自己放进学生的视野中，更是让众多他人意识同时展开、进行对话。这正是教师日常教育实践最真实的状态，只是不同意识之间究竟发生着什么样的对话，需要进一步借助巴赫金关于权威话语与内部说服性话语的区分。

3. 权威话语与内部说服性话语

巴赫金发现，在陀思妥耶夫斯基复调型小说中有两种话语形式，一种是与独白型思维相对应的权威话语，另一种是与对话性思维相对应的内部说服性话语。

权威话语要求我们接受并学习，它在很久以前就与等级制有机地联系着，与权威的力量结合了，是先"我"而在的话语。权威话语能在自己周围组织起一些其他话语，如解释、夸赞权威的话语，或这样那样运用权威的话语等，却不会同它们融合。专制的话语要求我们无条件地接受，绝不可随意地掌握，不可把它与自己的话语同化。权威话语能表现各种不同的内容：专制性、权威性、普遍性、传统性、官方性等（北冈诚司，2002：129-131）。

与外在的专制性的话语不同，具有内在说服力的话语在人们首肯的掌握过程中，同人们"自己的话语"紧密交融。自己的话语是从个体所接受和掌握的他人话语逐渐缓慢加工而来的，它们之间的界限起初几乎完全感觉不出来。平时在我们的意识中，有内在说服力的话语总是一半自己一半他人的话语。它的创造力在于能唤起独立的思想和独立的新的话语，在于从内部组织我们的话语，而不落到孤立和静止的状态中。它自由地进一步发挥，适应新的材料、新的环境，同新的语境相互映照阐发。此外，它还同具有内在说服力的其他话语紧张地相互作用、相互斗争。我们的思想观念形成过程，正是诸话语的不同思想观点、角度、派别、评价在我们的意识中紧张争斗，争取统治地位的过程。具有内在说服力的话语，它的意义结构是开放而没有完成的；在每一种能促其对话化的新语境中，它总能展示出新的表意潜力（北冈诚司，2002：132）。

为了更清晰地辨认各种话语之间的角力，我们将通过下面的案例进入教师的日常教育教学实践，从中我们将深入分析孔慧与各种话语之间进行的或接纳或反驳或迷茫的互动，从而看到教师在生活与教育实践中如何选择进入内部说服性话语，一定程度地生出创造性与解放性的空间，并在这些空间里使自己的思想、信念和价值观得以构型。

（二）复调型课堂与教师内心的声音

这是一堂有所设计的研究课，就是找到几篇较完整的课文做案例，利用教师教授两个平行班的特点，对两个班的同一节课进行观察和录音，然后马上进行访谈。目的在于对比前后两个班的教学，以便捕捉教师课堂行动背后的心理活动。这篇课文是初一语文课本中的《我们家的男子汉》，由孔慧老师来讲，由于李娟是第二个班的班主任，她很好奇她班上的同学们关于男子汉的种种想法，于是也来听了这堂课。这是一个值得感谢的意外收获，因为我们在课后展开了 1 个小时的交谈，其中"无为"型教师、"卖关子"型教师、研究者就这次鲜活的课堂进行了多角度对话，这场对话中还夹杂了教研员、专家教师、孔慧的儿子、学生等各方的声音，充满了权威话语和内部说服性话语之间对话的张力与创造性。

1. 独白型课堂和复调型课堂

《我们家的男子汉》这篇课文是当代作家王安忆的作品，记录了她和自己的外甥之间一些充满亲情的小事件，生动地描述了一个小男孩成长过程中的种种细节。一上课，作为热身活动，孔慧让女生说说她们心目中的男子汉是什么样的。大家空前活跃，女生虽不无羞涩，但也一个接一个站起来说了自己的看法。课堂上多向、多轮对话迅速展开。

男生 1：首先得是个男的。

孔慧：啊，是的。

女生1：我心目中的男子汉要乐于助人，有雷锋精神。

男生2：老师！这话有矛盾！雷锋精神就是乐于助人，有重复，语意重复，应该删掉！

女生2：我心中的男子汉要英俊、潇洒、豪爽、成绩优秀、有责任心。

男生3：这还是人吗？

男生3：按刘××（指女生2）看男子汉的标准，（我们）太没自尊了。

孔慧：天啦，孔老师的手够用吗？（孔慧用手数着学生答案中的项目）

女生3：男子汉成绩是优秀的。

孔慧：为什么要成绩优秀？成绩不要定义为学习成绩，应该是综合素质，不要狭隘。月亮是个好，就如同那个好，只要是个好！（孔慧引用上周学的课文）

女生4：男子汉要大方、担当、主动帮人、仔细、冷静……

男生4：这简直就是择偶标准嘛！

一下子所有人都开始笑。孔慧听后也是微笑，然后直接点了下一位同学来发言，这样不经意间将对话转回了正常的教学程序中。对于中学生而言，恋爱、择偶等都属于敏感话题，很难在此时此刻将其拿到课堂上公开讨论，因而孔慧选择忽略了这一意外。但接着课堂上又出现了一个更大的意外，男生任××突然趴在课桌上哭了起来（参见第六章）。孔慧对这一意外的处理充满机智，自然地将其直接与课堂教学内容联系起来，平息了课堂骚乱，更重要的是保护了这个爱哭的男孩的自尊。关于这件事的处理，我、孔慧、李娟有一段很精彩的三方对话。

我：当时那个男孩子突然哭了，你就说"哭了就不是男子汉吗？哭了也是男子汉"。你是突然想到的呢，还是早就想……

孔慧：（笑）没有没有，这绝对是当时这么说的。

我：对呀，你怎么突然一下想起来要说（这个）？那个学生爱哭的事儿你心里面一直有点关注是吧？

孔慧：他们有些孩子就是爱哭，"男儿有泪不轻弹"是不轻弹，但我觉得还有下面一句话呀，"只因未到伤心处"嘛。对他来说，伤心的那个点就跟那个燃点不一样。对他来说，很小的一件事情可能就触动他的感情，就让他哭。

李娟：受不了那么敏感的。

孔慧：他那种感情就是那样的，我觉得（他）没必要因为这个就特自卑，那男孩的脸都臊红了。

我：还有就是有个女生说男子汉要成绩优秀，你心里也是不太认可。当时有学生就叫起来了：啊，成绩优秀才是男子汉啊！

孔慧：所以我就只好偷换一下概念，成绩不光是指文化成绩，各方面的成绩都可以。

我：其实你也是想实现价值观的一种传输或者……？

孔慧：（可能）潜意识的，其实也没想到这个价值观（笑）……

李娟：挺简单的一文章吧，啊，扯出那么多东西来，真的。（笑）

我：你为什么要查一个关于男子汉的解释？

孔慧：我实际上为了让我自己课上能够"冒"东西，我会做一点外围的事儿。

我：比如说？

孔慧：比如说昨天晚上我看了看文学作品里的男子汉是什么样，这样省得学生说得挺好的，我脑子里还没东西，变成学生教我了。所以说看看有点关系的东西，然后包括我们组说的那个"男儿有泪不轻弹"——

我:"只是未到伤心处"。

孔慧:"只因未到伤心处"!（强调"只因"）我查了一下这是从哪儿来的，因为万一哪个学生问这是哪儿出来的话呀，我查了一下，原来是昆曲。

孔慧:有一些没发言的孩子，……实际上不敢说的孩子，蔫蔫的那种，他有他的想法，就是从他的角度出发（思考问题）。

我发现两个班在发表关于男子汉的想法的热身环节方式上和所花的时间上都有所不同，还有一个关于上课时间把握的问题，我们也就此进行了三方对话。

我:还有就是你对每一个环节的时间把握有没有一个（限定）？我看你没看（用了）几分钟啊。

孔慧:我就觉得这个时间比较合适:调动的气氛呀，还有孩子们说的那个点啊。如果再让他们说下去实际上好多东西就是重复了。

我:你觉得差不多饱和了就不再（让学生）说了。

孔慧:嗯。

我:你也没有一个时间焦虑?

孔慧:不会。焦虑（笑），我一般情况没有。

李娟:我原来不这样，但是我现在老这样（有时间焦虑）。

孔慧:时间不够了，我就删了。因为我觉得，两节课讲完，不是说我准备了这么多我非得把它（讲完），这节课我觉得我没强化的这个东西有可能我在下一节课再做，我觉得还是看他们自己真的看完了没有。他们还没想完呢，还没写完呢，就开始讲了，我不这样。实际上有很多孩子还没想完呢又开始被牵着走了。

我:英语课上会赶时间?

李娟：对，我就有，比如刚才我马上就有感觉，我抽查单词的时候，要符合我（所预设）的，多一个你就不要再说了。因为我总觉得我的东西讲不完，有好多东西要他们（学生）做。比如说这个课文我最终要讲到这儿，最终他要能写出一段文字来，那我必须……到这儿来。如果我领着（他们）到限定时间了没有过来，我一定要反过来想，到底哪儿耽误时间了。

这次课后的三方对话充分展示了一个"卖关子"型教师和一个"无为"型教师的区别。孔慧反复提到的从学生的角度出发在她备课、上课的过程中都自然流露出来，课堂上的师生、生生之间的多向话轮以及新知识的生成让我们看到生动的复调型课堂。由于我们和李娟在这里是很轻松地交谈，她也自然而然地表露出自己的想法，如对于一个爱哭的男生她的想法是"受不了那么敏感的"。她的识知风格是大刀阔斧地直奔教学目标，在一定时间内最高效率地完成更多的教学活动，因而学生自由发言时，她的主导思想是"要符合我（所预设）的，多一个你就不要再说了"。这样的心态使李娟的课堂主要呈现出一种独白型的风格，独白型并非指教师一言堂，而是指教师的心里没有真正倾听不同声音的余地，因而也很难形成多方对话那种流动不居而又生机勃勃的课堂秩序。独白型也意味着教师的整个课堂思维是围绕自己的教学目标、按照设定的教学步子走，而不是适应学生的步调、揣摩学生的接受程度、进入学生的意识。

巴赫金认为，在陀思妥耶夫斯基的复调型构思的条件下，主人公及其声音相对自由和独立。同样，在教师的复调式思考方式中，学生的声音相对自由和独立。孔慧课例中关于理解苏轼的"闲人"这一教学难点，正是因为课堂的开放性和学生声音的自由、独立性而得到解决。在那次课后的访谈中孔慧谈道：

今天我一直在想，早上来的时候，吃饭时还跟一个同事讲："这'闲人'我们怎么去理解？"不到现场有些东西就是抒不出来，有时候在课上也不一定出得来，好的时候现场正好能够找到一个突破口。

……

一个学生站起来说，第一个闲人是指有职无权，第二个（是）超凡脱俗、不与世俗同流合污啊！但是我当时绝对没有想到那儿去。我想说的是在被贬谪的情况下还能有这样的闲情逸致，看到的景物是这样。

孔慧对课堂的现场总是有一个期待："不到现场有些东西就是抒不出来"。正是由于她这种开放的心态和对课堂生成的期待，生成了多方自由对话碰撞的复调型课堂，也带来了她想要的那个"突破口"，并超乎她想象地实现了当代初中生对千年之前皎洁月色中的苏轼的理解。师生之间、师生与作者之间、当代与古代之间展开了精彩的对话与意义建构。

独白型思维的特点主要是"学生跟着我来就行"，而往往忽略这些教学目标在学生心目中的意义。李娟和孔慧最大的不同就是成长的经历。李娟在学校一直担任的就是领导者的角色，在家里也是弟弟的绝对领导，有着掌握权威话语的自信。而孔慧由于出身少数民族，母语并非汉语，在学校经历了漫长的失语和寻找自我话语的过程，因而更容易从学生的角度来看待课文与课堂。有意思的是，在我们三方的对话中，李娟也开始意识到一些她所缺失的，如她说："挺简单的一文章吧，啊，扯出那么多东西来，真的。（笑）"

但随着三方对话的展开，还有更加有意思的碰撞即将发生。

2. 教师声音中的权威话语与内部说服性话语之争

如上文所述，我们跟踪听了两节应该是一样的课，实际上两节课却大不相同，教学内容有了大调整。课文是几个独立的小事件构成的，

第一节课采取的是通篇总结，通过对几个事件逐一进行概括来厘清课文的脉络。而第二节课孔慧却不再对整个课文进行梳理，而是就一个事件进行深入理解和概括，通过词、句赏析来引导学生感受作品的生动与感人。关于备课和上课调整的过程，孔慧有一段很长的说明。

　　我：先自己说一说是怎么设计这个课的。

　　孔慧：我昨天见到区教研员了。我说这篇课文我觉得特别简单，没有一个什么突破口——就是说，到底学了这个东西，你让学生获得点什么东西？区教研员是说，呵，不要总停留在概括事件上，然后还得（让学生）知道这个过程。（我）还是没有得到一个特别有力的……启发。我昨天晚上我跟我儿子说，孩子，我请教你一个问题。他一听"请教"，特得意，觉得机会来了。睡觉前让他读了一遍课文，读完了，他就在那儿乐。然后我说，你觉得这篇文章怎么样？他说，这篇文章挺有特点的，不是连续的几件事。他能看出来，那就说明孩子对这种结构的把握不会有问题，这个对他们来说不会是难点。然后，他说，你要上课啊，可以这么上——你列一个表格，然后一件一件事，可以把那个文章的主人公、那个"我"，从叙述的角度，把她的评价也写出来，然后第三个呢，还可以有"我"的想法。我一想，这个也是一个上法。"大师"要上课，肯定会这么上。（"大师"）就是他们那个语文老师、北京市骨干（教师）。我儿子说你为什么请教我啊，我说你是那个"大师"的弟子啊。我总拿那"大师"开玩笑。我觉得还能从"大师"那儿学点东西，（比如）她培养孩子们整理、积累知识的习惯什么的。

　　然后，我就想了想。我觉得教授这篇文章本来训练的是概括事件，就像昨天教研员的话，她觉得这是特别容易的一件事情。但是实际上从现在来看呢，是估计不足。实际上，对他们（学生）来说，把那个事件"倒"出来也挺不容易的，用准确的（语言）概括更难。所以第一节课的时候，就因为估计不足，整个一节课就是做概括事件的事，过于平淡。

然后，这篇文章，我觉得还有需要落实的东西，概括事件仅仅是一个简单的训练。从词语、句子的角度，我觉得我们写的东西都干巴巴的，怎么她写的那个小男孩就这么有趣啊，我们读时都会心地笑，所以我觉得还得让学生知道她（是）怎么写的呀，应该可以从词语和句子的角度（去讲）。（至于第二节课调整内容是因为）后来我觉得作为一节课应该有亮点、让学生兴奋的东西。刚开始上课可以让他们谈他们那个心目中的男子汉，其实就是一个引子，活跃气氛而已。但是作为一节课研究文本来说，肯定是没达到那个深度。所以我觉得后面应该还有一个高潮的东西，或者是这节课上应该让学生实实在在地得到一些东西。但是第一节课后还是过于平淡，就是说概括事件这一节课没让学生提高多少，能力上应该是没有什么太大的提高。所以我就想第二节课的时候就打乱顺序，这么一个一个说，不如把一个说透。所以第二节课明显不一样。

我：所以你觉得第二节课还是要……

孔慧：相对来说应该是第二节课（使）学生收获更大一些，应该是第二节课会更有效一些。

李娟：但我觉得孔老师刚才说的跟她儿子的对话，给我一点启发。厘清思路，做成一种类似于表格的东西。你儿子的建议是非常好的，我就会采用你儿子的这种方式，……实际是两个班完全可以共用的一个模式。而且孩子（学生）的思路会很清楚，会跟着你。

上面这段话中出现了多人的声音，有代表权威的教研员，有代表学生的儿子，也有透过儿子出现的"大师"（专家教师），还有来自同事李娟的自信的指导。我们可以通过表9-1对此加以提炼。

表 9-1　教师心中的各路声音之争（social struggle）

多种声音	权威话语/内部说服性话语
教研员	区教研员是说，呵，不要总停留在概括事件上，然后还得（让学生）知道这个过程。（我）还是没有得到一个特别有力的……启发
儿子	我说，你觉得这篇文章怎么样？他说，这篇文章挺有特点的，不是连续的几件事。他能看出来，那就说明孩子对这种结构的把握不会有问题，这个对他们来说不会是难点（从孩子到他们——学生）
"大师"	他说，你要上课啊，可以这么上——你列一个表格，然后一件一件事……。"大师"要上课，肯定会这么上
李娟	厘清思路，做成一种类似于表格的东西。你儿子的建议是非常好的，我就会采用你儿子的这种方式，……实际是两个班完全可以共用的一个模式。而且孩子（学生）的思路会很清楚，会跟着你

在听到李娟直截了当的质疑后，我们的访谈出现了几秒钟的静默。然后孔慧解释说："刚开始准备的时候有个东西（指表格），（后来）我觉得这种东西没有意义，所以我就删了。"

"意义感"的寻求对孔慧来说不是一个轻松的过程，对于自己两节课的调整她也有困惑与不安。

孔慧：我是经常会自责，我两堂课经常会有换样的时候，我觉得还是我的预设不够，这属于我的弱项。虽然我知道我要教的是什么东西，但一直到昨天晚上，我脑子里的东西还是非常模糊。就是说，到底这两节课什么是我特别想要学生知道的，用两节课时间让学生要有收获？就这么个过程。我觉得，之所以我上第二节课总是有变化，形式上不一样啊，内容上可能增多呀，我觉得还是在前面预设得不够，所以才会出现这样一个状况。

我：我也经常出现这种状况。

　　孔慧：有的时候我会想是不是备课下的功夫不够啊，真的，我会这么想。

　　我：你的这种变化呢，是结构上的变化多呢，还是细节上的？

　　孔慧：两个班经常不一样的是顺序，就像今天这样的，我会把后面的放到前面来讲。或者原来是从第一段开始讲，有可能这么讲没意思，下一节课我从中间某一段切开，从那儿开始讲。

　　我：那你要真的就是说，你什么都预设好了，每1分钟吧，起码每5分钟要做什么都完全在你的控制之中——

　　孔慧：那是我做课，那肯定是做课。（笑）

　　孔慧：然后为了让我自己这种失误少一些，我就想尽量让自己多准备一些，尽量在课堂上能多呈现一些内容。因为我总是想教材里东西太少了，我总是有这种想法，所以我可以多准备一点，没准儿哪一样可以用上呢。就是说，做课是这样，你会有一个试验。但是实际上我还是更喜欢自己课堂上蹦出来的那些东西。

　　虽然自己对于两节课的教学内容调整也有困惑、有挣扎，但孔慧最终还是听从了内心的声音——还是更喜欢自己课堂上蹦出来的那些东西。下面我们将就此做一个结构性的分析。

　　3. 从"占用权威话语"到"各路声音之争"到"成为自己"

　　在艾尔巴兹于2005年所著的《教师的声音：讲故事与可能性》一书中，有一个名叫尼娜的教师的故事。对于这位身处复杂的种族和民族冲突环境的以色列教师而言，她内心的权威话语与内部说服性话语之争经历了以下三个阶段。

　　占用权威话语（appropriation）。在尼娜的故事中我们看到她拥有一些权威话语和公共教育话语，谈论学生的不同能力和她所反对的种族歧视、学校人员的各种责任以及她努力为学生提供通过考试的知识和技能。

各路声音之争（social struggle）。在尼娜的故事中，我们看到她努力发展一种可能：用能促进所有学生学习的方法来教学；促进合作学习的关系，促进不同种族学生的相互关心；说服她的同事，学生们尽管有这样那样的问题，但他们有能力并且愿意学习。

形成内部说服性话语（成为自己，becoming）。发展有助于我们成长和变化的内部说服性话语，重构我们已接受的知识，选择对目前情况最新最有用的知识。在尼娜的故事中，她说明了她想成为什么样的教师以及未来的梦想。

这三个阶段对于我们分析孔慧内心的声音有很大的借鉴意义。由于整个访谈有 1 个多小时，转录成文字有接近 2 万字，所以在此我将直接从中摘录一些片段（其中包含权威话语和教师内心的说服性话语之间的冲突与联结），然后我们来分析说明这三个其实并不能截然分开的阶段。

下面我将通过话语的三个阶段来梳理和辨别教师内心各种声音之间的交集与斗争，以期看到教师内部说服性话语如何形成。

（1）占用权威话语

权威话语表现的通常是专制性、权威性、普遍性、传统性、官方性等内容。作为一名有十几年教学经历并且在学校颇受领导和同事赏识的中学语文教师，孔慧自然拥有一些权威话语和公共教育话语。如要教书也要育人，要应试教育也要素质教育，要得到学生的尊重也要有亲和力。在这里师长的声音、母亲的声音是突出的——"有我会让孩子走更好的路""我的孩子要考不好我肯定很难受。这是肯定的"。她也会请教代表官方话语的教研员和听从他们的声音，她甚至通过儿子来间接得到专家教师的指导。在校长、同事包括任教不同学科的李娟面前她都倾向于保持倾听和学习的姿态。再则，她也通过课题、公开课、教研培训的方式走出本校，听取各种带有一定学术权威和官方话语的声音。如有一次她提道：

有一次听课讲什么建构主义，多次提到皮亚杰，我就不知道，这是谁呀？能够听到有关这方面的知识也好，我觉得挺高兴的、挺愉悦的。自己做的就是教师的工作嘛，开阔眼界挺重要的。

（2）各路声音之争

虽然权威话语本身通常是严格界定的，要求我们无条件地接受，绝不可随意地掌握，但这些边界清楚的话语进入一个身处复杂的社会文化情境的教师认知以后，不可避免地会与教师内心各方的话语交锋，带来教师内心的困惑与不安。对于孔慧而言，来自各方的声音之间的交锋主要体现在学科教学、应试教育与素质教育、价值观的导向这三方面。

在学科教学方面，让语文教师孔慧最为挣扎的是文本分析与文学的美感之间的张力。因此，她宁可舍弃"大师"、"大师"弟子、教研员、同事一致推荐的概括文章的框架，承担心理的压力与自责。

其实有时候我特别地感到自己失败的时候……，非常有趣的文章，然后语文教学肢解它的时候（它）就（被）破坏掉了。嗯，你看那个《从百草园到三味书屋》，其实百草园的生活多么有趣啊，但是一讲就没味儿了。那鲁迅当初写那个东西，他肯定心里面真的想写这个东西。但我们在给学生（讲解分析时），问"学了什么呀？"哎呀，我觉得真的是索然无味。

我不愿意那个……条条框框呢。解读文本时，画一个表格的那个思路应该是挺好的，以前讲说明文就用这个方法。我问我儿子的时候，他的年龄跟初一的孩子差不多嘛，我更想知道的是他读完这篇课文他认识到什么程度了。至于他说的那个条条框框呢，有时那个框框会局限你，有的有修辞，有的没有修辞，有的可找的词也不一样。因为语文毕竟不是公式，为什么说明文可以用呢？因为它本身的条理性是非常强的。对于一个文学作品，你用那个条条框框来套，有些是空项，因为它不是那种特别有序列的东西。

在应试教育和素质教育之间的权衡与选择被很多教师称为"戴着镣铐的舞蹈"，孔慧也一再表达了自己在这方面的困惑。我们可以看看下面这段访谈。

> 我：你有没有想过语文教学的目标是什么？
>
> 孔慧沉默。
>
> 我：自己心里认可的，不是回忆那个大纲。
>
> 孔慧：（笑）没有没有，我不回忆那个的。
>
> 李娟：就是她很有她自己的那个思路和方法。
>
> 孔慧：语言的目标其实我觉得，包括我还想过，有报道说好多研究生一写文章就有病句呀、错别字呀，其实这个东西，我一想，就是中学教育（阶段）的语文教学的一个失败。然后还有一个呢，你学好语文，你看很多东西，确实就像有人说的，你能活好几辈子，跟着小说中的人物啊，你的人生变得比较厚实、丰厚了，而且会让人的感情也更丰富。我觉得文学作品就是应该能起到这个作用。我不知道我是不是偏啊，我不知道。你让他们学这个东西，你让他们感受到美的语言，然后这种东西又能感染到他……，所以我要是看到什么文章特别好，我会在班里面读。
>
> 李娟：对，我觉得她这是一特别好的习惯。
>
> 我：你首先说的是研究生写作问题是语文教育的失败——
>
> 孔慧：刚才脑子里想了很多，又想起那个报道了。
>
> 我：那有两个方面的目标？
>
> 孔慧：肯定有一个应试的目标，我作为一个语文老师有一个前

提——首先要正视这一点，就是说我的孩子要考不好我肯定很难受。这是肯定的。有的时候，比如说就像文言文翻译，考试的时候你非得要把这句话写出来，必须得这样。我觉得语文教学就是，你既得教他应付考试，然后又能帮助他理解在学校之外看到的一些东西。

我：素质教育和应试教育之间冲突吗？

孔慧：我觉得我都迷失了。初中三年刚开始的时候什么都想练练，但最后还是看分数。考试嘛，有些东西就是死的。就像回答问题，让发表感想，我觉得这么想怎么不行啊，但考试时这么想不行，必须得尊重文本，从文本中产生一些感悟，不见得是学生真正感悟到了，但必须扣着主题，说一些言不由衷的话，必须得这样才能得分。出题者这么问可能是希望学生有一种大的主题的感悟，但学生真正读文章的时候他那种切身的感悟可能到不了这儿，但是没有办法，必须得说些冠冕堂皇的话才能拿得到分。

孔慧对于应试教育与素质教育之争的看法与她对于语文教学目标的看法是一致的。她虽然不认可应试教育中追求标准答案与高分的一面，但她也认为为了孩子的前途，学会考试技巧是必要的。她对那则关于研究生语文能力低下的报道耿耿于怀，我们可以看到她的眼光总是不想局限于几篇课文或者仅仅应付考试，所以她总是寻找课外资料，也总是寻求一些变通的方式，让学生明白除了应付目前的考试外，学习语文还有一生的价值——能恰当地表达思想，能享受文学的美感，能过更丰厚的人生。

教师的职责除了教书还有育人，但其实教书和育人是分不开的。育人往往涉及对学生价值观的培养，如《我们家的男子汉》这篇课文的主题"男子汉"关系到学生的自我形象与外在标准，如何把握课堂教学就直接表明了教师的价值取向与导向。具体而言，这堂课中有两个关键词与此相关——"偷换概念"与"贴标签"。

  • 关于"偷换概念"

我：还有就是有个女生说男子汉要成绩优秀，你心里也是不太认可。当时有学生就叫起来了：啊，成绩优秀才是男子汉啊！

孔慧：所以我就只好偷换一下概念，成绩不光是指文化成绩，各方面的成绩都可以。

我：其实你也是想实现价值观的一种传输或者……？

孔慧：（可能）潜意识的，其实也没想到这个价值观（笑）……

  • 关于"贴标签"

区教研员就是说，呵，不要总停留在概括事件上，然后还得（让学生）知道这个过程。但概括出来的应该就属于"贴标签"，一看就是坚强，要独立。对，这都是属于"贴标签"，他就找到这些大词了。

上面给的课件里说的那个心目中的男子汉，我觉得那个没有用，我不喜欢一张一张看那个PPT（课件）。因为我刚才给他设计的是，先回家写一个"我认为我心目中的男子汉是什么样的"，当时就有孩子说："老师，是四个字四个字的吗？"我说你想怎么写就怎么写。

虽然代表权威话语的教研员提示孔慧不要"贴标签"，但经过课堂活动以后，孔慧发现如果要概括事件就免不了要"贴标签"，就如同唱着"不贴标签"的调子做着"贴标签"的事。"贴标签"一是意味着对权威话语的占有，是一种"标准"的思维方式，孩子对这样的标准的附和意味着服从权威；二是意味着一种复杂性思维的缺失，缺乏对情境的丰富性与独特性的考量，难以形成对个体的理解与尊重。这样的教学活动本身就隐含着价值观的导向。

总之，教师作为生活在各种关系中的鲜活个体，他们很自然地会在权威话语与各种声音之间展开思考，围绕着他们所教授的学科，围绕着他们的课堂，也围绕着他们内心关于教育的意义寻求展开艰难而孕育着生机的话语交锋。

（3）形成内部说服性话语

形成内部说服性话语的过程其实也是寻找自我、成为自己的过程，是教师在当下情境中重构现有的经验和知识，做出最新、最有用、最符合他们心中的教师意象的选择的过程。有内部说服力的话语，总是一半自己一半他人的话语。它富有创造力，能唤起独立的思想和独立的新的话语。

我觉得做老师啊，确确实实教育和教学是分不开的。我做老师做到现在其实真的挺迷茫的：老师的身份到底是什么？除了知识之外，老师到底还要给学生多大的影响？真的挺迷茫的。我可以做一个这样的老师，就是保持班的稳定，至于孩子真正的个性发展（就不够），因为我不许学生这样那样折腾。所以说学生的很多的个性我不会让学生都表现出来——不折腾这个班，成绩也可以很好。但是单纯这样我觉得还是不够的，实际上孩子的成长是需要老师去干预的，干预的程度跟老师的使命感或者说责任感也好有关，有的时候偷懒的话只要没出事儿就算了，但是实际上有时候眼看着孩子的样子你还是要去点拨的。（或者）叫家长，孩子就在这儿呢；（或者）唱高调；偷懒的也可以让人看不到你在偷懒。有的时候会特别自豪地想，有我会让孩子走更好的路。

正如巴赫金指出的，同他人话语及其影响做斗争的过程，在个人的思想形成史上具有重大的意义。在个人意识中，多种不同的他人声音为了扩大各自的影响而相互斗争，正如同他们在周围的社会现实中也相互斗争一样。产生于他人话语或受到他人对话式话语诱发的自己的话语和自己的声音，迟早会挣脱他人话语的桎梏，使获得独立的思想精神生活的意识觉醒。孔慧经过漫长而艰难的过程，总是能让个人内部说服性话语以某种形式冒出来，如"实际上我还是更喜欢我自己课堂上蹦出来的那些东西"。她不经意地反复说："我这个人非常随意的，我这届学生这么着（教学），可能换一届学生同样的课我又（会有）另外的一种教法。"虽然常常感到迷茫和迷失，但"有的时候会特别自豪地想，有我会让孩子走更好的路"，这句话中蕴藏着她对自己作为教师的意义感与身份认同的高调表达。

（三）"卖关子"型教师与"无为"型教师的对话

如前面所说，在这次深度访谈中，李娟也始终积极地参与，和孔慧与我展开了话语的交锋，从而使我们很清楚地看到"卖关子"型教师与"无为"型教师之间的鲜明对照。我们可以通过表9-2来总结一下她们的内部说服性话语的差异。

表9-2　"卖关子"型教师与"无为"型教师的内部说服性话语

"卖关子"型教师	"无为"型教师
独白型的（单方面主导和控制的声音）	复调型的（多方对话的、独立自由的声音）
在课堂上就是领着学生把预先设计的教学活动都做完，因此现场有强烈的时间焦虑	对课堂"现场"很期待，有些东西不到现场就出不来；现场正是对话和生成的现场
追求共同模式和统一思路（如"贴标签"、"八股文"、画表格），想最有效率地完成最多的教学活动与目标	喜欢"蹦"东西，喜欢让人兴奋的亮点；不喜欢框框，不愿意肢解，喜欢整体的美感；想让学生得到实实在在的收获
要标准的、序列的、可以套用的模式	要有趣、鲜活、厚实丰富
害怕暴露自我和他人内心的敏感	愿意理解、尊重并保护性格的多样化

"卖关子"型教师	"无为"型教师
通过与官方话语保持一致而得到安全感和权威感；在对效率和成绩的追求中寻找价值感和身份感	通过"偷换概念"来进行变通，抻拉出创造性和解放性的空间；在协商和周旋中寻找意义感、价值感与身份感

　　但随着对话的深入，李娟也由一开始非常肯定地指出孔慧的选择性失误逐渐变得不那么确定了。下面这一段对话可以让我们看到"卖关子"型教师与"无为"型教师的正面"交锋"，也可以看到她们通过对话都在发生着改变。

　　孔慧：嗯，你看那个《从百草园到三味书屋》，其实百草园的生活多么有趣啊，但是一讲就没味儿了。那鲁迅当初写那个东西，他肯定心里面真的想写这个东西。但我们在给学生（讲解分析时），问"学了什么呀？"哎呀，我觉得真的是索然无味。

　　李娟：不是，其实这一点我不同意。就是说，这个文章吧，我觉得你要教他怎么分析文章的美。我觉得应该是这种感觉。我觉得，对于这么小的孩子，他有一个整体的感知……，是挺好玩的。但是，当面对一篇文章，要真的做到让孩子知道，应该从什么地方去体会，什么地方美。我觉得还是很有必要的。比如说那个食物，他那么爱，怎么就爱了，包括你给他分析的几点啊。我觉得还是得给他一个……就是一个方法。

　　我：就是说怎么给的问题。

　　李娟：啊，对对对，就是想一个很好的方法，把那个框进去。

　　孔慧：比如说，百草园那一段，会给方法，这样，"从词语的角度去赏析"。

　　李娟：我觉得这么白，就很没有意思了。

孔慧：那你怎么给他方法？还有一个叙事的角度，由一到三，又是一个顺序在里面。

李娟：就确实挺困难的。

……

李娟：反正我觉得语文真的挺难讲的。我们听过好多语文课，包括大课、专家点评的，我就觉得为什么语文老师每次都能抠出很多很多很多特点哈！真的是"仁者见仁，智者见智"，每个人的想法都不一样。

非常耐人寻味的是，整个访谈以李娟的下面一句话而结束，仿佛到这里大家都达成了某种默契，也觉得无须再说什么了。

（课文）里面写的他不愿意跟我走，"他的手像活鱼一样挣扎"，那么生动啊！不知她（指作者王安忆）怎么想到的。

关于占有权威话语、各路声音之争和形成内部说服性话语这三个阶段，其实中间有很重要的情感维度。占有权威话语更多的是带来一种安全感和确定感。在应付各路声音之争时，往往以内心模仿各方的话语交锋而展开，这时内心的困惑与不安全感开始达到高峰。当最终形成内部说服性话语和自己的声音时，自我在一定程度上战胜了迷茫、困惑的感觉，仍然是那个最喜欢的声音占了上风，最喜欢意味着"有意义""有亮点""有收获"，收获不仅是应付目前考试的短期效果，还有将来对孩子的人生也有益处，让他们有更丰厚的人生体验，仿佛能活好几辈子。这时作为教师的意义感开始确立，这样的意义感就是外在的教师身份认同和内在的自我同一性的统一。"卖关子"型教师倾向于与权威的声音保持一致，喜欢模式化和规整的结构，排斥不同的声音，上课的时候总是将中考的考点作为重点来突出，将学生的注意力集中在考点和标准答案上。

如莱斯米耶（T. J. Lensmire）和萨塔维茨基（L. Satanovsky）所说:"声音不仅是我们最终表达出的内在东西的一些本质,而且指向人类不断的努力,以建构和重构我们自己与他人和这个世界的关系。"（Elbaz,2005:17）教师身处复杂的社会文化情境中,他们在各自的教育教学实践中的行动中反思就是对情境的重构,这一重构就是他们心中权威话语与内部说服性话语等各种声音斗争的过程,这两种话语在不断地对话与集结,表现了教师对自己生活和工作的不断变化的理解,也充满了教师为寻找和成为自己所付出的痛苦而快乐的努力。

第四部分

讨论、结论与启示

通过第二部分与第三部分关于教师实践性知识动态机制与生成机
制的分析，我将尝试对教师实践性知识进行再定义，并对其本质特征
提出我的构想。

一、教师实践性知识再定义

统观教师实践性知识现有的几个具有代表性的定义（参见表2–
1），教师实践性知识特征有实践性、情境性、个人性、默会性、文化
性、综合性、行动性、身体化等。不同定义从各自的理论立足点强调
了实践性知识的不同维度，如范梅南从现象学角度强调了教学机智与
行动性，康纳利等从叙事学和身份认同出发强调了经验与身份认同，
威鲁普和陈向明都强调了教师行动背后的认识和信念。然而，对于实
践性知识的核心特征，或者说其与传统的命题知识之间有何本质差别，
这些定义似乎都在绕边而行。此外，这些不断被充实的关于教师实践
性知识的特征似乎都是平行存在的，对于各个特征之间到底存在什么

样的交集与联结，现有文献也很少论及。

在文献综述和预研究之后，我曾提出一个教师实践性知识的尝试性定义：与传统的静态知识观相比，教师实践性知识是教师在实际教育教学情境中的一种行动，体现出的是教师的教育信念，具有身体化、情境化、默会性和反思性等特征。从行动性的知识这一总体指导方针出发，我在波兰尼的个人知识与舍恩的实践认识论的理论观照下，走进了自己的质性研究田野，经历了一个个鲜活的教师实践场景。通过上百节课的观察、十几个深度访谈、几年的沉思与沉淀，我尝试对教师实践性知识做一个再定义。鉴于教师实践性知识的复杂性，一个简单的概念显然不可能概括全貌，所以我的定义实际上是一个三段论式的阐述。

教师实践性知识是教师在实现个人教育意象的热情驱动下身心合一的知与行，其本质是一种行动中识知与行动中反思的动态机制。

行动中识知是嵌入教师常规行动中的直觉性和身体化的认知风格，是教师在个人的教育意象引领下、由内在教育热情驱动、身心融于其中的、具有整体性意义和一贯风格的教育行动。这并不是杜威意义上的探究，因为行动的情形并非问题情境，顺畅的行动流程也没有被意外打断。行动中反思是教师遭遇困惑时与情境进行反思性对话，通过重新框定情境以解决不确定性的行动，它不断丰富甚至改变着教师的行动中识知样态。二者之间的循环往复以至螺旋式上升构成了教师实践性知识的动态机制与生成机制。

实践一词的原初含义指向合作探究，因而教师实践性知识的价值导向是——在具有内在承诺与真实信息的对话中追求共同的善；同时实践也指向人的内在幸福和人生的最高意义。因此，教师实践性知识就是教师在"我能做什么"（能力的匹配）、"我喜欢做什么"（幸福观的定位）、"我要做什么"（价值观的选择），以及"教育是什么"、"学科是什么"、"学生是什么"之间的不断探索和不断生长，朝向实践的"隐德来希"——"成为它之所是"的生生之德。

二、教师实践性知识的本质特征

其实我对于教师实践性知识本质的理解已经包含在前面的再定义中——教师实践性知识是教师在实现个人教育意象的热情驱动下身心合一的知与行，其本质是一种行动中识知与行动中反思的动态机制。这个定义中有三个层次，一是"成为它之所是"的"实现活动"，二是"热情"作为知行合一的内在驱动力，三是"默会性"与"反思性"的关系。下面我将进一步阐发这几层含义，从而揭示实践性知识的本质所在。

（一）"成为它之所是"的"实现活动"

有人曾说，在有意识层面我们教的是我们所知道的（what we know），但在潜意识层面我们教的就是我们自己（who we are）。在某种意义上说，这正是我对教师实践性知识的再定义与现有文献中诸多定义的最大区别。与以往定义中将"个人性"列为教师实践性知识的特征之一不同，我认为教师作为一个全人的理想、情感和思考是他/她所有教育行动背后真正的逻辑，如果我们只将教师实践性知识定义为"隐含在教师行为背后的知识和信念"，我们就错失了教师实践性知识的整体性、意义性和目的性以及集所有这些性质于一身的"教师本人"。

人"是"什么样的人决定于他的实现活动，即他在其实践的生命的活动中所实现的东西。实现活动的意义就是"积极地"从事这些属于人的实践的生命的活动，每种生命都积极地实现着它的活动，成为它之所是，这就是亚里士多德所说的"隐德来希"。如阿伦特（H. Arendt）所说，人在行动和言说中表明了自己是谁，积极地揭示出自己独特的个人身份，从而让自己显现在人类世界中（阿伦特，2009：

141）。同样，每一个教育者都是通过自身的行动创造性地展示生活，揭示教育的特点，彰显自我独特的存在（陈向明 等，2011：40）。

尽管每一位教师都在寻找意义感与成就感中实现着个人的身份，但他们的实现活动也呈现出层次高低。亚里士多德将实践的生命的活动分为理论的、制作的、实践的活动，其中理论的活动层次最高，因为它是合于我们自身中最好部分即努斯的德性的活动，这就是沉思的生活——最能够持续、最为自足、最完美，这样的幸福只有少数人可以达到。而三种活动中实践的活动是最重要的，也是多数人的生命的合道德的活动。

从五位教师的故事中我们可以了解，教师之所以能全身心投入各自关于教育教学的意象，正是因为他/她对于这一教育教学意象的深信。哲学家休谟（1980：115）曾感叹，"形成关于事实的信念的这种心灵作用，似乎从来是哲学中最大的神秘之一"，他认为在实际认识中，除了感觉、判断和推理，还需要信念来强化认识的稳固性并在多种认识的结果之间进行选择。康德（2017：565）论及意见、知识及信仰时虽然认为信仰的真并不能在理论上充足，但却来自实践的需要，而此种实践的观点，既与具有任意目的的技能有关，也与具有必然目的的道德有关。陈嘉明（2007）认为信念在本质上不仅与知识相连，更重要的是与行为相联系。它通过信念中所含有的确信、希望、担忧等因素，使信念与欲求因素结合，从而将知识转化为行动。中国传统哲学虽然探讨知行观，但却大体不谈信念的问题。信念作为知与行之间的桥梁，是一个不可或缺的要素。从知到行之间的转换，实际上是通过"信念"这一中介进行的。在这个层面来说，教师的信念、行动与知识在教师实践性知识中成为一个贯穿全程的整体。

（二）"热情"作为知行合一的内在驱动力

由于19世纪以来实证主义的盛行，现有的知识观受客观知识论主导，人们往往倾向于将个人的情感与主观判断排除出知识的范畴，但在波兰尼、杜威和舍恩看来，人的热情与困惑并非知识的障碍，反而对于知识的形成具有极为本质的意义。波兰尼指出科学不能被视为是客观地建立的，求知热情在知识探求中发挥的评赏与启发性功能是科学家创造性发现中不可或缺的因素，同时这也是个人之所以能持之以恒地辛勤探索的情感动力。

波兰尼在研究科学家的状态时用的是求知热情一词，而教师的确有一种类似但又自有其鲜明特色的热情，应该叫作"教育热情"。"教育"中有"教"也有"育"，"热情"中有"爱"也有"勇气"。"教"包括知识的传承、传授和获取，也包括知识的探究和创造；"育"不仅有对学生发展的关注、关心和关爱，也有对自我生命状态的了解与反思，以及对自身发展需要的关注和关照。师生、生生、师师之间情感的交流同时也是一种能量的相互激发和传递，推动着教育这样一项人影响人的事业的发展。

熊川武（2009）认为目前关于教育感情的研究有诸多不足，如经验描述甚多，对其实质和机制的探索较少，没有形成必要的概念和理论。姜美玲（2008：152）在研究教师实践性知识的表征形式时提出用激情来捕捉教师的意象。她认为教师和课堂都应是鲜活的并充满激情，因为只有在一个充满激情的鲜活课堂之中，教师才能点燃学生对于学习和生活的激情。"只有通过充满激情地与学生、学科内容和环境融合在一起，我们才能够形成理想的教学。教师每天应用意像和直觉对引导的（educare）、真实的教学来说是必要的。真正的教育把人们从黑暗引向光明，它是与直觉的灿烂的火苗相伴随的，是与想像的热情的火焰相伴随的，是与和蔼的关爱相伴随的，是与容光焕发的爱的火焰相伴随的。"（派纳，雷诺兹，斯莱特里 等，2003：792）在最近的关于教师实践性知识研究的成果中（陈向明 等，2011：139-145），教师的激情也受到了极大的重视，研究者发现激情具有综合性表征实践性知识的特点，更加立体，也更加多元。

总的来说，在教师知识的研究中，情感维度仍处于被忽略的地位，或者虽然有提及，但其重要性和应具有的地位都被低估了。波兰尼（2000：217-218）认为求知热情在科学家创造性行为中具有不可或缺的逻辑性功能。他认为科学热情的启发性功能使他们创造性地跨越问题和发现之间的鸿沟，甚至就像艺术家的敏锐的观察力与创造力融汇起来一样，一方面加深了我们对世界的理解，另一方面也塑造了我们现在的世界。

同样，教师的热情也具有这样巨大的能量和能力，可以创造性地营造课堂中的学习场，也更新和塑造着教师的内心，这就是行动中识知的巨大内在动力。就像孙鹏的"骨子里的激情"，李娟从与学生"猫鼠大战"到"有梦想、一家人"，秦云的一言不发、满脸通红以致眼泪流下来，孔慧被小波逼到大发雷霆然后师生关系"雨过天晴"，再到赵兰的"情到深处泪自流"，仿佛一个充满能量的无限小的点大爆炸后中形成了浩瀚宇宙一般，教师内心深处的激情也具有造就和改变的惊人能力。

热情之所以能够真正持久是因为信仰住在心里。在此，"知识""信念""热情"达到了合一，"知"与"行"、"心"与"身"也自然合而为一。

不可否认的是，情感动力指向正反两个方向，正如宇宙大爆炸带给我们的启示，能量的确可以转化为物质，但爆炸中也产生了毁灭性的反物质。教师的热情中蕴含的能量可以营造具有春风化雨般的教育效果的"场"，但教师的负面情感也会造成心灵的萎缩与反教育的效果。这都是值得深入探讨的课题。

社会学者摩罗（2008：20）评论道："将人类一切生活统一为一体的是激情，而信仰就是激情——克尔凯郭尔这句话可以说揭示了人类生活的奥秘。人类生活的真正动力始终是内在的，一切外部现象诸如社会、文化、宗教、道德、政治等等都是人类内在生命激情的外化与文化而已。"

（三）"默会性"与"反思性"的关系

我在文献述评中已经指出现有的研究对教师实践性知识的"默会性"与"反思性"的关系探讨不够，呈现了一定的分歧或前后矛盾的陈述。

一方面，教师的日常教育实践多是一种难以言说的直觉的行动，似乎具有非反思性特征，而且课堂上决策的紧迫性也天然地抗拒着"停下来、想一想"的反思。再则，波兰尼关于个人知识的阐述中相对于明确知识而提出默会知识。波兰尼认为显性知识（明确知识）是人们通过明确的"推理"过程获得的，能通过理性过程加以反思和批判；而缄默知识（默会知识）是人们通过身体的感官和理性的直觉而获得的，不能通过理性过程加以反思和批判。另一方面，也有一些学者主张默会也就是可意会的、可反思的，这是一种特殊的反思形式，是全身心投入其中的"有心"的行动（陈向明，2003）。范梅南（2008）称这种当时当地的主动反思可能是教学最困难的方面，因为它是一种在真正行动时刻的反思，是一种令人困惑的现象。

可以说我的整个研究的焦点都是在试图回答上述问题，我所提出的教师实践性知识动态机制的架构——"行动中识知"与"行动中反思"的关系图（见图2-1、图8-1和图11-1）可以在一定程度上澄清上述争议。行动中识知以"默会性"为代表特征，它是一种直觉的身心合一的行动。行动中反思以"反思性"为代表特征，而这种反思性如舍恩所说是实践者处理具体情境中的不确定性、不稳定性、独特性和价值冲突性的过程，它打破了实证认识论中手段与目的、研究与实践、知与行之间的分离，显示其自有的严谨性与独特的架构。

第三部分中，在行动中反思的社会建构理论背景观照下，我对教师在行动中反思的单路径与双路径进行了区分，并指出教师从控制的第Ⅰ型使用理论向真实公开的第Ⅱ型使用理论的转变是其实践性知识更新的关键。同时李娟与赵兰的对比性研究显示，专业发展的阶段性差异与教师行动中反思的能力是息息相关的。最后通过"卖关子"型教师与"无为"型教师之间的对话分析揭示了教师在行动中反思最自然和真实的状态——教师内部说服性话语和权威话语之间的冲突与联结。

专业发展达到极致态的教师是接近于亚里士多德所谓的实践着最高善的"少数人"，他们已经开始从知行合一走向思行合一，即能有意识地提炼自己身上的默会知识，并通过著书立说、成为学科带头人、参与课程改革的教师培训甚至编写教材等方式加以显性化，过上了理论的活动与实践的活动有机融合的生活。例如，孙鹏所表现出的学科教学的贯通力就是一种以思贯通的知行合一。"思"对孙鹏来说已经不是停留在头脑中的，而是从不停歇的一种行动。对孙鹏而言，"我就适合、我就喜欢"以及"我也能当特级教师"是自己的禀赋与人生选择高度契合的极乐，也是一种经过数百万言的反思、提炼与实践的反复强化而达到高度觉知的一种认识，是从知行合一到思行合一的行动艺术。

总之，我对行动中反思的定位正是以杜威反省性思维中"困惑""问题情境"为起点，以舍恩描述的专业工作者为蹚出实践沼泽地而成为问题情境的一部分为姿态，以教师内心的情感冲突为核心，以教师自我重新找到确定性和平衡感而回复身心合一的缄默状态为旨归。需要强调的是，不能检视自我核心价值观的教师往往进行单路径的反思，以至于陷在实践困境的怪圈中循环往复；而开放对话的、带着热情与勇气突破自我的人往往能创造性地解决实践的困境，带来个人实践性知识的螺旋式上升。

一、结论

教师实践性知识之所以被称为教师以特别的方式所拥有的知识，其要义是指实践性知识的行动性和缄默性。尽管 40 多年的研究已经分析出了教师实践性知识的诸多构成要素，但各项知识基础在教师的实际行动中并非孤立存在，而是融合成为教学的心脏地带。经过大量的教师案例分析与相关理论研究，我得出的结论是教师实践性知识的本质是一种行动中识知与行动中反思的动态机制。

（一）教师实践性知识动态机制——行动中识知的艺术及模态

教师在行动中识知的核心是教师焦点觉知与附带觉知之间的动态关系，也是教师"所认同与所能做出来的"教学观的整合体。通过第二部分 5 个鲜活的教师案例我们看到，这样的教育教学观并非他们的头脑之知，而是他/她全身心投入的那个关于教育教学的"意象"。因此，我更愿意将其命名为教师的"识知艺术"。首先是因为"识知艺术"更符合汉语的表达方式，也更容易被中国教师所接受；再则，"艺术"这个词更能传达出教师实践性知识身心一体化的特质——或是"激情燃烧"，或是"涓涓细流"，或是"慎思沉静"，或是"诗意的栖居"，或是"生命的感召"。

我区分了"卖关子"型和"无为"型这两种主要的识知模型以及处于二者之间的"融合型"，前两种识知模型更具有原型价值。从我所观察的近 10 位教师来看，"卖关子"型教师与"无为"型教师都是学校的骨干教师和优秀教师，都具有良好的专业素养和很高的教学热情。他们的区别主要表现在知识观、学生观和课程观以及反思意识与能力上。在此，我将把他们的主要特征通过表 11-1 加以总结。

表 11-1　"卖关子"型与"无为"型教师的实践性知识对比

	"卖关子"型教师	"无为"型教师
焦点觉知	我天生就是当教师的料	将心比心、自然生成的教育教学
身体化的附带觉知	激情贯串	如水般低调、包容
课程观	预设为主（对学科知识很有把握，有丰富的经验库，认为一切尽量在控制之中才是好的教学和教师）	生成为主（学科知识与生活知识同样重要，兼顾学生的应试与社会适应，与学生一起构建课堂）
课程实施	尽量按照设计好的步骤完成，否则有失败感，对学生给出的"意外"回答不做或少做评价，尽量往"标准答案"上拉，常有完不成计划的时间焦虑	喜欢意外、不确定性和冒险性；打开闸门，让它流出来，什么形态就是什么形态；相信学生的潜能，期待现场生成。没有时间焦虑，但会焦虑一堂课是否形成亮点

	"卖关子"型教师	"无为"型教师
知识观	行为主义为主，也有建构主义的部分；多为控制、封闭的单路径学习	建构主义为主，也有行为主义的部分；既有单路径学习，也有开放突破的双路径学习
学生观	学生的知识图式不如教师丰富和全面，学生应该被教师的"关子"所吸引并被带到一个原不具备的高度	应相信学生身上埋藏着独特的天赋种子或才能，相信学生能构建出不同的、有个性特征的、发展的知识图式
话语类型	更倾向于与权威性话语保持一致，课堂以控制的独白型话语为主	在与权威性话语的协商与周旋中生出内部说服性话语，课堂以多方对话同时展开的复调型为主

区分"卖关子"型与"无为"型教师的一个主要标准是他们的课程观、知识观和学生观，但在这些范畴性的标准之下，其实教师的专业发展仍然有极大的余地与差异，因此我区分了两种模型下的典型态与极致态教师，极致态教师中也包括超越学科教学的"融合"型教师赵兰。我们可以通过表11-2，从教师的专业发展与内在生命状态的角度来看他们的差异。

表11-2 行动中识知模型的典型态与极致态教师的对比

	典型态教师	极致态教师
自我效能感	自我效能感较高，有较好的学科知识和课程知识的功底，通常是学校的青年骨干教师	自我效能感极高，有极具个人特色的卓越的教育教学才能，通常是特级教师或有可能评上特级教师的学科带头人
自我定位	追求优秀	追求卓越（"大器""我也能当特级""水到渠成"）

	典型态教师	极致态教师
自我同一性	摇摆、不太确定的自我认同	经过反思的、不断强化的自我认同
专业发展愿望	需要发展但时有不确定感；容易受环境影响；愿意参与，以学习为主	明确、强烈的发展愿望；即使在不利环境中也创造条件发展；积极参与，以创新或引领为主
认知方式	以感知为主，在外界环境碰撞下或人生际遇中偶尔开始领悟	感知和领悟的融合与贯通，对自我与环境都有相当的审思和主见
反思意识与反思能力	没有形成持续的反思习惯和相对独立的反思能力；缺乏个人有意识的系统的反思，因而有枯竭感，希望突破发展的瓶颈	有持续、多方的学习经历，对教学和自我都有充分的认识，反复总结强化形成个人的特色；对环境有批判反思意识和自主抉择的能力
职业生命状态	有对教育事业的认同感和教学中的愉悦，但也有不确定感，主要寻求职业与生活的平衡	有对教育事业的使命感，也有着连生命都融化其中的快乐和幸福感

我们应该确认的一点是专业发展达到极致态的教师显然更加能实现内在幸福与外在影响力的统一，也就是实践所指向的个人全人发展与共同的善之间的和谐统一。亚里士多德认为，幸福不是品质，而是因其自身而值得欲求的、合德性的实现活动，它与最高等的实现活动——沉思相合，幸福是合于我们自身中最好部分即努斯的德性的活动，这就是沉思的生活。因为努斯的实现活动最完美、最能够持续、最令人愉悦、最为自足，既有严肃性又除自身外别无目的，所以这种活动指向人的完善的幸福。

孙鹏的学科化生活、秦云的沉思与研修以及赵兰对于"俺家的娃"愿景的沉醉都是一种沉思的状态，也是他们职业生命之幸福感的源泉。极致态教师相对于典型态教师而言，显然在实践的价值指向上走得更高、更深，也更远。这对于在教师专业发展之路上行走着的典型态教师或者新入职教师而言，应该具有启示与导向的意义。

（二）对"卖关子"型与"无为"型的悖论式理解

还有一点需要说明，对"卖关子"与"无为"两种识知模型的区分更多是一种原型意义上的，对这种区分我们需要一种悖论式的理解。二者之间存在永远的张力，表现出一种相互依存、相互补充的美学意义，如同山与水，如同火热的夏天与和煦的春天，二者不是非此即彼的关系，而是既有你也有我的关系，只不过有一个谁占据主导地位的问题。

任何一个教育工作者首先都要学习和继承传统与经典，或者说我们都要大量学习和储备可供兜售的"关子"，但我们也要充分意识到时代的变化赋予传统的新意。与此同时，更为要紧的，我们要关注知识本身在传递过程中与接受者之间发生的不同连接，或者说对学生的主动性、自由意志与禀赋都要有更多的了解与敬畏，学习"无为而治"的智慧。如同我们常说的，要以出世的精神做入世的事业。帕尔默（2005：75-79）指出，简单的事物往往有非此即彼的答案，但复杂的现象中蕴含着的深刻的真理往往以悖论呈现。教学的空间应该是既有界限又开放的；这个空间应该既尊重学生琐碎的"小故事"，也重视关乎传统与原则的大故事；这个空间应该是沉默和争论并存的。因此，教师对教学悖论之张力的充分觉察与机智性应对可能是生长的契机，因为行动和反思所处的一种不断的、富有成效的紧张状态常常被称为"实践"（布鲁克菲尔德，2002：257）。孔子的"从心所欲不逾矩"与老子的"无之以为用"应该是悖论的最高境界了。某种意义上这也说明"卖关子"型教师发展到极致的时候与"无为"型教师所追求的实践的张力已经趋向一致。

同时，必须指出的是，两种识知模型的教师都有可能在专业发展上达到极致，但他们发挥影响力的方式的确有差异，对学生和听课者而言，孙鹏具有一种无法拒绝的感染力，秦云采用的却是一种润物细无声的慢慢渗透方法，赵兰具有一种唤醒心灵的生命感召力。对于学生来说，教师所表现出的多样性具有最生动、最积极的启示，是一种极有价值的隐性课程。

（三）教师实践性知识生成机制——行动中反思

综合前三部分的资料分析，我将教师实践性知识生成机制用图11-1来总体呈现，并结合前面的发现总结教师的行动中反思的几个要点。

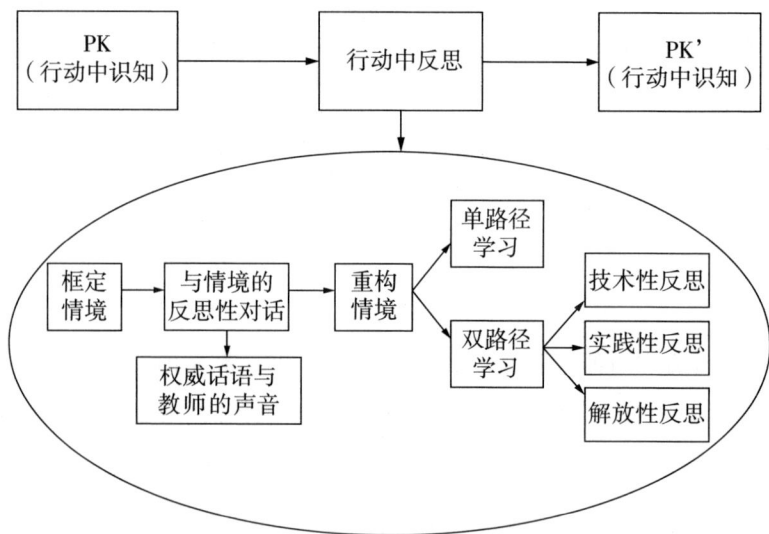

图11-1 教师实践性知识生成（三）

——行动中反思是教师遭遇困惑时与情境进行反思性对话，通过重新框定情境以解决不确定性的行动，它不断丰富甚至改变着教师的行动中识知样态。

——行动中反思不以时间为度量，一次行动中反思可以是在瞬间完成，也可以是一个长期的过程。它以困境为标志，以内心的冲突为核心，以情感的堆积与释放为内在的驱动力，最终以教师对自我的重新认识为其实践性知识生长的节点。

——教师在行动中反思有时需要外来的刺激和干预，更多时候是教师心中各种话语的协商与角力，矛盾的创造性解决往往伴随着教师的顿悟。这样的顿悟背后有教育热情的支撑，就如同波兰尼（2000：217-218）所说：在启发性热情的支持和引导下……我跨越了一个鸿沟，跨越了问题和发现之间的启发性鸿沟。

——行动中反思与古希腊哲学家所阐述的实践的价值指向一致——个人全人的发展与社会共同的善之间的和谐统一，而舍恩和阿吉里斯的第 II 型使用理论、哈贝马斯的理想的言说情境、巴赫金的复调型对话理论都在更微妙与多元的当代社会文化背景下，大大加深了我们对教师实践性知识复杂性与悖论性的理解。

总之，人是万物的灵长，人的心是最丰富、敏感和变化莫测的。然而，如果我们能抓住一些关键词，如安全感与教师的焦虑、权力与自由等，我们将更加能捕捉到教师缄默的识知模式。比如，师生关系的缄默维度中的权力架构，每个人都生活在结构之中，而每一次与结构或者说体制的碰撞都是一种情感的冲击，并进而引起内心的反省。如果我们能够在其中进行价值观的审视，如果我们能开放学习的路径，如果我们不用权威话语来压制自己内心的声音，如果我们愿意敞开自己的心灵和情感与学生和同事进行交流，公开检视自己固有的理论与惯习，我们将更加趋向一个反思性实践者的姿态。更重要的是，我们可以逐渐挣脱充满矛盾的现实对我们的束缚，让我们的课堂、学校和社会变得越来越自由并充满希望。

二、研究的意义

20 世纪七八十年代以来兴起的教师研究有一个转向——从关注教师特征转向关注教师知识的基础和本质。这与世界各国逐步开展的教育与教学改革有关，也与人们对教师专业地位的质疑相连。由于传统上将专业知识分为普遍原理（基础科学的研究）、应用科学知识、技能与态度三个层级，教师尤其是中小学教师通常被认为处于专业知识的最底层，他们并不生产知识，而只是将基础科学和应用科学应用到实际行为中。（Argyris, Schön, 1974：66-95）但人们也越来越看到，在充满不确定性和价值冲突性的教师工作现场，理论应用常常不能切合具体情境，而为数不少的教师在这样的情境中展现出卓越的行动艺术。本研究正是从这里出发开始探究教师知识的本质，并基于研究发现提出本研究的现实意义和理论意义。

（一）教师知识的合法性——个人性、普遍性与客观性

通过文献理论研究与田野调查，我认为波兰尼的个人知识理论与舍恩的实践认识论揭示了实践者在行动中的独特认识论结构，为教师知识的合法性提供了坚实的理论基础。

首先要澄清一个常见的误解，人们会想当然地将波兰尼的个人知识理论与教师实践性知识的个人性相联系，但实际上"个人"在此并非针对知识的个体差异性。个人知识其实讲的并非个体不同的知识，而是知识的普遍本质——知识本质上是"近人的"，是以人的主观视角和内在情感为依托的。波兰尼（2004：111）认为意会认知正是所有知识的支配原则，因此，对意会知识的拒斥（rejection）也就意味着对一切知识的拒斥。这就是波兰尼所要确立的另一种广义的知识理想，它针对的是科学的超脱性理想，即真正的知识被认为是与个人无关的、

普遍公认的、客观的，波兰尼认为这种超脱性理想对生物学、心理学和社会学施加了毁灭性的影响，它的欺骗性对我们整个视野的影响远远超出科学领域。与此相呼应，舍恩主要在面对如沼泽地般的实践场景的专业工作者身上，发现了以二元对立为核心的传统知识观的无力。波兰尼（2000：25）提出，就个人因素服从它自己认为是独立于自己的要求而言，它不是主观的；但就它是一种受个体热情引导的行动这一点而言，它也不是客观的。它超越了主观与客观之间的裂缝。

舍恩从大量专业案例中发现实践者自有其内在严谨性的探究范式，就是一种行动中识知与行动中反思的实践认识论。而波兰尼也论证了个人知识的普遍性和客观性。他指出，认知者对一切理解行为的个人参与，并不会使我们的理解变成主观的。领会（understanding）既不是一项任意的行为，也不是一种被动的经验；它是一项负责任的、声称具有普遍效力的行为。从识知与某一隐藏的现实建立起联系这种意义上来说，这样的识知确实是客观的；把个人性和客观性这两者融合描述成个人知识，这似乎还是有道理的。

我从研究过程和研究发现中都可以看到教师知识的自有逻辑与教师个人知识的普遍意义。当我局限在所谓纯净的、客观的知识立场时，我不可避免地只能分门别类地对教师个人知识进行破坏性分析，同时也陷入了自己的研究困境。而当我采取目的性、意义性以及整体性的个人知识视角时，我找到了教师作为自足个体背后的知识本质，也看到了教师的教育热情与波兰尼描述的科学家的求知热情的高度一致性。

对教师知识本质特征的探究让我们看到教师的实践性知识不仅对自己的实践有意义，而且在理论建构方面也有价值和独创性。这可以从根本上扭转教师只作为知识消费者的地位，让他们的自主探究成为自觉自然的行动，也成为与理论研究者平等对话的行动，从而对教师知识的研究及教师专业发展做出应有的贡献。

（二）隐形的力量和教师教育与研究的哥白尼式革命

下面这个小案例是对于教师实践性知识隐形的力量的最好说明。在最近的一次下校研讨中，我们和一位 40 来岁的女教师钱默一起分析了她所提供的一个案例。

新教师小佳搞不定课代表小飞，什么招都试过了，可他刀枪不入，小佳一个学期都在和小飞斗争，但没用。钱默老师却通过有一搭无一搭地问他（小飞）家住哪里、谁陪伴着学习、班级任职、同学关系，最后绕到矛盾冲突上，轻松搞定。小佳老师说："真是神了，您是怎么搞定他的？""我，我也不知道啊？就是一种感觉，跟着感觉走了，呵呵。"

钱默自己在分析中提到，同样的话语，同样的交流方式，同样都有爱心和亲和力、教育激情和教育心理学知识，但效果为何不同？

我们最开始分析的时候试图从交流策略的角度入手，但钱默反复说不是策略的问题，小佳也试过各种策略。那么，真正起作用的就是那个神秘的缄默知识了。波兰尼在《个人知识：迈向后批判哲学》里所奠定的正是缄默知识作为外显知识的基础，正如冰山一角下面那庞大的支持体系。这个故事的当事人说"跟着感觉走"，"感觉"就像是那个看不见摸不着也无法明确表达出来的缄默知识。其实，稍微联系一下我们的教学现场，我们就能明白这个意思。不同的教师只要一走进课堂，即使他/她什么也还没说，就能立刻给在场的人不同的感受。在师生交流中这个缄默的维度有很多待挖掘的宝藏，其中之一就是教师知识的身心统一体。

这样的案例在教师生活中实属寻常，但这样寻常的事却是如此神秘，因为当事人也不清楚这一切是如何发生的。

在我的研究中两次出现了哥白尼式革命的评述：一是对于波兰尼将人们的眼光由显性知识转向缄默知识的经典论述；二是关于巴赫金对于陀思妥耶夫斯基小说中由作者世界向主人公意识的转变的精辟见解。正如巴赫金所说，这一转变让"世界焕然一新了"。

人类心灵最伟大的状态就是将迄今为止未标明的领域纳入控制。这种知识更新着现有的显性知识框架，因此不可能在现有的显性知识框架内进行。只有通过运用缄默力量，才有可能发现基本的新知识。缄默知识是显性知识的向导和主人，也是构成人们日常生活实践的知识基础之一（石中英，2001）。

我在书中对揭示这一巨大的缄默世界进行了些许尝试，在这个过程中我常常有一种被唤醒般的体验，所唤醒的是我作为一个研究者同时也作为教师、母亲、妻子、女儿等的全新感觉与行动。对于教师教育工作者和研究者以及所有从事教育事业的人，在此我也从心底发出呼唤，让我们转向那不可见的世界，让我们努力揭开我们心上蒙着的沉重的黑布，让我们学习用心灵的眼睛去"看"自己和他人，这时候我们会明白世界经典成人童话《小王子》想要告诉我们的信息——眼所不见的才是最要紧的（what is essential is invisible to the eye）。

（三）教师专业发展之"对话"与"沉思"

从5位教师的故事中我们可以看到教师专业发展的一些重要线索，在此只强调"对话"与"沉思"。因为这两个关键词代表的是一个教师的内外两个方面，指向的既是实践一词所代表的"合作"与"探究"，也是一种平衡、自足的生命状态。

"对话"可以在多层面展开，师生之间、教师之间、研究者与教师之间、不同文化之间，甚至是或者特别是教师与阅读的大量文本之间。仅仅在我所呈现的5个案例中，我们就可以看到孙鹏在大量阅读经典文本时那种充满生成性的对话，孔慧课堂上师生与1000多年前的诗人之间展开的多向话轮，李娟与孔慧之间在对话中的碰撞与生成，秦云在教学与研究的各种共同体中进行的对话与协商，还有赵兰在国外时哪里都去、跟谁都聊的冲动及其对个人的巨大冲击与带来的改变。所有这些外在的对话与教师内心各种声音之间的对话，构成了奇特的教师精神生活世界。正如《论对话》一书中所说，对话的参与者们只有认真地、长期地坚持开展对话，才能发现对话本身的潜力和创造力，亦即暴露人类深层意识结构的能力。因为这些思维假定具有强大的支配力量与传染性，当我们认识到这点以后，就能对人类思维的分裂性和自毁性产生更新的理解。在这种新认识和新理解的基础上，我们每个人的自我保护心态就会逐渐消失，对话群体中就能萌生进而充溢一种自发的温情和友谊（伯姆，尼科，2004：9-10）。

除此之外，对话也是默会知识传递的重要途径。如果我们能组成一个群体来持续地开展对话，我们就能够让思维朝同一方向运动，使人与人的交流逐渐形成高度的内聚力，并在我们内心深处形成默契和意会。事实上，我们所做的每件事情几乎都是基于这种默会知识，思维的任何根本性改变也是源于这种心领神会。（伯姆，尼科，2004：16）

"沉思"与"对话"是一种最佳的平衡，虽然沉思被亚里士多德推崇为哲学家的专享，但实际上我们可以看到很多教师都在这种沉思的状态中沉淀自己的认识，形成自己的理论，享受个人所得到的努斯之光的照射。关于"沉思"，在此我主要想为教师呼吁更多的"离开"的机会。"离开"是指一段时间离开教学，专门去进修，去体验不同文化与思维方式的冲击。秦云、赵兰的专业发展中都有这样宝贵的"离开"的经历。当然，除了身体的离开，精神上的离开是更为重要的。孙鹏说他有一个习惯就是逛书店，与经典和理论研究的新发现保持精神上的连接，在大量的阅读中产生教学的灵感，扩大自己的思维空间，提升自己教学知识理论化的能力，从知行合一发展到思行合一。

三、研究的不足与未来的路径

由于研究课题的宏大与个人能力的限制，我的研究仍然存在很多缺失与漏洞，对这些缺憾的袒露同时也打开了未来探究的广阔田野。

（一）缄默知识的层次性

所谓缄默知识的"层次性"是指缄默知识也并非只有一种形态，根据其能够被意识和表达的程度可以划分为不同的层次。克莱蒙特（J. Clement）在实验的基础上将缄默知识划分为"无意识的知识"（unconscious knowledge）、"能够意识到但不能通过言语表达的知识"（conscious but non-verbal knowledge）以及"能够意识到且能够通过言语表达的知识"（conscious and verbally described knowledge）（转引自石中英，2001）。通过这种划分，克莱蒙特认为，在缄默知识和显性知识之间存在着一种"连续性"或"谱系"现象，它们不是截然不同的两极。

其实，我也看到在我的案例中教师身上的缄默知识存在层次性和程度的差异，每一位教师都有维持个人内心平衡需要的自圆其说，但专业发展到了极致态的教师往往更具有批判反思能力和选择的自由。而且，对于行动中反思的本质我觉得也有待深入认识，埃劳特（M. Eraut）指出舍恩的行动中反思没有充分考虑到涉及的时间框架，应区分当场做出的更加直觉的决策和行动与时间上延展的更具审思性质的过程（Eraut，1995）。我所揭示的行动中反思框架更多是一种研究者的、理论的解读，但对于教师本人而言，他/她的理性之知到底在其个人实践性知识形成中扮演着何种角色，还有待深入认识。

（二）教师话语、理论话语以及研究的本土化

在质性研究中我们总是希望能扎根于探究的田野，从合作教师的口中提取最本土化最鲜活的话语来搭建研究者的框架。尽管研究对象和研究者都是独特的个体，但他们也都植根于更大的文化-心理结构。本研究中我也遭遇了西方教师话语、西方理论体系与中国教师话语和中国文化的碰撞，教师对课程改革中大量的西方理论话语表现出不同的态度。如孙鹏虽然讨厌"建构主义"这样的大词，但他认同"最近发展区"这个概念的实质，不过他仍然要坚持用自己的方式将其表达为"学生最解渴的"。赵兰虽然经常受邀去给课程改革的教师培训做报告，但她仍然认为"天上 what 地下 how，专家教师各一套"。

由此引出了本研究的一个重要争议——教师的话语与理论话语之间的关系。这可以引出一连串的问题：宏大理论世界与教师的话语世界之间有着什么样的关系？宏大理论与教师的世界在什么样的程度上可以融合？宏大理论如何进入教师的内部说服性话语，成为教师实践性知识的有机组成部分？而教师的实践性知识又如何成为宏大理论的组成部分？与此同时，我们也要问，当我们在综述国外国内的相关研究文献时，我们是否将不同民族和国家的文化-心理结构作为一个重要的背景加以考察？或者，即使是在中国，由于地域经济和文化的巨大差异，我们所研究的教师实践性知识是否也会出现多样性与差异性？

虽然我在尝试对这些问题进行回答，但我的回答是远远不够的。唯一让我感到安慰的是，在表征教师实践性知识时我所采用的"卖关子"与"无为"两个意象具有很深的中国文化渊源。"卖关子"从某种意义上来说与孔子的入世精神相似，而"无为"更是蕴含着中华民族传统文化的精髓，与波兰尼的缄默知识和西方的建构主义理论既有相似之处，但又有更包容、更丰富、更传神之处。"无之以为用"这一悖论正是教师实践性知识缄默性的绝妙写照。而"碗壁"之喻所传

达的教育中的悖论更是令人怦然心动、若有所思。一个完整的碗是由实的碗壁和碗中的虚无部分共同组成的，实的碗壁提供了有形的基础，而真正起作用的正是碗中的虚无部分。虚无为用的观点奠定了老子的无为思想的基础。对于教师研究者而言，我们既要关注教师之所为，更要关注他们之所不为，因为不为的部分才是真正给教学留出的空间，正是在这虚无的、隐形的境界里，有无穷的创造与生成之妙。

我们应该将目光更多地转向中国两千多年来的深刻的儒家伦理与知行学说的关系，尝试探究中国教师独特的文化-心理结构。例如，中国人极端重视实用而轻视思辨的实用理性与古希腊人的实践理性之间的差异，中国以伦理学压倒认识论与本体论的思维模式如何影响了教师的实践，等等，都是值得我们探讨的。如果我们能更多地关注研究话语的本土化与中国教师的文化之根，我们必然能为中国的教师也为世界的教师及教育工作者带来耳目一新的体验。

（三）如何跨越"头脑之知"与"身心之知"之间的天文距离

教师的头脑中有两种性质不同的教育知识体系，一是缄默的教育知识体系，二是显性的教育知识体系。教师在思想上掌握教育概念和命题，但在教育教学实际生活中却仍然受到缄默教育知识的支配（石中英，2001）。这与舍恩所发现的实践者身上的信奉理论与使用理论之争是一致的。

我们"知道的知识"与"相信的知识"之间是有天差地别的。有人将从头脑到心灵之间的距离比作天文距离，如何才能跨越这个距离是一个永恒的难题。虽然我的研究主张教师实践性知识本身以身心合一与知行合一为特征，但那些头脑中的知识，或者说专家们所推崇的理性的认识、教条的知识究竟是如何被心灵所拒绝的呢？

在研究中我们可以确认的一点是任何理性知识或理论如果不被教师体认，是不能实际贯彻在他们的行动中的。"体认"一词类似身体化。现有的研究对身体化的认识有许多需要填补的空间。这些年我观察了很多教师的课堂，看到了身体化的丰富性，身体化中有指令、有安慰、有伤害（如孔慧经常说"要想伤害一个孩子，教师的一个眼神就够了"），也看到对于再难缠的学生可能一个拥抱就化解了一切。对于显性的理论知识我们有汗牛充栋的著述，而对于身心一体的缄默知识我们还有待挖掘和将其显性化。

参考文献

中文文献

Argyris C, Putnam R, Smith D M, 2000. 行动科学 [M]. 夏林清, 译. 台北: 远流出版事业股份有限公司.

阿伦特, 2006. 精神生活·思维 [M]. 姜志辉, 译. 南京: 江苏教育出版社.

阿伦特, 2009. 人的境况 [M]. 王寅丽, 译. 上海: 上海人民出版社.

埃里克森, 1998. 同一性: 青少年与危机 [M]. 孙名之, 译. 杭州: 浙江教育出版社.

巴赫金, 1988. 陀思妥耶夫斯基诗学问题 [M]. 白春仁, 顾亚铃, 译. 北京: 生活·读书·新知三联书店.

巴赫金, 1998. 巴赫金集 [M]. 上海: 上海远东出版社.

北冈诚司, 2002. 巴赫金: 对话与狂欢 [M]. 魏炫, 译. 石家庄: 河北教育出版社.

波兰尼, 2000. 个人知识: 迈向后批判哲学 [M]. 许泽民, 译. 贵阳: 贵州人民出版社.

波兰尼, 2004. 科学、信仰与社会 [M]. 王靖华, 译. 南京: 南京大学出版社.

伯姆, 尼科, 2004. 论对话 [M]. 王松涛, 译. 北京: 教育科学出版社.

布鲁克菲尔德, 2002. 批判反思型教师 ABC [M]. 张伟, 译. 北京: 中国轻工业出版社.

曹永国, 2008. 不要说, 生活……: 一个像似教育研究者的渴慕 [J]. 湖南师范大学教育科学学报 (1): 24-28.

陈嘉明, 2007. 信念、知识与行为 [J]. 哲学动态 (10): 53-39.

陈来, 2013. 有无之境: 王阳明哲学的精神 [M]. 北京: 北京大学出版社.

陈向明, 2003. 实践性知识: 教师专业发展的知识基础 [J]. 北京大学教育评论 (1): 104-112.

陈向明, 2004. 旅居者和 "外国人": 留美中国学生跨文化人际交往研究 [M]. 北京: 教育科学出版社.

陈向明, 等, 2011. 搭建实践与理论之桥: 教师实践性知识研究 [M]. 北京: 教育科学出版社.

杜威, 1990. 民主主义与教育 [M]. 王承绪, 译. 北京: 人民教育出版社.

杜威, 1991. 我们怎样思维·经验与教育 [M]. 姜文闵, 译. 北京: 人民教育出版社.

范良火, 2003. 教师教学知识发展研究 [M]. 上海: 华东师范大学出版社.

范梅南, 2008. 教育敏感性和教师行动中的实践性知识 [J]. 北京大学教育评论 (1): 2-20, 188.

傅道春, 2001. 教师的成长与发展 [M]. 北京: 教育科学出版社.

顾红亮, 2000. 实用主义的误读: 杜威哲学对中国现代哲学的影响 [M]. 上海: 华东师范大学出版社.

何克抗, 2004. 倡导适合中国国情的新型建构主义 [J]. 江西教育 (8): 6-8, 5.

姜美玲, 2008. 教师实践性知识研究 [M]. 上海：华东师范大学出版社.

姜勇, 2004. 论教师的个人知识：教师专业发展的新转向 [J]. 教育理论与实践（6）：56-60.

鞠玉翠, 2003. 教师教育与教师个人实践理论的更新 [J]. 教育探索（3）：92-94.

康德, 2017. 纯粹理性批判 [M]. 蓝公武, 译. 北京：商务印书馆.

赖尔, 1992. 心的概念 [M]. 徐大建, 译. 北京：商务印书馆.

李莉春, 2008. 教师在行动中反思的层次与能力 [J]. 北京大学教育评论（1）：92-105，190.

刘慧霞, 2009. 教师应该追求"在"实践中的实践性知识 [J]. 教育科学论坛（1）：63-65.

卢真金, 2001. 反思性教学及其历史发展 [J]. 全球教育展望（2）：57-63.

马克斯威尔, 2007. 质的研究设计：一种互动的取向 [M]. 朱光明, 译. 重庆：重庆大学出版社.

米尔斯, 2001. 社会学的想像力 [M]. 陈强, 张永强, 译. 北京：生活·读书·新知三联书店.

摩罗, 2008. 悲悯情怀 [M]. 北京：中国青年出版社.

帕尔默, 2005. 教学勇气：漫步教师心灵 [M]. 吴国珍, 余巍, 等译. 上海：华东师范大学出版社.

派纳, 雷诺兹, 斯莱特里, 等, 2003. 理解课程 [M]. 张华, 等译. 北京：教育科学出版社.

盛晓明, 1999. 哈贝马斯的重构理论及其方法 [J]. 哲学研究（10）：37-43.

石中英, 2001. 缄默知识与教育改革 [J]. 北京师范大学学报（人文社会科学版）（3）：101-108.

王红艳, 2008. "意象"：研究教师实践性知识的一个视角 [J]. 中国教师（5）：40-41.

王枬，叶莉洁，2008. 基于实践性知识的教师博客研究 ［J］. 北京大学教育评论（1）：111-124，190-191.

维果茨基，2005. 维果茨基教育论著选 ［M］. 余震球，译. 北京：人民教育出版社.

沃勒斯坦，2006. 知识的不确定性 ［M］. 王昺，等译. 济南：山东大学出版社.

熊川武，2009. 教育感情论 ［J］. 教育研究（12）：53-58.

休谟，1980. 人性论 ［M］. 关文运，译. 北京：商务印书馆.

徐碧美，2003. 追求卓越：教师专业发展案例研究 ［M］. 陈静，李忠如，译. 北京：人民教育出版社.

许世静，康纳利，2008. 叙述探究与教师发展 ［J］. 北京大学教育评论（1）：51-69，189.

杨帆，2008. 教师的反思性语言形态 ［J］. 北京大学教育评论（1）：79-91，190.

张华，2000. 课程与教学论 ［M］. 上海：上海教育出版社.

赵明仁，2007. 从教学反思的水平看教师专业成长：基于新课程实施中四位教师的个案研究 ［J］. 课程·教材·教法（2）：83-88.

钟启泉，2004. "实践性知识"问答录 ［J］. 全球教育展望（4）：3-6.

钟启泉，2005. 为了"实践性知识"的创造：日本学者梶田正已教授访谈 ［J］. 全球教育展望（9）：3-4，14.

周海春，2007.《论语》中关于"知"的哲学思想 ［J］. 人文杂志（1）：43-50.

周勇，2003. 后现代文化中的课程论困境 ［J］. 全球教育展望（2）：54-57.

朱光明，陈向明，2008. 教育叙述探究与现象学研究之比较：以康纳利的叙述探究与范梅南的现象学研究为例 ［J］. 北京大学教育评论（1）：70-78，189.

佐藤学，2003. 课程与教师 ［M］. 钟启泉，译. 北京：教育科学出版社.

外文文献

Argyris C, Schön D A, 1974. Theory in practice: increasing professional effectiveness [M]. San Francisco: Jossey-Bass.

Argyris C, Schön D A, 1978. Organizational learning: a theory of action perspective [M]. Reading, Mass: Addison Wesley.

Argyris C, Schön D A, 1996. Organizational learning II: theory, method and practice [M]. Reading, Mass: Addison Wesley.

Bennett N, 1993. Knowledge bases for learning to teach [C] //Bennett N, Carre C. Learning to teach. London: Routledge.

Bereiter C, Scardamalia M, 1993. Rethinking learning [C] //Olson D R, Torrance N. The handbook of education and human development: new models of learning, teaching and schooling. London: Blackwell.

Butler S L, 1998. Habermas' cognitive interests: teacher and student interests and their relationship in an adult education setting [D]. Auburn: Auburn University.

Connelly F M, Clandinin D J, 1985. Personal practical knowledge and the modes of knowledge: relevance for teaching and learning [C] //Eisner E. Learning and teaching the ways of knowing (Vol. 84th yearbook of the National Society for the Study of Education, Part II). Chicago: University of Chicago Press.

Connelly F M, Clandinin D J, 1990. Stories of experience and narrative inquiry [J]. Educational Researcher, 19 (5): 2-14.

Clandinin D J, 1986. Classroom practice: teacher images in action [M]. London: Falmer Press.

Clandinin D J, Connelly F M, 1995. Teachers' professional knowledge landscapes: teacher stories—stories of teachers—school stories—stories of schools [J].

Educational Researcher, 25 （3）: 24-30.

Clandinin D J, Connelly F M, 1999. Shaping of professional identity: stories of educational practice ［M］. New York: Teachers College Press.

Day C, 1999. Developing teachers: the challenges of lifelong learning ［M］. London: Falmer Press.

Elbaz F, 1981. The teacher's "practical knowledge": report of a case study ［J］. Curriculum Inquiry, 11 （1）: 43-71.

Elbaz F, 1983. Teacher thinking: a study of practical knowledge ［M］. London: Croom Helm.

Elbaz F, 1991. Research on teacher's knowledge: the evolution of a discourse ［J］. Journal of Curriculum Studies, 23 （1）: 1-19.

Elbaz F, 2005. Teachers' voices: storytelling and possibility ［M］. Greenwich, Connecticut: Information Age Publishing.

Eraut M, 1994. Developing professional knowledge and competence ［M］. London: Falmer Press.

Eraut M, 1995. Schön shock: a case for reframing reflection-in-action ［J］. Teachers and Teaching, 1 （1）: 9-22.

Freeman D, 2002. The hidden side of the work: teacher knowledge and learning to teach ［J］. Language Teaching, 35 （1）: 1-13.

Griffiths V, 2000. The reflective dimension in teacher education ［J］. International Journal of Educational Research, 33 （5）: 539-555.

Grossman P, 1990. The making of a teacher ［M］. New York: Teachers College Press.

Grundy S, 1987. Curriculum: product or praxi ［M］. Philadelphia: Falmer Press.

Irvin T S, 1999. Theory as espoused and practiced by a high school english teacher: staying with the tried and true ［C］. Paper presented at the Annual Meeting of the Mid-South Educational Research Association.

Joiner B B, 1983. Searching for collaborative inquiry: the evolution of action research [D]. Unpublished Ed. D dissertation of Harvard University.

Johnston S, 1992. Images: a way of understanding the practical knowledge of student teachers [J]. Teaching and Teacher Education, 8 (2): 123-136.

Marsh M M, 2002. The social fashioning of teacher identities [M]. New York: Peter Lang.

Meijer P C, Verloop N, Beijaard D, 1999. Exploring language teachers' practical knowledge about teaching reading comprehension [J]. Teaching and Teacher Education, 15 (1): 59-84.

Schön D A, 1983. The reflective practitioner: how professionals think in action [M]. New York: Basic Books.

Schön D A, 1987. Educating the reflective practitioner [M]. San Francisco: Jossey-Bass.

Schön D A, 1991. The reflective turn: case studies in and on educational practice [M]. New York: Teachers College Press.

Schön D A, 1992. The theory of inquiry: Dewey's legacy to education [J]. Curriculum Inquiry, 22 (2): 119-139.

Shulman L, 1986. Those who understand knowledge growth in teaching [J]. Educational Researcher, 15 (2): 4-14.

Tynjala P, 1999. Towards expert knowledge? a comparison between a constructivist and a traditional learning environment in the university [J]. International Journal of Educational Research, 31 (5): 357-442.

van Manen M, 1995. On the epistemology of reflective practice [J]. Teachers and Teaching: Theory and Practice, 1 (1): 33-50.

Verloop N, Driel J V, Meijer P, 2001. Teacher knowledge and the knowledge base of teaching [J]. International Journal of Educational Research, 35 (5): 441-461.

Walberg H J, 1977. Decision and perception: new constructs for research on teaching effects [J]. Cambridge Journal of Education, 7 (1): 33-39.

术语索引

反思 5-9, 11, 14, 15, 17, 25-35, 39-42, 48, 49, 51, 52, 54, 56-58,
      61, 65, 71-73, 75-77, 84, 93, 96, 97, 103, 104, 106, 114, 118,
      121, 122, 124, 126, 154, 155, 168, 170, 171, 173-175, 180-188,
      191, 194-200, 202-208, 210-212, 214-219, 242, 246, 247, 249,
      251-254, 256-259, 261, 265

默会知识 7, 25, 29, 32, 34, 57, 58, 61, 64, 108, 173, 175, 251,
          252, 264

努斯 52, 248, 256, 264

识知 5, 30-34, 43, 45, 46, 48-52, 55-66, 68, 69, 71, 72, 80, 82,
      84-87, 89-91, 99, 105-108, 110, 113, 117, 119-121, 124, 143,
      145, 146, 151, 152, 160, 163, 167, 168, 170, 173, 174, 185,
      189, 191, 199, 202-204, 227, 246, 247, 250, 251, 253-255, 257-
      259, 261

后记

　　本书依托于北京市教育科学"十一五"规划重点课题"教师实践性知识研究"（AIA06135），该课题由北京大学教育学院陈向明教授主持，历时三年。

　　可以说，我的整个选题与研究的开展都是得益于这个课题，因此，我的研究成果在某种程度上来讲并非"我的"，而是在几十次讨论过程中不断受到启发而生成的。我的研究与课题成果（《搭建实践与理论之桥——教师实践性知识研究》，2011年教育科学出版社出版）有着鱼水之情，但我的大部分思考与写作确实开始于课题结束后的2010年。如果没有2006年底到2009年这三年间在课题中的"潜伏"，我不可能得到研究和写作的灵感，而很多思想的泡泡正是在与课题组成员在各种场合的对话中冒出来的。

　　毫无疑问，我要首先感谢课题主持人，也就是忍受了我八年的导师向明老师。如果没有她持之以恒的推进，我早就放弃这个就我个人的意志力与能力而言不可完成的任务了。面对我生命的导师——陈向明，感谢一词显然太轻。从1999年冬读硕士学位时在质的方法课上与向明老师相遇，时光已悠悠走过一轮。她将自己作为人、教师、学者、教师教育行动家、博士生导师的诸多身份及其之间的纠结与融合真实地呈现在我的面前，这样的身体力行展现了她作为质的研究领航人的魅力，也吸引我们这些近朱者走进了如春天的沃野一般充满生机的质的研究的田野，逐渐也将我自己的生活工作现场都变成了质的研究的田野。我常常被向明老师高屋建瓴的引导与孩童般的求真的执着所打动，研究的规范正是在她的身体力行中被我丝丝缕缕地习得。

也正是因为我亲爱的导师，我们有一个最温暖、最给力的学习共同体。首先感谢比我小一轮的大师兄卢立涛，因为如果不是他毫无保留的热情相助，给我提供所有可能的考博信息，我不会那么顺利地就进入这一美好的师门。他的标准笑容（露出8颗洁白的牙）是那么自然而有感染力，令人感觉一切都会好的，这个艰难的旅程终有结束的一天。我从大师姐吴筱萌那里得到了极为宝贵的指导性帮助，甚至可以说我最开始的研究在一定程度上模仿和追随着她。无论何时，我都会从她那银铃般的笑声（词很老套，却是最精确的形容）里感受到阳光的温暖，可以说在学术、技术、生活的各个方面她真是我亲爱的大师姐，总能给我及时的帮助。我的师弟师妹们——王志明、王红艳、朱光明、王海燕、杨朝晖、宋改敏、杨帆、王硕、钟启旸，虽然比我晚进师门，却一个个都先我戴上博士帽，他们的学术眼光和友情使我无比留恋这个团体——如同金老师所说，舍不得毕业了。

我的"难兄难弟"郝彩虹，则从头至尾陪伴我走过这8年，她是我最知心的聆听者，在她鼓励和欣赏的眼光中，在她永远积极肯定的话语中，我一次次从无力中感到自己能行，一定能完成这个"mission impossible"。这样珍贵的友情真是上天的恩赐。

我的父亲、母亲、公公、婆婆是我最坚强的后盾，我希望终有一天能对你们的养育与支持有所回报。我亲爱的女儿，我的8年博士之旅竟然跨越了你小学、初中到高中三个阶段，你的成长以及我们之间的故事是我论文最直接的灵感来源。我的先生从我考博回家给我的大餐和欢迎致辞到这些年带着我游学各国，他对我戴博士帽的期待甚至超过了我本人，我无比地感谢这一点，因为他虽然不熟悉我所写的那些晦涩的文章，但他却认可其中的价值，这是让我最感动的一种支持。

感谢北京大学教育学院，感谢开启我学术心灵、一直支持和包容我的老师们，你们对我做学术和做人方面的指导以及给我带来的温暖的家的感觉将常在我心。

最后，也是最重要的，我要感谢所有敞开大门的教室，感谢让我能一次次打扰他们的课堂的我的合作研究教师们。正是他们的勇气、他们的执着、他们的热情使我能有机会进入那蕴藏着无限生机和奥秘的教育的田野。我从心底里感谢他们毫无保留的对话，感谢他们向我这个起初并不是那么值得信任的外来者敞开心扉。而限于篇幅，在此我竟不能一一点名致谢。我只愿能将从他们身上获得的一切真实地呈现出来，也将我从这些美丽心灵得到的感动与影响投入我的课堂和生活的现场。

有时候，我感到写博士论文就像是建一所房子，我既是建筑设计师又是泥瓦工，这项工程终于将告完成，我也尽力做了内部装饰，使它看起来更明快和悦目。希望这是一间质朴而温馨的小屋，希望这屋里有些许亮光，透出门缝和窗户。

出版人 李　东
责任编辑 何　蕴
版式设计 沈晓萌
责任校对 白　媛
责任印制 叶小峰

图书在版编目（CIP）数据

教师在行动中的识知与反思：教师实践性知识本质
探究／李莉春著. — 北京：教育科学出版社，2021.9（2023.9 重印）
（实践-反思教育学文丛）
ISBN 978-7-5191-2482-3

Ⅰ.①教…　Ⅱ.①李…　Ⅲ.①师资培养—研究　Ⅳ.
①G451.2
中国版本图书馆 CIP 数据核字（2021）第 183821 号

实践-反思教育学文丛
教师在行动中的识知与反思：教师实践性知识本质探究
JIAOSHI ZAI XINGDONG ZHONG DE SHIZHI YU FANSI：JIAOSHI SHIJIAN XING ZHISHI BENZHI TANJIU

出 版 发 行　教育科学出版社		
社　　　址　北京·朝阳区安慧北里安园甲 9 号	邮　　编　100101	
总编室电话　010-64981290	编辑部电话　010-64989421	
出版部电话　010-64989487	市场部电话　010-64989009	
传　　　真　010-64891796	网　　址　http：//www.esph.com.cn	
经　　　销　各地新华书店		
制　　　作　北京金奥都图文制作中心		
印　　　刷　唐山玺诚印务有限公司		
开　　　本　720 毫米×1020 毫米　1/16	版　　次　2021 年 9 月第 1 版	
印　　　张　18.25	印　　次　2023 年 9 月第 2 次印刷	
字　　　数　217 千	定　　价　56.00 元	